我们一起解决问题

课思培训体系与内容开发系列

培训运营体系设计全案

（第 2 版）

课思课程中心　编著

人民邮电出版社

北　　京

图书在版编目（ＣＩＰ）数据

培训运营体系设计全案 / 课思课程中心编著. -- 2
版. -- 北京：人民邮电出版社，2018.2（2024.7重印）
　（课思培训体系与内容开发系列）
　ISBN 978-7-115-47830-6

　Ⅰ. ①培… Ⅱ. ①课… Ⅲ. ①企业管理－职工培训－
设计方案 Ⅳ. ①F272.92

　中国版本图书馆CIP数据核字(2018)第016308号

内 容 提 要

这是一本指导各类企事业单位和行政机关构建与完善培训运营体系的工具书。

本书以培训运营为核心，从培训运营前、培训运营中、培训运营后三大阶段入手，全面阐述如何设计培训运营体系，并通过对培训运营课堂讲授、在岗实践培训、体验式训练运营、E-learning 培训运营、脱岗外派培训运营以及培训外包运营的详细解读和分析，帮助企业解决培训运营中的问题，全面构建培训运营体系。

本书适合各类企业、事业单位、行政机关以及其他组织中的高层管理人员、人力资源部人员、培训部人员、企业大学管理人员使用，也适合培训师、咨询师以及高校相关专业教师使用。

◆ 编　　著　课思课程中心
　　责任编辑　程珍珍
　　执行编辑　呼斯勒
　　责任印制　焦志炜
◆ 人民邮电出版社出版发行　　　北京市丰台区成寿寺路11号
　　邮编 100164　电子邮件 315@ ptpress. com. cn
　　网址 https://www. ptpress. com. cn
　涿州市殷润文化传播有限公司印刷
◆ 开本：787×1092　1/16
　　印张：20.5　　　　　　　　　2018 年 2 月第 2 版
　　字数：360 千字　　　　　　　2024 年 7 月河北第 25 次印刷

定　价：79.00元

读者服务热线：(010)　81055656　印装质量热线：(010)　81055316
反盗版热线：(010)　81055315

广告经营许可证：京东市监广登字 20170147 号

"课思培训体系与内容开发系列" 序

弗布克课思课程中心是专业的管理培训课程开发机构，经过 10 年的实践，本中心在管理课程开发方面积累了大量的开发工具、内容模型和实操案例，建立了完备的课程开发素材数据库，初步形成了以管理课程开发为中心的知识管理体系。我们在培训内容的模块化、案例化、故事化、工具化、情境化、流程化、结构化、实操化、短时化方面建立了一系列标准，并可对培训内容进行测量和评估。

体系构建、内容开发和培训运营是培训管理的三大工作，为了和业界分享课思课程中心在培训体系构建、内容开发以及培训运营方面的经验，我们特推出"课思培训体系与内容开发系列"图书，本系列图书包括《培训运营体系设计全案》《培训课程开发与设计案例集》《培训课程体系设计方案与模板》《培训课程开发模型与工具大全》四本，希望通过这四本书和大家共同探讨知识体系建设和课程化方法。

"课思培训体系与内容开发系列"图书给大家提供了培训体系与内容开发的模型、工具、方法、制度、表单以及全景案例，能够帮助各类组织快速构建有效的培训体系、迅速开发适用的培训内容。具体来说，本系列图书主要有以下三大特色。

1. 全面而实用

涵盖了培训体系的设计、培训课程体系的设计、培训内容的设计与开发等内容，提供了辅助**模型、工具、方法、制度、表单和案例**。

本系列图书通过通俗、简单的模型介绍理论知识，**使复杂的理论简单化**；通过**拿来即用**的制度、表单阐述工具和方法，**使繁杂的事项模板化**。

2. 系统而细化

本系列图书立足于培训体系的构建和培训内容的开发，以严谨的架构、详实的分析展示了培训体系设计和内容开发的具体事项，**既从系统思维的角度告诉读者该"怎么想"，又从实际操作的角度告诉读者该"怎么做"。**

3. 适用、易用、管用

适用是我们进行课程开发和设计的出发点。我们秉持"适用的就是最好的"理念来开发我们的课程内容；易用是我们评估培训课程体系时最重要的准则之一，我们开发的课程体系必须要让学习者能够拿来即用，一学就会；管用就是有效果、有效用，能让受培训者把课程中所学带到工作中，实现工作效能的提升。

随着技术的发展和先进开发方法的不断出现，本系列图书将不断推陈出新，恳请广大读者不吝赐教，以便我们再次改版时能够及时改进。

课思课程中心

2018 年 1 月

前言

本书从横向和纵向两个维度出发，重点说明了构建培训运营体系过程中的关键事项，详细阐述了各个关键事项所涉及的工具，并提供了大量的模板和范例。

《培训运营体系设计全案（第 2 版）》是"课思培训体系与内容开发系列"图书中的一本。本书以培训运营为主题，针对构建培训运营体系的工作事项及其重点和难点，提供了实务化、精细化、工具化的解决方案。

在对读者反映的问题、提出的意见进行充分研究的基础上，我们结合市场调研的结果和企业的实际需求，对《培训运营体系设计全案》进行了改版。在此次改版过程中，我们对原书的部分内容进行了替换、补充和更新，其目的是使本书更加符合读者的实际工作需求，更好地实现我们"拿来即用"的承诺。

本书具有以下四大特点。

1. 纵向构建培训运营体系

本书将培训运营体系分为培训运营前、培训运营中和培训运营后三个阶段，针对各阶段的工作内容，提供了模型、表单、制度、文案的实用模板，有助于企业全面构建符合自身实际需求的培训运营体系。

2. 横向展示培训运营体系实施要点

本书重点选取了课堂讲授培训运营体系、在岗实践培训运营体系、体验式培训运营体系、E-learning 培训运营体系、脱岗外派培训运营体系、培训外包培训运营体系等六大运营体系的实施过程，为企业构建培训运营体系提供了"拿来即用"的参考范本。另外，鉴于相关技术的发展，我们在课堂讲授培训运营体系章节新增了有关微课的内容，体现了本书紧跟时代的特点。

3. 精准提供培训运营工具

本书尽可能将理论与实践融合，既从理论上告诉读者如何设计培训运营体系，又从实践应用的角度给出了培训运营所需的各项工具，并提供了大量实用的培训运营案例，有助于企业全面开展培训运营工作。

4. 提供具有代表性的案例

本书的最后一章提供了具有代表性的四个培训运营案例，有助于读者进一步了解和梳理培训运营体系的内容。

在本书编写的过程中，孙立宏、孙宗坤、王淑燕负责资料的收集和整理，贾月、董连香负责图表的编排。权锡哲参与修订了本书的第 1 章，王楠、孙宗虎参与修订了本书的 2 章，王海燕、韩晶晶参与修订了本书的第 3 章，班克武、李作学参与修订了本书的第 4 章，董莲凤、李亚慧参与修订了本书的第 5 章，周鸿、孙佩红参与修订了本书的第 6 章，王瑞永参与修订了本书的第 7 章，邹晓春、韩燕参与修订了本书的第 8 章，刘俊敏、洪冬星参与修订了本书的第 9 章，刘伟、王淑敏参与修订了本书的第 10 章，全书由课思课程中心统撰定稿。

本系列图书将不断推陈出新，恳请广大读者不吝赐教，以便我们再次改版时能够进一步改进。

课思课程中心

2018 年 1 月

目　录

第8章　脱岗外派培训运营体系 ……… 229

第1章

培训运营前准备

1.1 确定培训对象

1.1.1 培训对象的划分依据

可按照培训对象的培训层级或培训内容进行划分。培训对象的划分依据如表1-1所示。

表1-1 培训对象划分依据

划分依据		培训对象	具体内容
按照培训层级划分	高层	企业高层管理人员	现任的高层管理人员、企业未来的接班人及有可能进入企业高层的有潜质的优秀管理人员
	中层	企业中层管理人员	高层管理人员和基层管理人员之间的一个或多个中间层级的管理人员，如部门经理、车间主任等管理人员
	基层	企业基层管理人员	企业在生产、销售、研发等经营环节中的一线执行管理人员
		企业基层操作人员	企业内部从事具体业务操作的工作人员
		企业新员工	企业新招聘员工和到新岗位任职的员工
按照培训内容划分	生产知识	生产相关工作人员	包括生产部经理、生产主管、车间主任、生产调度人员、生产技术人员、生产安全人员、生产员工等
	质量知识	质量管理相关工作人员	包括质量管理部经理、质检主管、质量控制工程师、来料检验人员、制程检验人员、成品检验人员等
	销售知识	销售相关工作人员	包括销售部经理、销售主管、销售渠道主管、销售助理、客服人员、销售专员、销售代表等
	采购知识	采购相关工作人员	包括采购部经理、采购主管、供应商主管、采购计划专员、采购助理、采购专员等
	财务管理知识	财务审计相关人员	包括财务部经理、财会人员、税务人员、审计人员、资金管理人员等
	技术知识	技术研发相关人员	包括技术部经理、研发部经理、技术主管、研发工程师等

1.1.2 培训对象的选择程序

企业须规范培训对象的选择管理工作。培训对象的选择程序如图1-1所示。

1	根据培训内容制定培训对象的选择标准
2	确定培训对象大致范围，收集培训对象相关信息
3	与培训对象所在部门的负责人进行沟通，确认培训对象参训的必要性
4	拟定培训对象，上报培训部负责人审核
5	整理培训对象名单

图1-1　培训对象的选择程序

1.2 选定培训方法

1.2.1 不同培训方法的效果比较

企业常用的培训方法包括课堂讲授法、演示操作法、多媒体教学法、小组讨论法、案例研究法、角色扮演法以及游戏训练法等，培训部应针对不同的培训对象，选用不同的培训方法。

不同培训方法所达到的培训效果如表1-2所示。

表1-2　不同培训方法所达到的培训效果

方法＼目标	让学员获得知识	让学员改变态度	提高学员解决问题的能力	提高学员人际关系处理的能力	提高学员的接受能力	提高学员的记忆力
课堂讲授法	效果良好	效果差	效果一般	效果差	效果差	效果很好
演示操作法	效果良好	效果差	效果一般	效果一般	效果差	效果很好
多媒体教学法	效果一般	效果一般	效果差	效果一般	效果一般	效果一般
小组讨论法	效果很好	效果良好	效果一般	效果一般	效果一般	效果良好

（续表）

目标 方法	让学员获得 知识	让学员改变 态度	提高学员解 决问题的能力	提高学员人际 关系处理的能力	提高学员的 接受能力	提高学员 的记忆力
案例研究法	效果一般	效果一般	效果很好	效果一般	效果很好	效果一般
角色扮演法	效果良好	效果良好	效果良好	效果很好	效果良好	效果一般
游戏训练法	效果一般	效果一般	效果良好	效果良好	效果良好	效果差

1.2.2 培训方法的选择依据

培训方法应根据培训内容进行选择。常见的培训内容包括知识培训、技能培训和态度培训三种，依据培训内容可选择的培训方法如表1-3所示。

表1-3 依据培训内容可选择的培训方法

	培训内容类型	可选择的培训方法
知识培训	涉及理论和原理、概念和术语、产品和服务、规章制度等的介绍，通过知识培训有助于工作的开展并扩大知识面	课堂讲授、小组讨论、多媒体教学、案例研究等方法
技能培训	涉及生产与服务的实际作业和操作能力。这类培训要求学员自己动手实践，及时发现存在的不正确或不规范的做法，方便及时更正	演示操作、角色扮演、案例研究、多媒体教学等方法
态度培训	涉及观念和意识的改变，以及言行和心态的改变。使学员尽快适应新的感受，减少个人心理障碍和恐惧，鼓励创新工作方法	角色扮演、小组讨论、案例分析、游戏训练、多媒体教学等方法

1.3 明确培训时间

1.3.1 培训时间的选择原则

企业在选择培训时间时，须遵循以下两项原则，具体内容如图1-2所示。

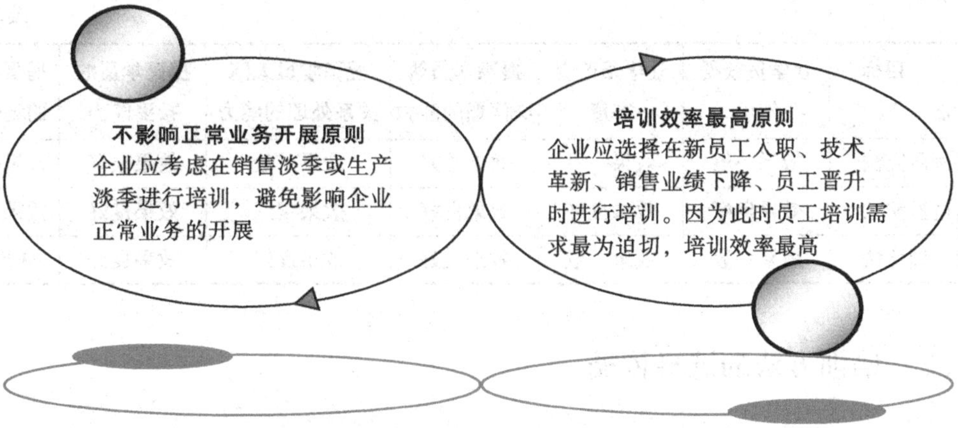

图1-2　培训时间的选择原则

1.3.2　不同培训时间的选择

企业应合理安排员工的培训时间。

1. 新员工入职的培训时间选择

新员工培训对员工入职后的工作态度、工作表现具有重要的影响，因此，企业应选择恰当的培训时间对新员工进行培训。

（1）新员工入职培训应选择在入职初期完成，确保新员工认同企业文化、端正工作态度。

（2）新员工分配到各相关部门后，各相关部门应组织相应的培训。但由于新员工岗位职责、技能要求及部门培训计划等情况不同，培训时间的选择也不同。新员工的入职培训时间应视各相关部门的培训需求状况进行选择。

2. 生产操作人员的培训时间选择

企业在对生产操作人员进行培训时，应注意以下六点要求，具体内容如图1-3所示。

（1）生产淡季
（2）大批新生产操作人员上岗时
（3）市场竞争加剧，产品质量下降时
（4）引进新生产流水线或新技术时
（5）企业生产的产品及技术标准发生改变时
（6）其他需要实施培训的情况

图1-3　生产操作人员的培训时间选择

3. 销售人员的培训时间选择

企业在对销售人员进行培训时，时间选择方面应注意以下七个时间节点，具体内容如图1-4所示。

（1）有大批新销售人员进入企业时
（2）销售业务难以突破时
（3）新产品刚上市时
（4）销售市场同类产品竞争激烈时
（5）需要采取新方法或新技术进行销售时
（6）需要开展促销、销售展览会时
（7）培养销售管理储备人才时

图1-4　销售人员的培训时间选择

4. 技术人员的培训时间选择

企业在对技术人员进行培训时，时间选择方面应注意以下六个时间节点，具体内容如图1-5所示。

（1）在企业购买新设备或研发新产品时
（2）当原有的技术有重大改进时
（3）当原有技术标准发生改变时
（4）当企业技术人员需要技术认证时
（5）有新技术人员进入企业时
（6）当企业进行自身技术创新时

图1-5　技术人员的培训时间选择

1.4　选择培训讲师

1.4.1　内外部培训讲师的对比

企业可通过外部聘请和内部选拔两种途径选择培训讲师。企业应根据实际情况选择合适的培训讲师。外聘培训师与内部讲师的优缺点如表1-4所示。

表1-4 外聘培训师与内部讲师的优缺点

培训师来源	优点	缺点
外聘培训师	◆ 可带来许多全新的理念 ◆ 对培训对象具有较强的吸引力 ◆ 容易营造培训氛围，从而提升培训效果 ◆ 选择范围广，可获得高质量的培训师资源	◆ 外聘培训师成本较高 ◆ 对组织和培训对象缺乏了解，可能会缺乏针对性，影响培训效果 ◆ 可能由于缺少实际工作经验，导致培训不能达到预期效果
内部讲师	◆ 内部开发培训师成本较低 ◆ 与培训对象之间相互了解，能够保证在培训过程中顺畅交流 ◆ 对组织各方面都比较熟悉，使培训更具有针对性，有利于提高培训效果	◆ 内部选择范围窄，很难开发出高质量的培训师队伍 ◆ 看待问题受环境限制，不易上升到新的高度 ◆ 很难树立威望，有可能影响培训对象的参与积极性

1.4.2 培训讲师的选择标准

培训讲师是对培训对象进行实际授课的主体，培训讲师的知识丰富程度、语言表达方式、授课形式等均会对培训效果产生重要的影响。培训讲师的选择标准如表1-5所示。

表1-5 培训讲师的选择标准

选择标准	具体内容
丰富的实践经验	培训讲师须具备足够的实践经验，全方位融合理论知识与管理实践，能够真正帮助企业解决实际问题
独立课程的开发能力	培训讲师须具备独立的课程开发能力，能够根据企业的实际需求，开发并完善其培训课程，使所传授的知识和技能保持实用性和先进性
相关领域的持续研究	培训讲师须持续关注相关领域的最新发展状况，并不断学习和研究，确保所授知识符合知识的发展和培训对象的需求
一流的授课效果	培训讲师须深刻理解成人的学习过程，灵活运用多种培训方式，善于把握和控制课堂气氛，使培训效果最佳化
较强的授课能力	培训讲师须具有优秀的表达能力、演绎能力、良好的问题解答能力和辅导能力，以最大限度地吸引培训对象的注意力
良好的客户反馈	对接受过该讲师培训的组织进行实际调查，了解其所授课程的实用性、授课风格、培训效果等，只有得到客户认可的培训讲师才可进入候选名单

1.4.3 不同培训课程讲师的来源

不同培训课程讲师的来源如图1-6所示。

新员工入职培训课程	内部：与企业、部门及工作密切相关的入职培训课程，讲师最好是企业的内部人士，如企业高层领导、培训部经理、部门主管等相关人员 外部：新员工个人职业素养的入职培训课程，可聘请外部培训讲师
销售管理培训课程	内部：企业内部销售部经理、销售骨干及其他相关人员 外部：具有丰富销售经验的专家、学者
生产管理培训课程	内部：企业内部生产部经理、生产主管、生产班组长，以及生产技术能手等相关人员 外部：生产领域内的专家
采购管理培训课程	内部：企业内部采购部经理、采购主管，以及资深采购人员 外部：具有丰富采购理论与实践知识的专家、学者
专业技术培训课程	内部：企业内部技术管理者，经验丰富的技术人员 外部：相应领域的技术专家、学者或高校教师

图1-6 不同培训课程讲师的来源

1.5 设计培训课程

1.5.1 培训课程目标的设定

课程目标是指培训结束时或结束后的一段时间内，企业可以具体观察到的，并以一定方式能够进行评价的行为表现。在制定培训课程目标时，应遵守SMART原则，具体内容如表1-6所示。

表1-6 制定培训课程目标原则

原则	说明
S（Specific）	明确性，即用具体的语言清楚地说明要达到的行为标准
M（Measurable）	可衡量性，即应该有明确的标准作为衡量达到目标的依据
A（Attainable）	可达成性，即根据学员的素质、经历等情况，以实际工作要求为指导，设计切合实际的、可达到的目标
R（Realistic）	实际性，即在目前条件下是否可行、可操作，是否具有意义
T（Time-based）	时限性，即目标是有时间限制的，没有时间限制的目标就无法考核，甚至使考核结果不公正

1. 培训课程目标的类型

课程目标既可按照目标生成的时间进行划分，也可按照课程内容进行划分，划分的依据不同，课程目标的类型也有所差异。

（1）按课程目标生成的时间来划分课程目标类型，具体内容如图1-7所示。

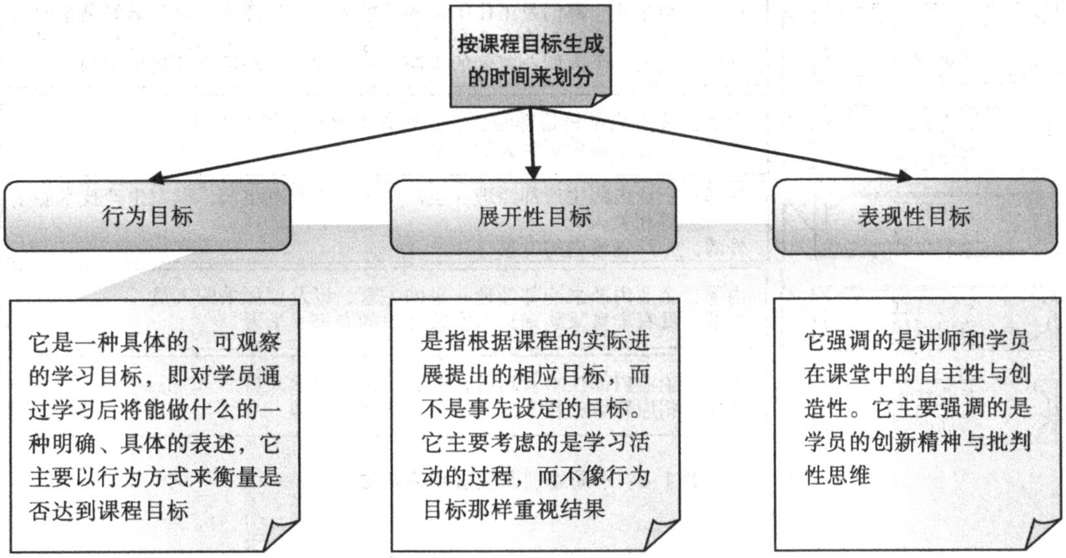

```
            按课程目标生成
            的时间来划分
      ┌──────────┼──────────┐
   行为目标      展开性目标      表现性目标
```

它是一种具体的、可观察的学习目标，即对学员通过学习后将能做什么的一种明确、具体的表述，它主要以行为方式来衡量是否达到课程目标

是指根据课程的实际进展提出的相应目标，而不是事先设定的目标。它主要考虑的是学习活动的过程，而不像行为目标那样重视结果

它强调的是讲师和学员在课堂中的自主性与创造性。它主要强调的是学员的创新精神与批判性思维

图 1-7　按课程目标生成时间来划分课程目标

（2）按课程内容来划分课程目标类型，具体内容如图1-8所示。

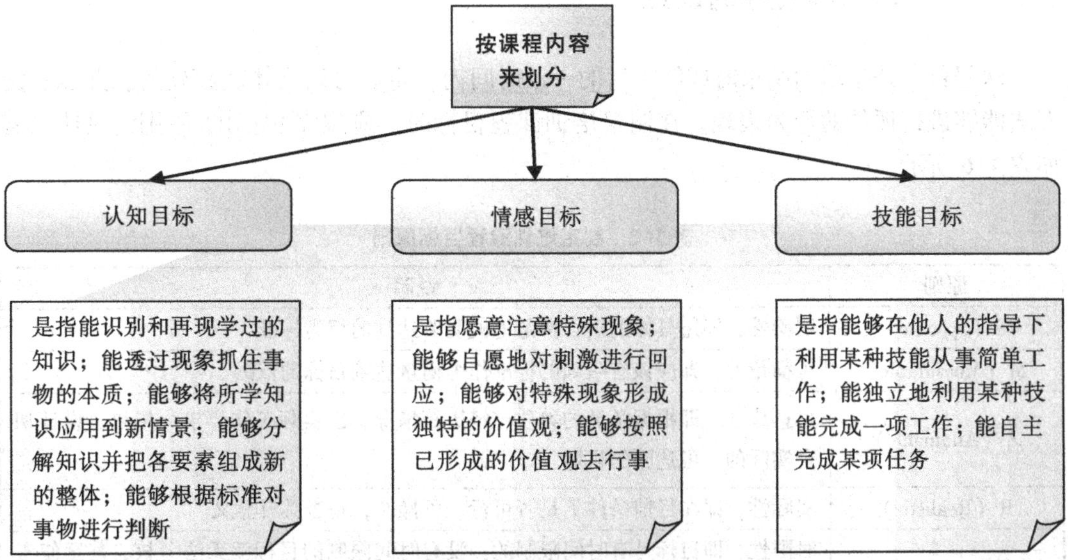

```
            按课程内容
            来划分
      ┌──────────┼──────────┐
   认知目标      情感目标        技能目标
```

是指能识别和再现学过的知识；能透过现象抓住事物的本质；能够将所学知识应用到新情景；能够分解知识并把各要素组成新的整体；能够根据标准对事物进行判断

是指愿意注意特殊现象；能够自愿地对刺激进行回应；能够对特殊现象形成独特的价值观；能够按照已形成的价值观去行事

是指能够在他人的指导下利用某种技能从事简单工作；能独立地利用某种技能完成一项工作；能自主完成某项任务

图 1-8　按课程内容来划分课程目标

2. 课程目标的描述

课程目标的描述是指学员在接受所有培训内容后，对应达到的行为状态做出明确且具体地表述，再将这些表述进行类别化和层次化的处理。

描述课程目标常用动词如表1-7所示。

表1-7 描述课程目标常用动词

对学员的期待水平		经常使用的动词			
描述认知性目标	记忆并认识事实	·分类 ·掌握 ·罗列	·定义 ·连接 ·命名	·举例 ·认识 ·选定	·说明 ·换言之 ·陈述
	将所学知识应用到实践	·选择 ·执行 ·应用	·计算 ·预见 ·证明	·组装 ·润色	·作用 ·解释
	以资料为基础进行分析和分解	·分析 ·区别 ·分离	·分类 ·试验 ·表示	·比较 ·对照	·区分 ·批评
	将已知的要素组合成新的结构或组织	·排列 ·公式化 ·写出	·结合 ·一般化 ·组织	·构成 ·设定 ·收集	·讨论 ·摘要 ·关联
描述定义性目标	对事件或活动倾注关心并给予响应	·应答 ·接纳 ·反应	·注意 ·记录 ·完成	醒悟 ·敏感	·喜欢 ·倾听
	提出实施见解	·接纳 ·参与	·假定 ·影响	·采取 ·决定	·显示 ·增加
	接纳他人的意见后下结论、站在对方的立场或拥护他人的观点	·联合 ·相关联	·决心 ·判断	·形成 ·选定	·寻找
	当特定的价值、信念与行为一致时，把那种价值观念作为个人特性	·实施 ·行动	·交换 ·实现	·开发	·改正
描述动作性目标		·调整 ·替代 ·形成 ·连接	·排列 ·表现 ·计划 ·制动	·组装 ·执行 ·说话 ·提示	·移动 ·均衡 ·移动 ·产出

1.5.2 培训课程整体设计

培训课程整体设计是指把每个课程细分为多个单元，并进行单元设计，即对整个课程进行细分。培训课程可分为3~5个单元，单元再分为2~4个章节，章节又可细分为一项或多项的具体要求。

1. 选择课程内容

课程内容的选择要充分体现课程的目标要求，并能够真正满足学员的发展需要。一门培训课程不可能涉及所有内容，因此在选择课程内容时，应先考虑学员的学习背景和学习需求。在对环境、职务及学员需求进行分析后再确定课程内容。

培训课程整体设计的内容格式如表1-8所示。

表1-8 课程整体设计的内容格式

课程名称		课程类别	□ 公开课 □ 内训课		
课程地点		授课时间	___年__月__日~___年__月__日		
培训讲师		受训人数			
单元时间及内容	主要观点（概念、定义等）	活动、游戏	故事、案例	辅助工具（图、表等）	

2. 编排课程内容

选择好课程内容后，就应该对课程内容进行编排。课程内容的编排原则有以下四点。

（1）从简单到复杂。学习可分为不同层次。

（2）采用已有的，较合理的编排模式。这种模式既可按照时间顺序编排，也可按照话题编排。

（3）从已知到未知。让学员先接触熟悉的话题，待学员理解力达到一定水平之后就比较容易接触陌生的话题。

（4）根据学员工作需要来编排内容，即按照工作的内容进行安排。

3. 编制课程大纲

课程大纲是在明确了培训目标和培训对象之后，对培训课程内容和培训方法的初步设想。培训课程大纲的内容如图1-9所示。

课程名称	课程目标	学员要求
培训对象	培训内容	课程特点
培训地点	培训方式	培训时间

图 1-9　培训课程大纲的内容

1.5.3　培训课程单元设计

单元内容设计是单元设计的重点，直接决定了学员对该单元内容的培训效果，培训讲师在开展单元设计时须重视对单元内容的设计。

1. 选择单元内容

培训部门可通过移植法、能力中心法和任务导向分析法来选择单元内容，具体内容如图 1-10 所示。

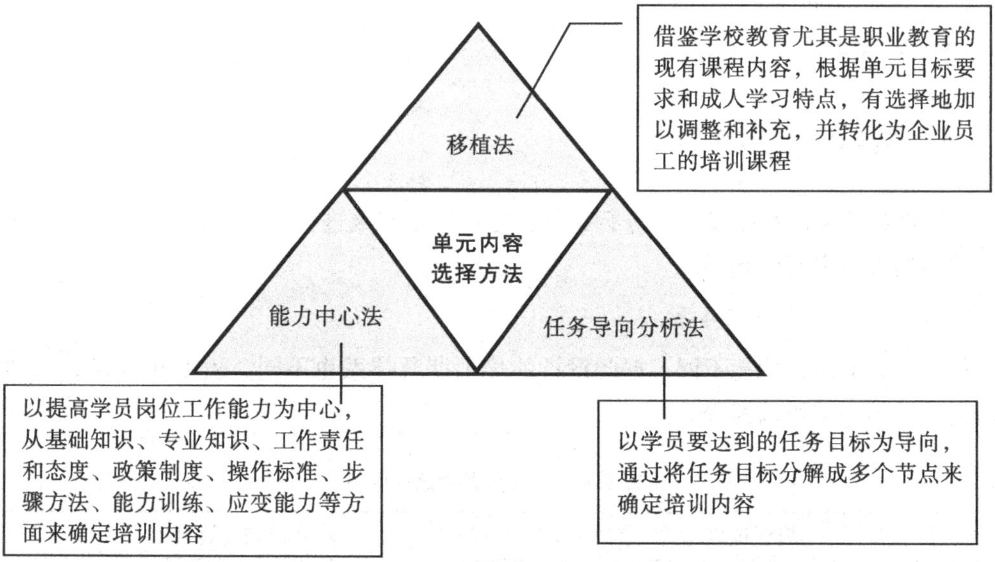

图 1-10　单元内容的选择方法

2. 确定培训内容的顺序

在设计完单元内容后，须对培训内容进行先后顺序的排列，常用的顺序排列方式包括从简单到复杂、从已知到未知、按客观事物的发生顺序等三种。

（1）从简单到复杂，即从容易理解的事物或现象入手，引导学员逐步理解复杂的事物或现象。"六顶思考帽"课程的讲解适用此方法。

（2）从已知到未知，即从已知相关事物或现象逐步深入到未知领域，这种方法有利于学员能够全面地理解和把握授课的内容，快速达成学习目标。讲授一项新的技术、理论或模式时适用此方法。

（3）按客观事物的发生顺序，即按照事物本身客观发生的先后顺序进行讲解。讲授生产操作课程或其他实践导向型课程时适用此方法。

3. 选择授课方法

在完成对单元各要素的设计后，还须确定授课方法。常用的授课方法包括演讲、讨论、游戏、故事、测试及影视等。

4. 选取授课材料

常用的授课材料包括海报、照片、电视节目、录像资料、讲义、挂图、投影胶片、连环画、案例及游戏等。在选取授课材料时，应考虑以下四点因素。

（1）准备和开展培训的时间。

（2）培训费用的预算情况。

（3）企业内部已有的培训资源。

（4）培训细节的掌握程度。

1.5.4 培训课程体系设计

培训课程体系既可基于职能进行设计，也可依据职级进行设计，划分依据不同，培训课程体系的内容也有所差异。

1. 基于职能划分课程体系

培训对象的工作职能不同，据此设计的培训课程体系也不同。表1-9至表1-12提供了四类常见的岗位培训课程。

表1-9　销售类岗位培训课程

培训课程	培训课程
电话销售技巧	销售谈判技巧
大客户管理与销售	广告管理

（续表）

培训课程	培训课程
销售渠道管理	促销管理
品牌策划与品牌营销	市场营销与竞争优势
打造卓越的销售队伍	经销商管理
处理客户投诉的销售技巧	提高销售人员的表达和介绍技巧

表1-10　生产类岗位培训课程

培训课程	培训课程
精益生产管理	零缺陷与质量成本
高效的"5S"管理	六西格玛管理
生产现场与问题解决	质量管理
精益生产理论与实务	生产成本管理与控制
现场管理技巧训练	安全事故的原因及处理措施

表1-11　客服类岗位培训课程

培训课程	培训课程
客户满意与客户服务技巧	客户心理分析
内部客户服务与沟通技巧	如何处理现场冲突
如何处理客户投诉	如何寻找潜在客户
如何建立客户调查和反馈系统	如何进行客户满意度的测试

表1-12　财务类岗位培训课程

培训课程	培训课程
如何管理企业财务成本	预算管理与预算编制技巧
企业成本控制	问题账款管理与账款追收技巧
财务诊断与分析	会计科目审查与查账技巧
电子表格在会计信息系统中的应用	

2. 基于职级划分课程体系

表 1-13 至表 1-16 是基于职级划分的培训课程体系中的部分培训课程。

表 1-13　新员工的培训课程体系设计

培训课程		培训课程	
企业文化	企业历史发展 企业经营理念 企业发展规划 企业规章制度 企业产品介绍	基本素养	沟通能力 执行能力 诚信与职业道德 问题解决能力
专业素质	岗位职责要求 岗位工作流程 岗位工作目标及考核 把握工作细节	工作态度	如何对待工作 扮演团队角色 不找借口找办法

表 1-14　普通员工的培训课程体系设计

培训课程	培训课程
岗位技能提升训练	时间管理
有效沟通	情绪管理
计划管理	质量意识与个人质量标准
工作效率提升训练	职业生涯规划与个人发展

表 1-15　中层管理人员的培训课程体系设计

培训课程	培训课程
时间管理	团队管理
双赢谈判技巧	会议管理
商务报告技巧	有效沟通
情绪管理	员工激励
危机管理	建立目标管理制度
非人力资源经理的人力资源管理	中层管理干部技能训练

表1-16 高层管理人员的培训课程体系设计

培训课程	培训课程
企业组织结构设计	项目管理
企业文化与可持续发展	企业模拟训练
有效沟通	价值管理
高效管理与成功人生	员工激励
非财务人员的财务管理	第五项训练
危机管理	目标管理
经营计划的管理与执行	双赢谈判技巧
如何阅读分析财务报表	如何创造一个学习型组织

1.6 制作培训材料

1.6.1 编写培训议程安排

在确定好培训时间后，培训部门须对学员的培训日程做好安排，并且做成正式文件发放给学员。表1-17为某集团信息部8月的各区域经理的培训日程安排。

表1-17 某集团信息部2017年8月的各区域经理的培训日程安排

培训日期	议题	报告人或讲师
2017年8月8日（全天）	信息部经理预备会议	信息部经理
	信息系统流程讲解	信息部经理
2017年8月9日（9：00~11：30）	信息系统与财务系统接口流程讲解	财务部经理
2017年8月9日（13：30~17：30）	大客户导入工作回顾及讨论	外聘讲师
2017年8月10日（9：00~11：30）	开店流程及各项工程验收标准讲解	外聘讲师、资深门店经理
2017年8月10日（13：30~17：30）	各地区经验及技术交流讨论	各地区信息部经理
2017年8月11日（全天）	信息部经理述职报告	各地区信息部经理

1.6.2 拟写各类培训通知

培训通知是培训部门向学员传递培训信息的载体，编写培训通知是培训前的准备工作。完整的培训通知的内容由标题、培训内容、培训对象、落款与日期等组成，具体如图1-11所示。

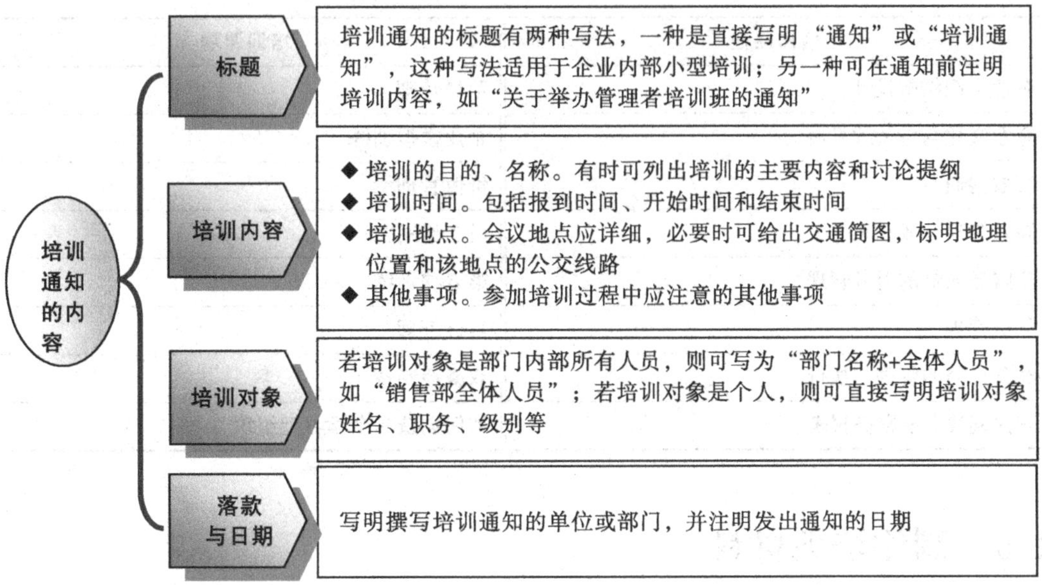

图 1- 11　培训通知内容

1.6.3　起草培训协议规范

1. 制定培训合同协议

为保证企业员工在培训结束后能够继续为企业服务，同时也为了明确企业与员工之间的权利和义务，培训部门有必要在进行培训前与相关部门或人员签订合同或协议。

培训合同协议的内容如图 1- 12 所示。

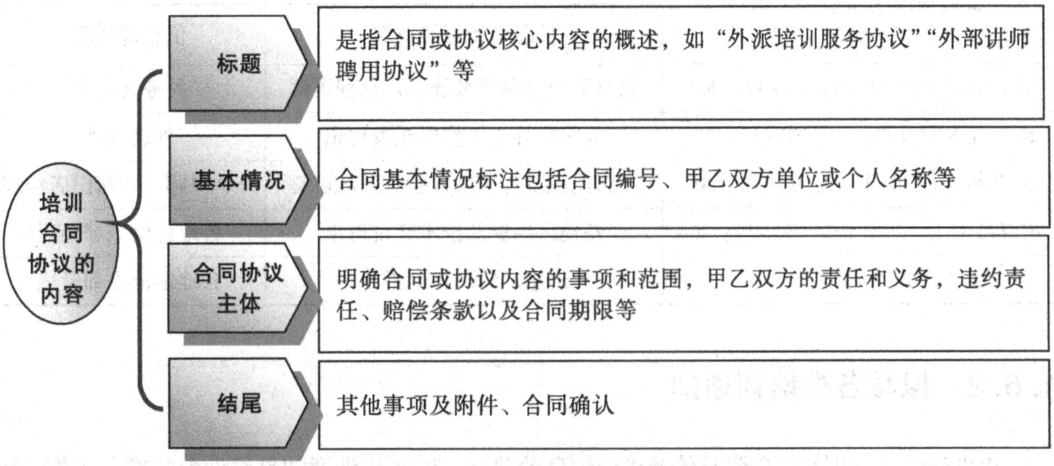

图 1- 12　合同协议的内容

2. 制定培训管理规范

培训实施前，培训部须制定明确的培训纪律，对培训组织管理者、培训讲师、培训员工等相关人员的行为进行约束，避免阻碍培训实施的行为出现。

培训管理规范的内容如图1-13所示。

标题 通常有两种写法，一种是直接写明纪律规范内容，如"培训讲师考勤管理规定"；另一种由制定部门与内容共同组成，如"培训部培训工作组织实施办法"

总则 制定目的：说明制定本管理规范的原因或希望达成的结果
适用范围：规范的事项、约束的人员等
解释说明：定义或解释制度中出现的重要术语等
职责描述：受约单位（或个人）及相关单位（或个人）的职责描述

正文 制度的主体部分：包括对受约对象或具体事项详细的约束内容

结尾 附则：制定未尽事宜的解释、其他相关的可归入附则的内容、制定单位、修订单位、审批人及审批权限、公布日期及生效日期
附件：制度执行需要用到的表单及附表

图1-13 培训管理规范的内容

1.6.4 设计培训授课资料

授课资料是授课所需的重要工具，在培训实施前，培训部门的工作人员必须与培训讲师共同完成授课资料的设计工作，确保培训工作的有序开展。讲师授课所需资料如表1-18所示。

表1-18 讲师授课所需资料

所需资料	提供部门或人员
培训教材、培训安排表、培训反馈表、培训调查问卷及学员名单等相关资料	培训部
课件、讲师手册、学员手册、授课过程中所需要的案例分析资料、测试卷等辅助性资料	培训讲师

1.7　选定培训场所

1.7.1　布置培训场所所需考虑的因素

培训场所是学员进行学习的地方，培训场所的布置对培训效果具有重要的影响。培训部门在布置培训场所时，应考虑以下七个方面的因素。

(1) 培训场所应该能够容纳全部学员和相关设施。

(2) 拥有书写和摆放培训资料的专门区域。

(3) 培训讲师工作域内应能够放置教学材料和有关器材。

(4) 培训场所能够在培训周期内连续使用。

(5) 具备相关的配套设施，如休息室和卫生间。

(6) 具有温控装置，能自由调节室温，还要有独立控制的通风设备及适度的照明。

(7) 座位的摆放能够符合培训要求。

1.7.2　不同培训场地的选择

培训方式的不同，培训场地也有所不同。表1-19为不同培训方式的培训场地选择参照表。

表1-19　不同培训方式的培训场地选择参照表

培训方式	培训场地
普通授课、小型会议研讨、多媒体及录像教学	优先选择企业内部的培训室，若企业内部的培训室无法满足培训需求，则可在酒店或会议中心进行
E-learning培训	在企业内部专门培训室进行
现场工作指导	在企业内部的工厂或技术研究室内进行
拓展培训	在户外或专业的拓展中心进行
外派培训、认证培训	在企业外部专业的培训机构进行

1.8 准备培训设备

1.8.1 培训设备的类型

培训设备的主要类型如图 1-14 所示。

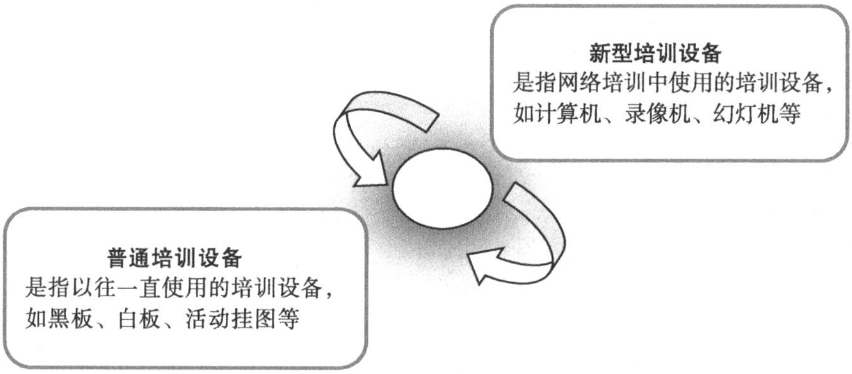

新型培训设备
是指网络培训中使用的培训设备，如计算机、录像机、幻灯机等

普通培训设备
是指以往一直使用的培训设备，如黑板、白板、活动挂图等

图 1-14　培训设备类型

1.8.2 不同培训设备的选择

在选择培训设备时，应从培训预算、培训的紧迫程度、学员人数、培训场所、现有的培训设备、培训讲师及培训资源等方面进行考虑。表 1-20 为不同培训方式的设备选择参照表。

表 1-20　不同培训方式的设备选择参照表

培训方式	培训设备
课堂讲授培训	黑板、白板、活动挂图、录像机、幻灯机、计算机、投影仪、油性笔、水性笔、写字板及光盘
会议研讨培训	白板、活动挂图、录像机、幻灯机、计算机及投影仪
E-learning 培训	计算机、投影仪及光盘
拓展培训	户外基地及拓展培训过程中所需的设备器材
现场模拟培训	模拟器（虚拟现实技术生成的模拟是目前最先进的模拟形式，航空公司就是利用这种工具训练飞行员的）

第2章

培训运营中组织

2.1 开课前准备

2.1.1 培训现场检查

在开课前，培训组织者应提前到达培训现场对培训现场的布置情况、培训设备调试情况、培训现场卫生情况、培训材料准备情况进行检查，如发现问题应及时处理，确保培训能够按时、有序地开展。培训现场检查如表2-1所示。

表2-1 培训现场检查表

填表日期：___年_月_日

编号	名称	检查结果	编号	名称	检查结果	编号	名称	检查结果
异常问题处理措施								
检查结果说明								

部门负责人：　　　　　　　　　　　　　　　　　　　　　　　　　　检查人员：

2.1.2 培训签到管理

为保证培训对象按时参加培训，培训组织者须设计培训签到簿，要求培训对象按时签到。但由于培训方式不同，签到的方式也有所差异。表2-2为不同培训签到方式参照表。

表2-2 不同培训签到方式参照表

培训方式	签到方式
课堂讲授培训	簿式签到、由工作人员代为签到
会议研讨培训	簿式签到、证卡签到、工作人员代为签到、座次表签到
E-learning 培训	通过计算机登录签到
户外拓展培训	点名后由工作人员记录

（续表）

培训方式	签到方式
外派培训	由外派培训机构工作人员代为签到
外包培训	由组织实施培训机构工作人员代为签到

2.1.3 发放培训资料

培训实施过程中所需的部分授课资料，如教材、案例分析等资料须在开课前发放给培训对象。培训资料的发放方式如图 2-1 所示。

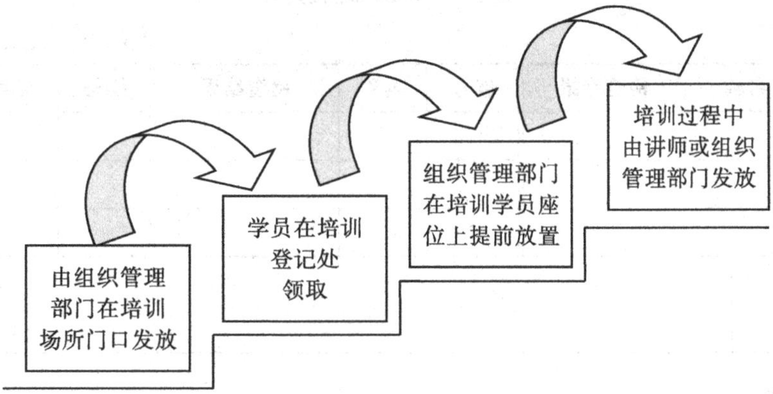

图 2-1 培训资料的发放方式

2.2 课程导入

2.2.1 课程导入内容

课程导入既是培训讲师留给培训对象的第一印象，也是培训课程留给学员的第一印象。第一印象对大多数培训对象来说是很难改变的，因此，培训开始前须认真设计好课程导入的内容，以保证培训效果。

培训课程导入的内容有以下四个方面。

1. 能够引起学员对课程产生兴趣的内容。

2. 有利于帮助培训对象建立信任和善意关系的内容。

3. 有助于将培训对象的注意力集中到授课主题上的内容。

4. 预告性内容，如与培训主题相关的事件、问题、事实、现象、数据等内容。

2.2.2　课程导入原则

培训课程导入应遵循以下三项原则。

1. 针对性原则。课程导入要紧扣培训目标，并根据内容特点采用多样化导入方式。

2. 启发性原则。课程导入的内容须生动具体，能够充分调动培训对象的积极性。

3. 简洁性原则。课程导入时间不宜超过5分钟。

2.2.3　课程导入方式

课程导入是培训实施的重要环节，巧妙、合理的课程导入能够激发培训对象的学习兴趣与求知欲望。图2-2为课程导入的四种方式。

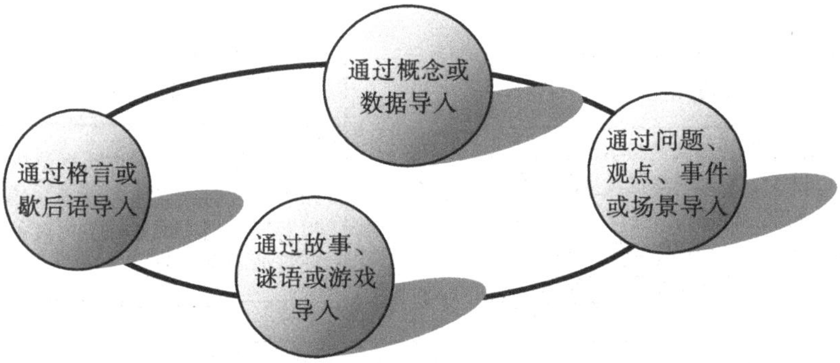

图2-2　课程导入方式

2.3　培训现场督导

2.3.1　培训现场巡视检查

培训现场巡视检查是确保培训工作顺利进行的一种有效手段。培训现场巡视检查的内容包括培训现场纪律情况、培训对象出勤情况、培训讲师出勤情况及培训场所安全情况等。在实施操作过程中，培训组织者应根据检查标准进行培训现场巡视检查的工作。

2.3.2　培训进程控制

培训进程控制的步骤如图2-3所示。

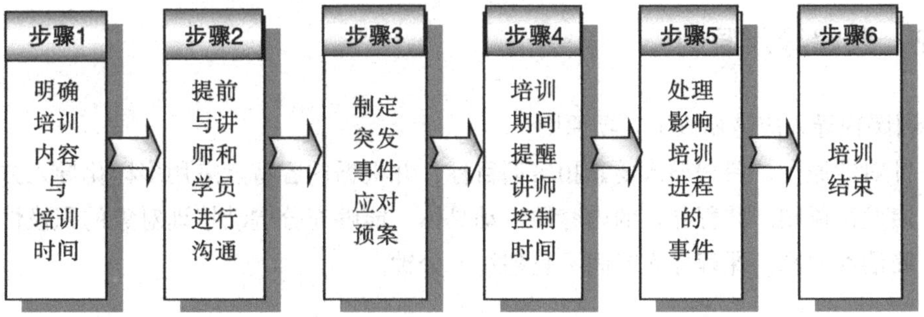

| 步骤1 | 步骤2 | 步骤3 | 步骤4 | 步骤5 | 步骤6 |
| 明确培训内容与培训时间 | 提前与讲师和学员进行沟通 | 制定突发事件应对预案 | 培训期间提醒讲师控制时间 | 处理影响培训进程的事件 | 培训结束 |

图2-3 培训进程控制的步骤

2.3.3 突发事件处理

在实施培训的过程中，有可能会产生的突发事件的类型及处理办法如图2-4所示。

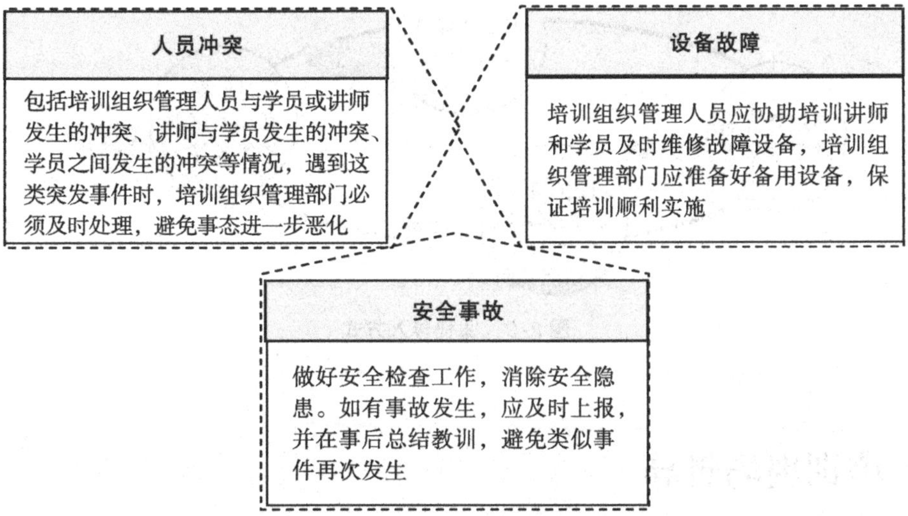

人员冲突

包括培训组织管理人员与学员或讲师发生的冲突、讲师与学员发生的冲突、学员之间发生的冲突等情况，遇到这类突发事件时，培训组织管理部门必须及时处理，避免事态进一步恶化

设备故障

培训组织管理人员应协助培训讲师和学员及时维修故障设备，培训组织管理部门应准备好备用设备，保证培训顺利实施

安全事故

做好安全检查工作，消除安全隐患。如有事故发生，应及时上报，并在事后总结教训，避免类似事件再次发生

图2-4 突发事件的类型及处理办法

2.4 学员与讲师管理

2.4.1 培训讲师管理

培训讲师负责培训课程的开发、培训知识和技能的讲授等工作。培训讲师主要职责有以下五点。

1. 协助并参与培训对象的培训需求调研，了解培训对象的培训需求。

2. 根据不同岗位的培训需求，收集和整理相关资料，完成培训课程的开发和设计工作。

3. 根据企业的培训安排，完成所属培训课程的讲授工作。

4. 根据岗位的具体特征，辅导培训对象制订培训后的工作改进计划。

5. 负责整理和归档培训教材、教案等文件资料。

为充分发挥培训讲师传道、授业、解惑的作用，培训组织应做好培训讲师的管理工作，具体内容如图2-5所示。

对培训讲师的出勤管理	对培训设备的使用管理	培训讲师的仪容仪表管理	对培训讲师的授课过程进行监控	对培训讲师进行授课过程评价
（1）	（2）	（3）	（4）	（5）

图2-5 培训讲师的管理工作

2.4.2 受训学员管理

受训学员是培训实施的对象，只有受训学员按时参加、积极参与培训，才能有效达成培训目标。因此，企业应做好受训学员的管理工作，具体内容如图2-6所示。

受训学员的出勤管理	受训学员的参训积极性管理	对培训场所的环境维护	受训学员的课堂纪律	受训学员参训期间的安全管理
（1）	（2）	（3）	（4）	（5）

图2-6 培训学员的管理工作

第3章

培训运营后评估

3.1 明确培训效果评估的内容

3.1.1 学习成果评估

培训效果评估是指培训部门对培训对象在培训中取得的收获情况进行调查与分析。培训成果评估的内容包括学习成果评估、培训组织管理评估、培训讲师评估及培训经济效益评估等四个方面。

学习成果评估，即对受训学员的学习成果进行评估。评估内容包括培训后的课堂测试、培训后对学员工作态度、工作方法及工作业绩是否提高。

3.1.2 培训组织管理评估

培训组织管理评估是指对培训组织者的项目实施情况进行评估，具体内容如图3-1所示。

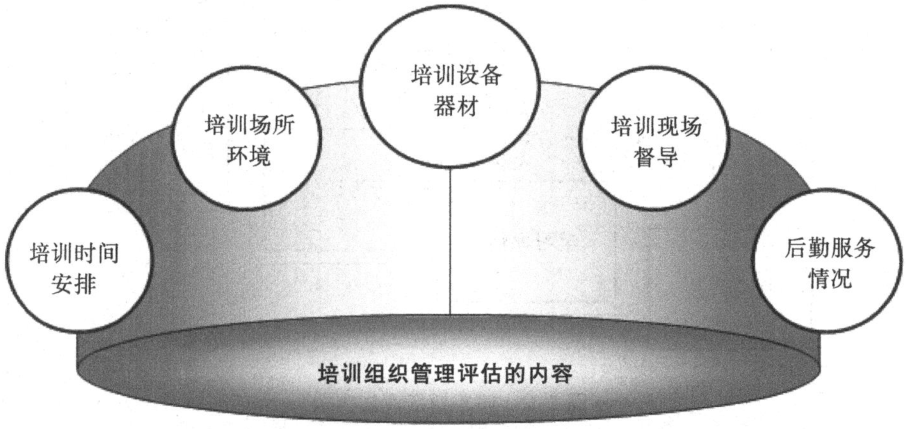

图3-1 培训组织管理评估的内容

3.1.3 培训讲师评估

培训讲师评估是指对授课的培训讲师进行评估。不管是企业内部讲师还是外部聘请的讲师，评估内容大致相同，主要是对培训课程内容、授课形式、授课方法、讲师的语言表达方式及课程需要改进的地方进行评估。

3.1.4 经济效益评估

经济效益评估是指企业对培训效益进行评估。评估内容主要是核对预算，通过计算投入产出比来评估企业因培训取得的经济效益或收入。

3.2 选择培训效果评估模型

3.2.1 柯氏四级评估模型

根据柯克帕特里克模型，可将培训效果的评估划分为四个级别，分别为反应评估、学习评估、行为评估和结果评估。这四级之间不是一种并列的关系，而是层层递进的关系，当从一个级别进入另一个级别时，评估的程序和内容都会变得更加复杂。柯氏四级评估模式如图3-2所示。

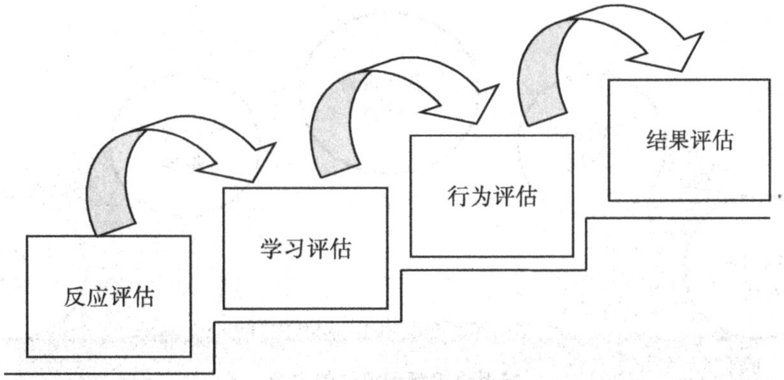

图3-2 柯氏四级评估模式

1. 反应评估

反应评估层面要解决的问题是了解受训学员对培训计划有何反应，以及他们准备如何使用培训资料。培训组织者应在培训结束时进行反应评估的工作。

反应评估的具体内容如表3-1所示。

表3-1 反应层面评估一览表

评估内容	实施方法	优势	劣势	改进策略
主要是评估受训学员对培训计划的总体印象，是对培训内容、讲师、教学方法、材料、设施、场地、报名程序等的评估	问卷调查、小组座谈；常运用四分法（极好、好、一般、差）、五分法（极好、很好、好、一般、差）进行评估	容易开展，是最基本、最普遍的评估方式	会出现以偏概全、主观性强、不够理智的现象	强调评价的目的，要求全员配合；将课程评价与讲师评价区分开；结合使用问卷、面谈、座谈等方式；学员自我评估

2. 学习层面评估

学习层面评估层面要解决的问题是掌握受训学员在哪些知识、技能和态度上发生了转变，以及转变的程度如何。培训组织者应在培训过程中或结束后进行这一评估工作。学习层面评估的具体内容如表3-2所示。

表3-2 学习层面评估一览表

评估内容	实施方法	优势	劣势	改进策略
评估学员掌握了多少知识和技能。是最常见、最常用的一种评估方式	在反应层面的基础上，要求运用所学的知识解答试题；进行现场操作；对专业性岗位课程，要求学员提出改善方案并执行	能让学员感受到压力，使他们更认真地学习；也能让讲师感受到压力，使他们更负责、更精心地准备培训课程及内容	压力大，可能使报名不太踊跃；评估之前可能会让学员知晓某些事情	针对不同的培训课程采用不同的评估方法

3. 行为评估

行为评估层面要解决的问题是了解受训学员是否将所学的内容应用到实际工作中。受训学员的直接上级主管应在培训结束三个月或半年后进行这一评估工作。行为层面评估的具体内容如表3-3所示。

表3-3　行为层面评估一览表

评估内容	实施方法	优势	劣势	改进策略
主要是评估受训学员在培训结束后的跟进过程，以及在工作行为和在职表现方面的变化	观察；对主管、同事、下属、客户进行评估；学员自我评估。这些评估需要借助评估表	可直接反映培训课程的效果；讲师可获得学员的支持	比较耗费时间和精力；问卷比较难设计；需要占用相关人员较多的时间，并且不容易得到学员的配合；学员的行为易受其他因素的影响	选择适合进行行为评估的课程；选择合适的评估时间；充分利用专业讲师和咨询公司的力量

4. 结果评估

结果评估层面要解决的问题是对受训学员在培训结束后，将所学到的知识与技能应用在实际工作后所产生的影响进行评估。培训部应在培训结束一年或两年后对受训学员及企业的绩效进行结果评估。结果评估的具体内容如表3-4所示。

表3-4　结果层面评估一览表

评估内容	实施方法	优势	劣势	改进策略
上述三级变化对企业发展带来的可见的、积极的作用；培训是否对企业的经营结果产生了直接的影响	通过企业制定的指标来评价，如事故率、次品率、生产率、员工流动率及客户投诉率	详细的、令人信服的调查数据，能够消除高层领导对培训的疑虑，将有限的培训费用投到最能为企业创造经济效益的课程上来	需要时间，在短期内很难得出结果；简单的对比数字意义不大	必须取得管理层的合作，拿到培训以前的相关数字；分辨哪些结果与要评估的课程有关联，并分析在多大程度上有关联

3.2.2 CIRO 培训评估模型

CIRO 由该模型中四个评估阶段的首字母组成，即背景评估（Context Evaluation）、输入评估（Input Evaluation）、反应评估（Reaction Evaluation）、输出评估（Output Evaluation）。该模型属于过程性评估模型，具体内容如表 3-5 所示。

表 3-5　CIRO 评估模型说明表

阶段评估	阶段评估任务	阶段评估任务说明
背景评估	确认培训的必要性	（1）收集和分析相关人力资源开发的信息 （2）分析和确定培训需求与培训目标
输入评估	确定培训的可能性	（1）收集和汇总有价值的培训资源信息 （2）评估和选择培训资源——对可利用的培训资源进行分析 （3）确定人力资源培训的实施方法
反应评估	提高培训的有效性	（1）收集和分析受训学员的反馈信息 （2）改进企业培训的运作流程
输出评估	检验培训结果	（1）收集和分析与培训结果相关的信息 （2）评价与确定培训结果，即对照培训目录来检验、评定培训结果是否真正有效或有用

3.2.3 CIPP 培训评估模型

CIPP（Context-Input-Process-Produce）培训效果评估模型，可称为"背景—输入—过程—成果"评估模型。该模型不仅弥补了 CIRO 模型的不足，还完善了柯氏四级培训评估模型。其中，最关键的是将评估活动切入到了整个培训过程的核心环节——执行培训环节。

1. CIPP 评估模型说明

CIPP 评估模型是将培训项目本身作为一个对象进行分析，它强调评价在各个阶段的应用，目的是为了及时发现并解决问题。该模型也属于过程性评估模型，具体内容如表 3-6 所示。

表 3-6　CIPP 评估模型说明表

阶段评估	阶段评估说明
背景评估	该阶段评估的主要任务是确定培训需求及培训目标。具体包括了解相关环境、分析培训需求、鉴别培训机会及制定培训目标
输入评估	该阶段评估的主要任务是评估培训资源和培训项目。具体包括收集培训资源信息、评估培训资源、评估项目规划是否有效地利用了资源、能否达到预期目标及是否需要外部资源的帮助
过程评估	该阶段评估主要是通过评估，为实施培训项目的人员提供反馈信息，使他们能在后续的培训过程中进行改进和完善
成果评估	该阶段评估主要是对培训是否达到预期目标进行评估。具体包括学员的满意度、知识和技能的增加、行为的改善及个人和组织绩效的提高

2. CIPP 评估模型的特点

CIPP 评估模型具有全程性、过程性及反馈性三大显著特点，具体内容如图 3-3 所示。

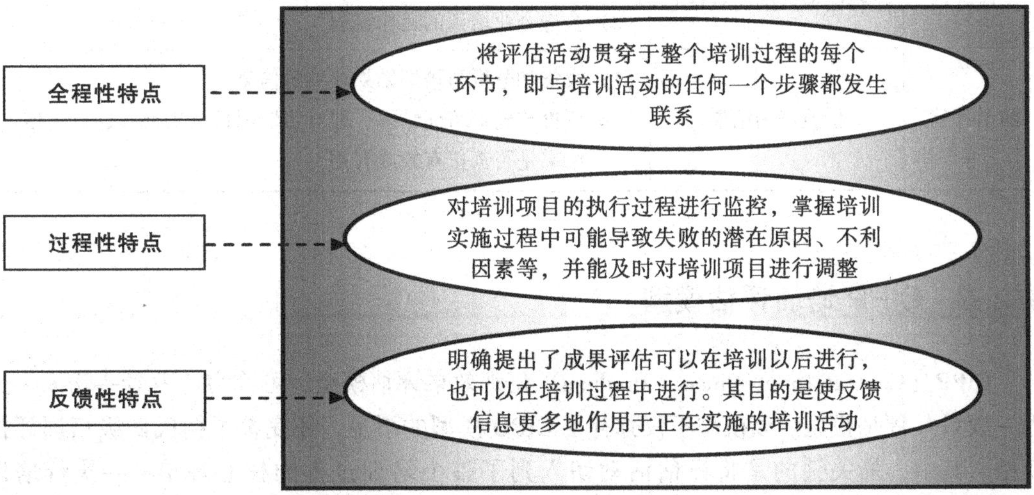

图 3-3　CIPP 评估模型的特点

3.2.4　投资回报率评估模型

该模型在柯氏四级评估模型上加入了第五个层次，即投资回报率，因而形成了一个五级投资回报率评估模型。第五层次评估的重点是将培训所带来的收益与其成本进行对比，测算有关投资回报率的指标。投资回报率评估模型的设计如图 3-4 所示。

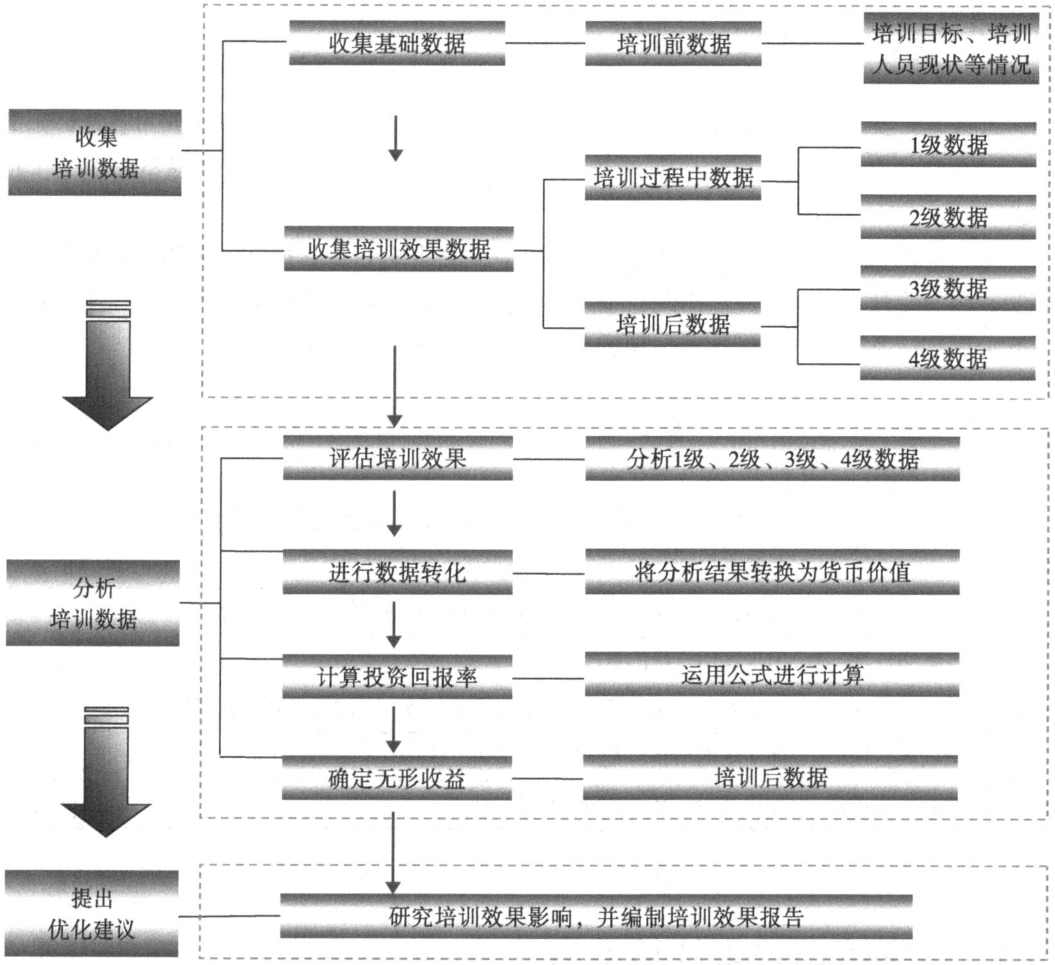

图 3-4 投资回报率评估模型的设计

培训投资回报率是最常见的定量分析法。这里涉及以下两个公式。

公式一：
$$培训收益 = (E_2 - E_1) \times N \times T - C$$

其中，E_2（E_1）表示培训后（前）每个学员的年效益，N 表示参加培训的总人数，T 表示培训效益可持续的年限，C 表示培训成本。

公式二：
$$投资回报率（ROI） = （培训收益/培训成本）\times 100\%$$

若计算出来的 ROI 小于 1，则表明培训收益小于培训成本，说明此次培训未获得预期的效果，或企业存在的问题不是培训所能解决的。

该方法实施的前提条件是学员的年效益是可量化的，对那些年效益无法量化的培训，这种方法就很难操作了。

3.2.5　五层次培训评估模型

考夫曼扩展了柯氏四级评估模型，他认为培训能否成功关键在于培训前对各种资源的获取。因此，他在模型中加上了对资源获得可能性的评估，并将其放在模型的第一个层次上。

考夫曼还认为培训所产生的效果不应该仅仅对企业有益，它最终会作用于企业所处的环境，从而给社会带来效益。因此，他又加上了对社会和客户的反应进行评估，从而形成了五个层次。考夫曼的五层次评估模型的具体内容如表3-7所示。

表3-7　考夫曼五层次评估模型

评估层次		评估内容
1	可能性和反应评估	可能性因素说明的是针对确保培训成功所必需的各种资源的有效性、可用性及质量等问题
		反应因素旨在说明方法、手段和程序的接受情况和效用情况
2	掌握评估	用来评估学员的掌握能力情况
3	应用评估	评估学员在接受培训后，其在工作中知识、技能的应用情况
4	企业效益评估	评估培训项目对企业的贡献和效益情况
5	社会效益产出	评估社会和客户的反应情况

3.3　确定培训效果评估的方法

3.3.1　观察评估法

观察评估法是指评估人员在培训过程中和培训结束后，观察学员在培训过程中的反应情况，以及在培训结束后其在工作岗位上的表现情况。他们利用观察记录，或利用录像的方式，将相关信息记录到培训观察表中，通过比较学员在培训前后的工作业绩，从而评估培训效果。

运用观察法对培训进行评估时，关键在于对观察的所有内容进行完整、准确的记录。在进行观察记录时，应注意如图3-5所示的四方面内容。

情境	人物	行为	频率
是指受训学员的行为处于怎样的情境。是在培训之前还是在培训之后；是在工作之中还是工作之余	是指受训学员所接触的各类人物的身份、职位，以及被观察对象与各类人物之间的相互关系	是指受训学员的各种行为活动，如语言、表情、姿势、动作等，以及该行为的致因、目的、趋向等	是指受训学员的各种行为活动发生的次数、重复出现的时间及频率、行为延续时间等

图3-5 观察记录的注意事项

观察法可以直接观察到现象或行为的发生，有助于观察人员把握全局，得到受训学员不愿或不便作答的信息。如果受观察者并不知道自己正在被观察，其行为也更为客观、真实，增强了培训评估的有效性。

3.3.2 目标评估法

目标评估法要求企业在制订培训计划时，将受训学员在完成培训后应学到的知识、技能，应改进的工作态度及行为，应达到的工作绩效标准等目标列入其中。培训课程结束后，企业应将受训学员的测试成绩和实际工作表现与既定培训目标进行对比，得出培训效果，并作为评估培训效果的根本依据。

对于培训目标的确定方法如图3-6所示。

任务分析法
培训组织者可设计出任务分析表，详细列明有关工作任务和工作技能信息，包括子任务、各任务的频率和绩效标准、完成任务所必需的知识和技能等内容

绩效分析法
此方法须与绩效考核相结合，确定标准绩效，从学员实际考核情况与期初制定的绩效标准进行对比，从而确定培训目标

图3-6 培训目标的确定方法

3.3.3 问卷调查法

问卷调查法是较常用的培训评估方法，是指培训组织者借助预先设计好的调查问卷，在培训结束时向培训主体或受训学员了解培训效果的一种方法。

1. 设计调查问卷的原则与要求

一份完整的调查问卷包括问卷名称、填写说明、致谢等内容。为方便被调查对象回答问题和整理分析调查问卷资料，设计问卷问题时，应遵循如图 3-7 所示的三项原则。

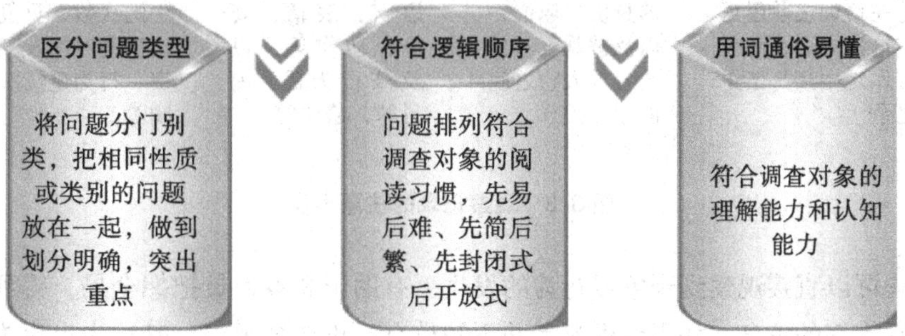

图 3-7　设计问卷问题的原则

优秀问卷需符合的五项要求，具体如图 3-8 所示。

（1）与培训目标紧密相连

（2）与受训人员的培训内容有关

（3）包含培训的主要因素和主要环节，如培训讲师、培训场所等

（4）评价结果较易量化

（5）能鼓励受训人员真实反映结果

图 3-8　优秀问卷需符合的五项要求

2. 开放式和封闭式调查问卷

按照不同的划分标准，可设计出不同类别的调查问卷。其中，开放式和封闭式调查问卷是根据问题的表达方式进行划分的。

（1）开放式调查问卷

开放式调查问卷设计的特点是不对调查问题的答案进行限制，由被调查者根据自己的理解和感受予以回答。其不足之处在于，如果不对问题的解答进行一定的限制，那么填写的内容并不一定是调查问卷设计人员所需要的信息。

（2）封闭式调查问卷

封闭式调查问卷将备选答案以选项的形式列出，由被调查者从中选择自己认为是正确答案的调查问卷形式。它的不足之处在于有限的选项可能难以完全体现被调查者的真实想法。因此，设计封闭式调查问卷时，应确保答案的全面性。

在设计好调查问卷后，应在实施调查之前进行多次的模拟调查，检验调查问卷的科学性和完善性，在对调查问卷进行反复地修改与完善后，方可正式实施问卷调查。

3.3.4 笔试测验法

笔试测试法是对受训学员的知识掌握状况（如企业规章制度、产品知识、行业知识、专业知识等）进行评估的一种方法。

3.3.5 操作测验法

操作测验法是对受训学员所掌握的技能与技术的熟练程度进行评估的一种方法，一般应用于整个培训过程，通过对受训学员实际操作过程的现场测验来评估培训效果。此方法通常适用于学员在岗培训，旨在考查学员是否掌握了实际工作中所需要的操作技能和技术。

此方法的关键在于对学员在操作测验中要完成的动作进行事先规定，包括动作标准、时间间隔及生产定额等。

受训学员在接受培训前应进行一次操作性测验并做好测验记录，同时还应预先设定好学员在操作测验中应达到的标准。接受培训后，学员须再次进行操作性测验，如果达到预先设定的操作标准，即可视为该培训具有一定的效果。

3.3.6 关键人物评价法

关键人物评价法是指由与受训人员在工作上接触较为密切的人做出对培训的评价，这里所说的关键人物可以是他的上级、同事，也可以是他的下级或者客户。他们对受训人员比较了解，可提供他在培训与开发前后的变化信息。

同级评价法作为关键人物评价法中最常用的一种方法，同其他培训效果评估方法一样也存在缺陷，尽管同级间相互很了解，但由于存在竞争，有时会导致评估结果失真。而让上级来评估培训效果同样避免不了局限性，因为有的上级不太了解情况，或者会主观臆断。因此，运用"360度"评价法（即由上级、下级、客户、同事甚至培训组织者等从不同角度来评估受训人员的变化的方法）正在被越来越多地使用。此方法对了解受训人员的工作态度或培训后行为的改变比较有效。

3.4 撰写培训效果评估报告

3.4.1 培训效果评估报告的撰写内容

培训效果评估报告的撰写内容如表3-8所示。

表 3-8　培训效果评估报告的撰写内容

内容	具体说明
提要	对培训效果的评估要点进行简要概述 语言要求简明扼要
前言	说明评估实施背景，以及培训项目的情况（培训时间、地点、人数及课程等内容） 明确评估目的和评估性质 说明以前是否有过与此评估项目类似的评估，并进行对比
实施过程	是培训评估报告的重点，即评估报告的方法论部分 主要撰写评估的内容、评估方法及评估程序等方面
评估结果	阐明培训评估的结果 包括培训课程评估结果、培训讲师评估结果及培训组织者的评估结果 尽量用图表对评估结果进行解释说明 根据评估结论，提供可以改进和参考的建议或意见
附录	主要包括收集和分析资料用的图表、调查问卷及部分原始资料等

3.4.2　撰写培训评估报告的注意事项

培训部门在撰写评估报告时，应注意以下五点要求，具体内容如图 3-9 所示。

撰写评估报告的注意事项	数据信息的来源	应注意选择调查对象，看其是否具有代表性，保证其能代表整个受训群体的意见，避免做出不充分的归纳
	整体效果	评估人员须对培训项目的整体效果进行描述，避免以偏概全
	实事求是	撰写评估报告时要做到实事求是，切忌过分美化评估结果，真正做到通过评估来证明培训价值
	受训学员积极性	评估人员要用适当的方式描述在培训过程中出现的消极方面，避免打击相关培训学员的积极性
	实时监控	当项目评估已完成超过一年以上时间时，评估人员需要撰写中期评估报告，方便企业相关领导了解评估的进展情况

图 3-9　撰写评估报告的注意事项

3.4.3 培训课程评估报告范例

文本名称	培训课程评估报告	受控状态	
		编　　号	

一、培训评估背景

企业对销售人员进行了销售方面的培训，培训结束后对此次培训课程进行评估。此次培训评估采取调查问卷的方式进行，根据受训人员的数量，共发放调查问卷50份，回收有效问卷48份。

二、课程评估

对此次培训评估主要从以下三个方面进行：课程内容、课程讲授、课程应用和启发。具体评估结果如下。

1. 课程内容评估

（1）课程内容的针对性

通过回收的48份有效问卷，对课程内容的针对性评估如下表所示。

课程内容的针对性评估表

针对性等级	针对性很强	针对性较强	针对性一般	针对性差
受训人员评价	10%	50%	30%	10%

其中，一半的受训人员认为培训内容具有较强的针对性，但还有30%的受训人员认为课程针对性一般，因此在培训课程的针对性设计上还须加强。

（2）课程的实用性

课程的实用性主要评价课程是否能够让销售人员在实际的工作中得到有效利用。具体评估如下表所示。

课程内容实用性评估表

实用性等级	实用性很强	实用性较强	实用性一般	实用性差
受训人员评价	60%	25%	10%	5%

通过调查问卷，我们发现只有5%的受训人员认为此课程的实用性差，有60%的受训人员认为课程的实用性很强。因此此次培训课程在实用性方面的设计还是非常成功的。

（3）课程对解决实际问题的帮助

课程的设计对解决实际问题的帮助是评估培训课程的一项重要指标，课程对解决实际问题的帮助程度调查问卷结果如下表所示。

课程对解决实际问题的帮助程度

帮助等级	帮助非常大	帮助较大	帮助一般	没有帮助
受训人员评价	60%	10%	20%	10%

（续）

通过调查问卷我们发现，此次课程在对解决实际问题的帮助方面是非常成功的，有10%的受训人员认为没有帮助，通过问卷开放式问题我们了解到，课程对解决实际问题的帮助不大的原因主要有以下三个方面：一是课程未进行需求调研；二是课程设置人员未参加过实际操作；三是课程内容未提供解决问题的思路。

（4）课程内容与个人期望内容

通过回收的48份有效问卷，对课程内容与个人期望内容的调查结果如下表所示。

课程内容与个人期望内容差距

差距等级	差距很大	差距一般	有点差距	二者基本相符
受训人员投票数	10张	20张	15张	3张

由此可见，有近20%的受训学员认为课程内容与其个人期望差距很大，仅有6.25%的受训学员认为自己的个人期望和课程相符。因此，我们应重视课程设置前的需求调研工作。

2. 课程讲授评估

对课程讲授评估主要采取问卷调查的方法，发放问卷50份，回收有效问卷45份。课程讲授评估结果如下表所示。（评估内容每项五分制）

课程讲授评估统计结果

评估大项	评估内容	平均得分
课程讲授	1. 讲授技术水平	4.8分
	2. 讲授实际操作水平	3.5分
	3. 讲授语言技巧	2.5分
	4. 授课重点是否突出	3.6分
	5. 讲师回答问题的准确性	4.0分
	6. 讲师讲授方法的合理性	4.0分
	7. 讲师讲授方法的灵活性	3.9分
	8. 讲师的专业性及经验	3.7分

通过对课程讲授的评估，我们可以得到课程讲授总体而言技术水平较高、讲授重点突出、方法合理且灵活，基本上受训学员对课程讲授比较满意。但是在讲授语言技巧方面还有待提高，此项得分最低为2.5分，且离及格水平还相差很远。因此，如何提高培训讲师的语言技巧是我们下一步的工作方向。

3. 课程应用和启发评估

课程培训结束后、培训组织者需要对受训学员是否能够在实际工作中运用此项课程、此项课程对受训学员是否具有启发性以及获得启发的程度进行评估，具体评估结果如下表所示。

（续）

课程应用和启发评估结果				
课程应用	较多应用	有时应用	偶尔应用	不会应用
	60%	10%	10%	20%
课程启发	非常大	一般	较小	很小
	10%	50%	20%	20%

通过调查问卷，我们发现60%的受训学员较多应用此项课程，但是也有20%的受训人员不会应用此项课程。课程启发对50%的受训人员作用一般，仅对10%的受训人员有启发。因此，我们在课程应用和课程启发方面还有待加强。

三、课程评估总结

1. 课程的前期调研工作不够充分。

2. 课程内容设计方面考虑不够全面，实用性和启发性还有待加强。

3. 课程讲授方法比较成功，但是讲授人员的水平还有待提高。

四、课程评估建议

1. 加强课程设计前的需求调研工作，加强课程的针对性。

2. 根据课程的内容特点与受训学员的实际需求采取相对应的讲授方式。

3. 可以尝试采取课程试行的方式来检验课程设计效果。

报告人：

报告日期：＿＿年＿月＿日

编制人员		审核人员		批准人员	
编制日期		审核日期		批准日期	

3.4.4 培训效果评估报告范例

文本名称	培训效果评估报告	受控状态	
		编 号	

一、培训项目基本情况

培训项目基本情况如下表所示。

培训项目基本情况			
1. 培训项目	管理技能提升项目	5. 培训对象	企业中层管理人员
2. 培训机构	××培训公司	6. 受训人数	38 人
3. 培训讲师	韩××	7. 培训日期	2010 年 11 月 8 日~11 月 9 日
4. 主办单位	公司人力资源部	8. 培训地点	公司办公楼第 2 会议室

（续）

二、培训背景

人力资源部于年初组织实施了员工的培训需求调查分析，特别对员工的工作绩效和日常行为表现进行了重点调查。人力资源部门发现不少员工（特别是主管级员工）在实际工作中常出现一些角色模糊、经验导向、工序流程不畅等问题。针对这些问题，人力资源部与相关部门负责人共同进行了分析，并结合年度培训计划提出了本次培训方案。并决定于____年__月__日~____年__月__日在公司第2会议室实施本次培训。

三、培训评估

本次培训评估采用了问卷调查法、访谈法、笔试测验及操作测验等方法，对受训学员、培训讲师、培训管理人员进行了调查。

1. 问卷调查

问卷调查中共设计问卷____份，有效问卷回收率达到____%，问卷内容须从讲师授课效果、培训内容设计、培训组织服务工作三个方面进行了问题设计。其反馈结果如下表所示。

培训评估调查统计表

评估项目	权重	评估项目细分	评估得分	加权平均分数
讲师授课技巧	40%	课堂气氛的掌控能力	____分	____分
		授课的逻辑性与系统性	____分	
		课堂互动情况	____分	
		授课技巧	____分	
培训内容设计	40%	内容适用性	____分	____分
		内容难易程度	____分	
		培训课程时间安排的合理性	____分	
培训组织工作	20%	培训场地的布置情况	____分	____分
		相关设施的准备情况	____分	
		培训工作人员的服务质量	____分	
合计				____分

2. 培训效果评估

此次培训的价值与效果，本公司主要从骨干员工流失率、人均产值增长率、成本节约、客户满意度及员工能力的提高这五个方面进行评估分析（具体内容略）。

3. 培训成本

此次培训成本基本上控制在预算范围之内，符合公司规定。

四、培训总结

此次培训非常具有针对性，对提高员工个人工作的非技术能力和工作绩效有促进作用。

（续）

1. 做得比较好的方面
（1）课程内容针对性较强，与员工个人工作结合度高并且难度适中。 （2）多数知识点需要学员结合实际工作的具体情景才能更好地理解和运用，所以培训后的回顾和应用对培训的效果有直接的影响。 （3）员工整体工作状态发生了很大的变化，各项工作按照规范的流程得以有序进行。 2. 需要改进的地方及改进措施 （1）在此次培训实施过程中，有部分应参加培训的员工因各种原因未能参加此次培训，可见人力资源部与部门相关负责人的培训组织与管理工作没有做到位，应在今后不断加强此方面的工作。 （2）根据公司《员工培训管理制度》的要求，人力资源部须对员工参加培训的情况进行详细的记录并做相应处理。 <div align="right">报告人： 报告日期：___年__月__日</div>

编制人员		审核人员		批准人员	
编制日期		审核日期		批准日期	

第4章

课堂讲授培训运营体系

4.1 课堂讲授培训运营体系

4.1.1 课堂讲授培训运营的管理流程

1. 课堂讲授培训的工作流程

实施阶段	培训部经理	培训专员	培训讲师	培训学员

做好培训准备 — 培训实施管理 — 培训总结与评估

开始 → 确定培训讲师 → 审批

准备培训课程

选择培训场地

布置培训场地

发放培训通知

检查培训现场的设施及授课器材 ← 接收培训通知

记录受训人员的出勤情况 ← 参加培训

抽查培训现场秩序情况 ← 开始培训授课

学员考核 ← 参加考核

撰写培训总结报告 → 审批

整理培训资料

结束

2. 课堂讲授培训课程的选择流程

实施阶段	培训部	培训讲师	培训课程供应商

明
确
培
训
课
程
选
择
要
求

培
训
课
程
选
择
决
策

培
训
课
程
试
用

开始

明确培训对象、目的及要求

确定培训内容

筛选培训课程

提供培训课程总体要求

提供培训课程相关信息

已有培训课程

未有培训课程

在外部采购培训课程

内容开发培训课程

不合格

培训课程试用

合格

纳入课程体系

结束

3. 课堂讲授培训课程的开发流程

实施阶段	总经理	培训部经理	培训专员	相关部门人员

培训课程开发准备 — 培训课程开发实施 — 培训课程开发效果评估

开始

明确培训需求

确定培训课程设计目标 → 审核 ← 各部门沟通

确定培训课程内容 ← 提供信息

编写课程大纲 → 审核 ← 配合

组织编写讲师与学员手册

课程试行 → 试行反馈

课程效果反馈评价

课程修改定稿 → 审核 → 审批

课程实施

结束

4. 课堂讲授培训讲师的评估流程

实施阶段	培训部经理	培训部	培训讲师
制定培训讲师评估管理制度	审批	开始 → 制定培训讲师评估管理制度 → 严格执行培训讲师评估管理制度	
落实评估工作		组织成立培训讲师评估小组 → 确定培训讲师评估方法和评估内容 → 组织进行评估	配合
做好评估工作总结	审批	编制培训讲师评估报告 → 公布培训讲师评估结果 → 结束	

4.1.2 选择培训讲师

培训讲师的内部选拔

内部讲师是课堂讲授培训讲师的重要来源。企业内部工作能力强、经验丰富，且符合选拔条件的员工，均可参加内部培训讲师的选拔。

（1）明确内部讲师的选拔范围

企业内部讲师的选拔范围如表4-1所示。

表4-1 企业内部讲师的选拔范围

选拔维度			选拔范围
基本任职资格	入职时间		本企业工作____年以上的相关人员
	学历要求		大专以上学历的相关人员
培训对象	普通员工培训	一般业务培训	主管级以上人员
		生产业务培训	生产主管、生产班组长、生产技术能手等相关人员
		专业技术培训	主管级以上人员、相关专业技术人员
	主管级培训		经理级以上人员
	经理级培训		总监级以上人员
专业水平	初级技术人员培训		中高级技术人员
	中级技术人员培训		高级技术人员、技术部经理及以上人员
	高级技术人员培训		技术部经理及以上人员

（2）明确内部讲师的选拔标准

组织选拔出合适的员工进行相应的讲师技巧培训，可达到事半功倍的效果，这就需要培训组织者事先明确内部讲师的选拔标准。

内部讲师的选拔标准如图4-1所示。

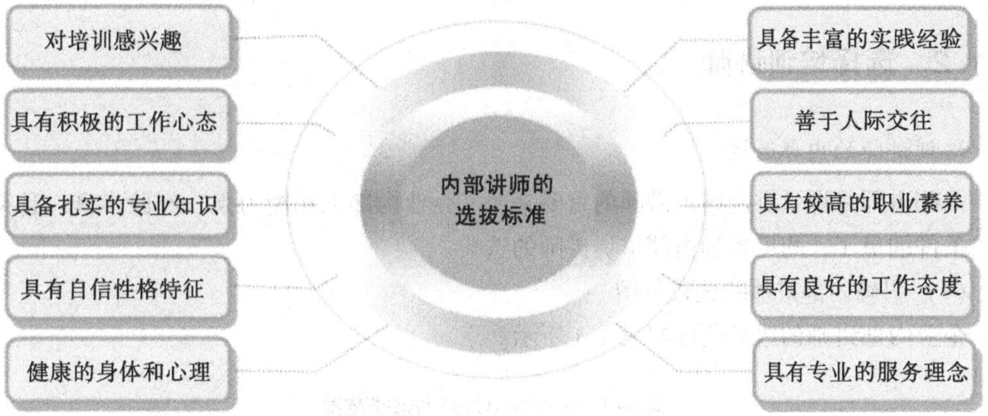

图4-1 内部讲师的选拔标准

（3）内部讲师的选拔程序

为确保内部讲师选拔工作的规范性，培训组织者应明确内部讲师的选拔程序。

① 发布内部讲师选聘公告

培训组织者根据培训工作的需要，在企业内部发布某课程培训讲师的评选通知。通知中应说明基本的评选条件、提交申请的方式和时间，并附上企业内部讲师申请表，具体内容如表4-2所示。

表4-2 企业内部讲师申请表

申请人		所在部门	
入职日期	____年__月__日	职　称	
学　历		授课方向	
特长描述			
培训经历			
是否参加过与此类课程相关的培训课程		否	
		是 课程名称：	
是否参加过其他培训讲师的培训课程		否	
		是 课程名称：	
是否具备此类课程的相关授课经验		否	
		是 课程名称： 授课对象：	

（续表）

审核意见	
个人自荐理由	
部门推荐意见	
培训部意见	

② 提交内部讲师申请表

符合条件的申请人可由各部门经理推荐或自荐，并填写"企业内部讲师申请表"，报培训部门审核。

③ 初步审核申请人资格

培训部门须对申请人资格进行初步审核，并要求申请人填写"企业内部讲师资格审查表"，具体内容如表4-3所示。

表4-3　企业内部讲师资格审查表

姓　名		工作年限		入职日期	___年__月__日
所在部门		岗　位		职称	
学　历		专　业		授课方向	
相关经历					
专业特长					
授课经验					
受训经历					
备　注					
（签字前，请认真核对上述内容） 诚信承诺书 本人保证上述所提供的信息真实、准确，并愿意承担由于提供虚假信息带来的一切责任和后果。 员工签字：　　　日期：___年__月__日					
部门审核意见	部门盖章　　　经办人签字：　　　日期：___年__月__日				
培训部审核意见	部门盖章　　　经办人签字：　　　日期：___年__月__日				

备注：请员工仔细核查上述信息，并打印留存，提交后不予更改。

④ 参加培训和辅导

培训部门须对通过初步审核的员工进行培训，培训内容包括授课的开场、课程的展开和结尾、基本课程设计、语言表达、现场控制等专业知识与技巧。

⑤ 试讲与评审

试讲与评审工作的具体内容如图4-2所示。

步骤	要点说明
成立讲师评审小组	选择具有培训经验的若干人员组成评审小组，负责评审小组的全面工作。培训组织者负责辅助其工作
明确评审人员职责	召开评审小组工作会议，确定各成员的工作职责，对评审过程中可能出现的问题进行商讨，并以文件的形式确认评审标准和评审细则
安排人员试讲	给讲课人员两周的准备时间，请其自拟题目，并在指定日期进行一个小时的试讲
对试讲情况进行评价	评审小组跟进试讲的全过程，对讲课人员进行全面评价，并填写"内部讲师试讲评价表"

图4-2 试讲与评审工作的具体内容

（4）内部讲师试讲管理

培训部门须对申请人进行初步筛选后，应安排符合选拔条件的员工进行试讲，确定其是否具备成为内部讲师的能力，准确筛选出优秀的培训讲师。

① 选择试讲评估人员

试讲评估人员包括企业主管领导、专业培训讲师、培训部门的工作人员、受训部门负责人，以及受训学员代表等。

② 明确试讲评估要求

培训讲师试讲评估的要求如图4-3所示。

①	试讲前要认真备课、熟悉讲义，同时还要坚定信心，为试讲做必要的思想准备和工作准备
②	试讲时应严格按照正常培训课程的要求进行，从容稳重，沉着冷静
③	依据讲义进行讲解，做到重点突出、有条不紊，合理分配时间与注意前后环节的衔接，能够体现讲与练的结合，并力求过程完整
④	注意认真总结经验教训，要知道讲授中的优缺点，还要能够找出原因，方便今后采取有效措施，加强训练，发扬长处，弥补不足

图4-3 培训讲师试讲评估的要求

③ 选择试讲形式

试讲形式可按试讲的人数、范围进行划分，也可按时间及按培训场所进行划分。试讲形式如表4-4所示。

表4-4 试讲形式

划分标准	具体形式
试讲人数和范围	个别试讲和小组试讲
试讲时间	平时试讲和集中试讲
培训场所	课堂试讲和现场试讲

④ 做好试讲评估工作

为保证评估结果的客观、准确，在试讲评估前，培训组织者应制定明确的试讲评估标准。试讲评估标准如图4-4所示。

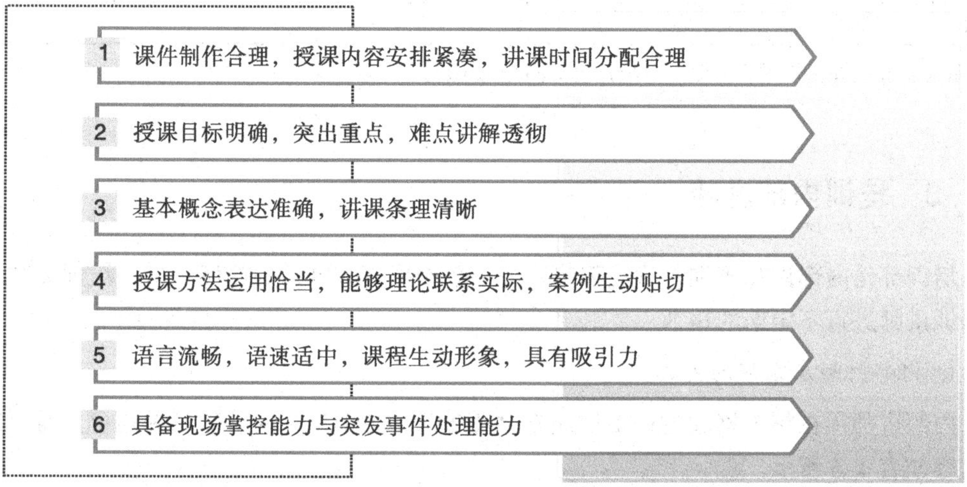

1 课件制作合理，授课内容安排紧凑，讲课时间分配合理

2 授课目标明确，突出重点，难点讲解透彻

3 基本概念表达准确，讲课条理清晰

4 授课方法运用恰当，能够理论联系实际，案例生动贴切

5 语言流畅，语速适中，课程生动形象，具有吸引力

6 具备现场掌控能力与突发事件处理能力

图4-4 试讲评估标准

在试讲评估工作中，不同企业针对培训讲师试讲评估的侧重点也会有所差别。培训组织者应根据本企业培训讲师的试讲评估工作需要，有针对性地设计评估表。企业内部讲师试讲评估如表4-5所示。

表4-5 企业内部讲师试讲评估表

试讲者姓名		所在部门	
岗 位		试讲课程	

（续表）

试讲评估					
序号	评价内容	评 分			
		受训部门及学员 （40%）	专业培训讲师 （30%）	业务主管部门 （20%）	其他人员 （10%）
①	语速语调				
②	现场气氛				
③	表达流畅性				
④	肢体语言				
⑤	目光交流				
⑥	仪容仪表				
⑦	时间掌控				
⑧	内容充实度				
⑨	案例讲解				
⑩	提问情况				

备注：此次评估采用百分制，每项评价的满分为10分

4.1.3　培训内部讲师

培训部是内部讲师培训的管理部门。为不断提高内部讲师的授课水平，培训部须对内部培训讲师进行不定期的培训。

1. 内部讲师应掌握的内容

内部讲师须在整个培训过程中扮演好"编剧""导演""演员"三种角色，需要掌握的内容如表4-6所示。

表4-6　内部讲师需要掌握的内容

扮演好"编剧"角色的培训内容	※ 要对谁培训，针对什么实施培训 ※ 培训前、培训中及培训后的重点和难点内容 ※ 如何设计课程的五条线，包括时间线、内容线、方法线、情绪线与辅助线 　时间线，即课程的具体讲授时间，如上午9：00~10：00 　内容线，即授课主题 　方法线，即授课所使用的案例、讨论、角色扮演等方法 　情绪线，即授课时对动手、动脑程度的描述 　辅助线，即授课所使用的授课材料，如投影仪、白板等

（续表）

扮演好"导演"角色的培训内容	※ 可采取的培训方法包括案例法、角色扮演法及小组讨论法三种 ※ 如何"破题" ※ 如何"控场" ※ 如何"应变" ※ 如何选择培训工具
扮演好"演员"角色的培训内容	※ 打造形象，包括着装、动作、语气、语调等 ※ 展示魅力，包括表情、眼神、动作、姿态、语言等 ※ 运用技巧，包括感情引导、理性分析、事实证明、巧妙导入和结尾等 ※ 借助工具，包括电子教案、投影仪等

2. 内部讲师应掌握的授课方法

授课方法选择是否得当能够直接影响培训效果。内部讲师常用的授课方法包括讲授法、研讨法、角色扮演法、案例分析法、小组讨论法、游戏模拟法与视听法等七种。具体内容如表4-7所示。

表4-7 内部讲师常用的授课方法介绍与适用范围

授课方法	介绍	适用范围
讲授法	通过语言表达形式传授知识、技能和态度，使抽象知识变得具体形象、浅显易懂，是一次性传播给受训人员的培训方法	适用于对企业一种新政策或新制度的介绍与演讲、引进新设备或技术的普及讲座等理论性内容的培训
研讨法	着重于培养学员独立钻研的能力，允许学员提问、探讨和争辩，使其从培训过程中获益良多	适用于学员自信心强、自主和自控能力较高，喜欢比较宽松的管理方式和更多的自由发挥空间的知识型内容的培训
角色扮演法	(1) 设定一个最接近现状的某种情景，指定学员扮演某种角色，借助角色的表演来理解角色的内容，从而提高主动地面对现实和解决问题的能力 (2) 角色扮演法可分为以下两类 ① 结构性的角色扮演 ② 自发性角色扮演	(1) 适用于对实际操作人员或管理人员的培训，主要运用于询问、电话应对、销售技术及业务会谈等基本技能的学习和提高方面的培训 (2) 适用于新员工、岗位轮换和职位晋升的员工的培训
案例分析法	把实际工作中出现的问题作为案例向学员展示真实的背景，并提供大量背景材料，由学员依据背景材料进行分析后提出解决问题的方法，从而培训学员的分析能力、判断能力、解决问题能力，以及执行业务能力	适用于新晋员工、管理人员、经营管理人员、后备人员等员工的培训

（续表）

授课方法	介绍	适用范围
游戏模拟法	把游戏引入到培训活动中，使学员通过娱乐活动加强对知识、技能和态度的理解，加强相互间彼此沟通，能够增强竞争和团队意识、激发学员的创新精神，这是一种寓教于乐的培训方法	此方法的趣味性和挑战性强、学员的参与程度高、互动性强，尤其适用于以沟通、人际关系与工作协调为主题的培训
小组讨论法	讲师给出一定的主题背景，要求学员在规定的时间内讨论出某种结果的授课方法	适用于讲师准备相当充分、运用辅助资料，并对环境的要求较高的培训
视听法	又称"多媒体教学"，利用幻灯、电影、录像、录音、计算机等视听教材与学员之间互动交流，使其在视觉、听觉、触觉上形成多方位体验的培训方法	适用于新晋员工的培训，也适用于介绍企业概况、传授技能的培训，还适用于概念性知识的培训等

3. 内部讲师应掌握的基本技巧

内部讲师在课堂授课过程中，应掌握的基本技巧如表4-8所示。

表4-8　授课基本技巧汇总表

授课基本技巧	具体内容	
闪亮开场技巧	开门见山	事实陈述
	故事导入	问题切入
	彼此交流	时事讨论
	测试引入	游戏导入
	幽默渲染	出其不意
克服讲台恐惧技巧	剖析原因	正视紧张
	精神激励	做运动操
	心理暗示	实践演练
激发学习欲望技巧	挖掘需求	自我激励
	压力激励	奖励激励
	幽默调剂	话语提醒
增强说服力技巧	先说服自己，不打无把握之战	
	用工具说话，事实胜于雄辩	
	善于借用现场演示	
临场展现技巧	口语表达流利	训练音量与音调
	善用肢体语言	克服紧张情绪
	合理利用时间	充分展现自我
完美收尾技巧	重点回顾	故事启发
	小组竞赛	行动促进
	激励号召	触动情感

4. 内部讲师应牢记的提示和误区

内部讲师在授课过程中，应注意如表 4-9 所示的 10 个提示和 10 个误区。

表 4-9　10 个提示和 10 个误区

10 个提示	10 个误区
牢记开场白和结论	身体僵硬或姿势不自然（双手紧握着讲台、双手紧握在胸前等）
站在讲台上要气定神闲、有权威性	身体摇晃
授课前，用目光在受训员工身上巡视一遍	无目的地来回移动
在开始讲课后保持微笑	不自主地敲击讲台
双手的高度保持在腰间，手势自然	紧盯教案或天花板看
和受训员工保持良好的视线接触	手遮着嘴
适当停顿，使受训员工消化所听到的内容	玩弄笔或教具
语句简短	声调平缓、单调，无抑扬顿挫感
敏锐觉察教学情境，适时做出改变	缺乏视线接触或只做局部接触
音调的高低要有变化，以突显重点；讲到重点地方时，应放慢语速	过多使用"呃""喔""嗯""哦"等不必要的口头语

4.1.4　外购培训课程

企业内部无法开发或开发成本较高的培训课程，可通过外购的方式获得。

1. 外购课程的选择标准

为确保外购课程质量，培训组织者在选择外购培训课程时，应严格遵守以下五项标准，具体内容如图 4-5 所示。

（1）依据课程目标选择相应的培训课程内容

（2）课程内容应符合培训对象的需求、兴趣和能力水平

（3）外购的培训课程应与企业的发展规划相一致

（4）选择课程时，应注意课程内容的实用性、针对性和有效性

（5）依仔细阅读课程大纲，注意课程内容的新颖性、相关性与工具性

图 4-5　外购课程的选择标准

课程大纲标准的详细介绍如表 4-10 所示。

表 4-10　课程大纲标准的详细介绍

课程大纲三要素	详细介绍
新颖性	新颖性是指课程大纲中有无新的观点、新的培训方式及新的案例，这种新是相对的，是针对培训对象而言的，而非针对整个培训市场
相关性	相关性是指授课采用的案例或游戏与培训对象有无切身关联，尤其是采用的案例是否与本行业甚至企业本身相关。若课程大纲中没有体现出这一点，企业可向课程提供商提供相关的数据和案例
工具性	工具性是指任何理论和经验都可以转化成可操作的流程、制度和表单等工具。通过此要素，可判断课程是否是拼凑而成，经过精心设计的课程一定具有操作流程和实用表单等工具

2. 外购课程的采购招标管理

企业委托开发的培训课程均应采取采购招标的形式进行选择，以推动企业培训课程采购的规范化，确保培训课程的质量。

（1）招标文件

企业在编制外购课程招标文件时，至少应涉及以下五个方面的内容。

① 投标者的资格。在培训领域具有较高的影响力；具有优秀的课程开发队伍；具有较高的信誉；在行业内具有良好的客户口碑。

② 凡需对投标者进行资格预审时，须规定对投标者进行资格预审程序和标准；投标者应提交资格预审的文件和相关资料。

③ 明确投标日期、投标方法与投标地点。

④ 投标者应缴纳投标保证金或其他类似保证。

⑤ 对特殊投标者给予的优惠。

（2）评估标准

企业外购培训课程的评估指标如表 4-11 所示。

表 4-11　外购培训课程的评估指标

评标维度	权重	评标指标	评分
基本部分	10%	标书的完整性	____分
		投标者的企业规模	____分
		投标者的成功案例	____分
		投标者的声誉和信誉	____分

（续表）

评标维度	权重	评标指标	评分
服务部分	15%	服务保障体系	___分
		项目团队素质	___分
		项目承接速度	___分
		后期跟踪服务	___分
技术部分	55%	课程内容设计	___分
		课程美术设计	___分
		课程技术标准	___分
		课程项目管理	___分
		课程其他方面	___分
价格部分	20%	课程收费标准	___分

（3）常用的招标工具

表4-12至表4-14为企业外购课程招标中常用的表单及文书。

表4-12 招标课程报价单

填表日期：___年__月__日

供应商	价格	课程内容	培训讲师	授课方式	后期跟踪服务	联系方式
受训部门意见						
采购招标领导小组意见						
企业总经理意见						

表4-13 投标书样表

致：企业采购招标领导小组：

贵公司年度课程采购招标项目（招标编号：_____），签字代表_____经正式授权并代表投标人_____提交下述文件。

1. 投标书一览表。

2. 投标课程报价表。

3. 培训后期跟踪辅导计划。

4. 相关授课资料和课程大纲。

5. 资格声明。

在此，签字代表将代表投标人对以下内容做出承诺：

1. 投标人将按照规定履行合同，承担由此带来的责任和义务；

（续表）

2. 本投标有效期为自开标日起 90 天； 3. 投标人已详细审查全部招标文件，包括修改文件（如需修改）以全部参考资料和相关附件，并完全理解了招标文件的内容。 4. 投标人同意提供按照贵公司要求的与其投标有关的数据或资料。 5. 与本投标有关的一切正式往来函件请寄： 　地址：_____　　邮编：_____ 　电话：_____　　传真：_____ 　投标人代表签字：_____ 　投标人（加盖公章）_____ 　日期：____年__月__日

表 4-14　投标课程报价表

序　号	课程名称	课　时	讲　师	授课方式	授课地点	费　用	备　注

3. 外购课程的质量评价

（1）外购课程的质量评价人员

企业应成立课程质量评价小组，对外购课程进行验收与评价，其成员应由培训部门聘请具有大量实践经验、丰富授课经验的外部专家和企业内部有关部门的领导组成。

（2）课程质量评价的工作程序

课程质量评价小组在进行课程质量评价时，可以参照如图 4-6 所示的评估程序进行。

① 明确课程评估的指导思想、目的、要求和任务，讨论并制订课程测评的工作计划

② 审阅课程开发单位提供的课程评估自评报告与相关开发资料

③ 结合企业的培训需求，对课程进行评估。评估内容包括专业知识和技能的讲述、案例的引用、游戏的穿插、角色扮演与课堂测试等

④ 听取课程开发单位的课程开发工作汇报，在此基础上对课程质量进行评议，并按课程评估指标体系逐项打分

⑤ 与课程开发单位交换意见，着重对课程建设和质量提出具体意见。课程开发单位依据课程质量评价小组的意见进行修改或调整

图 4-6　课程质量评估程序

（3）课程质量的评价工具

表 4-15 至表 4-16 为课程质量评价的常用工具。

表 4-15 课程质量评估表

课程名称		开发费用			开发单位			联系方式	
评估项目	评估方法						得分		备注
	非常好	好	较好	一般	较差				
课程内容框架							___分		
符合实际需求							___分		
涵盖知识点							___分		
传授技能							___分		
授课方法							___分		
选用案例							___分		
互动环节							___分		
课程时间							___分		
课堂测试							___分		
课程评估							___分		

备注：本次评估采用百分制，每项分值为 10 分。评分标准如下：非常好（9~10 分）；好（8~9 分）；较好（7~8 分）；一般（5~6 分）；较差（0~5 分）。

表 4-16 课程质量改进分析表

课程名称				开发单位	
课程改进要点	课程改进类型			课程改进原因分析	课程改进方法建议
	课程内容	内容编排	授课方法		

4.1.5　制作培训课件

培训课件是培训讲师在正式授课时展示给受训人员看的内容，一方面能吸引受训人员的注意力，另一方面能帮助培训讲师把握部分讲解内容。在实际培训过程中，PPT 是使用频率最高的培训课件。

1. PPT 内容设计

设计 PPT 内容应列出要点，尽量使每一个页面表述一个主题，每一页面内容不宜超过七行，项目符号或其他编号的使用层次须保持清晰。

2. PPT 美化技巧

PPT 美化技巧如表 4-17 所示。

表 4-17　PPT 美化技巧

美化内容	美化要求
色调	◆ 在 PPT 的色调搭配上，应选用统一的背景色，确保与基本色调的一致 ◆ 通过背景色和文字颜色的较大色差使界面一目了然 ◆ 背景色宜用低亮度或冷色调的颜色，而文字宜选用高亮度或暖色调的颜色 ◆ 利用颜色之间的反差突出对重点词语的关注 ◆ 每一页的色彩搭配不宜超过四种，否则会给人杂乱的感觉
文字	◆ 标题和关键文字的大小应该在 36~48 磅 ◆ 重点语句应采用粗体、斜体、下划线或色彩鲜艳的字体，以示区别 ◆ 尽量使用图形和表单表达内容，避免纯文字内容的展现
演示效果	◆ 幻灯片之间的切换效果不宜超过三种 ◆ 每张幻灯片的构成元素之间不宜超过三种以上的演示效果，避免分散学员的注意力

4.1.6　编写讲师手册

讲师手册是培训讲师在课堂讲授时，对培训课程的顺序与内容的指引，它属于培训讲师备课的一部分。讲师手册的内容包括开场、气氛调节、所要教授的主要理论或技能、培训方式、案例分析、游戏编排、互动讨论、相关测试与测试结果分析、所提问题与问题答案、可能遇到的困难与对策等。

1. 讲师手册的构成要素

讲师手册的构成要素如表 4-18 所示。

表 4-18 讲师手册内容

过程阶段	内容项	具体内容
开场	塑造良好的第一形象	◆ 要注重仪容仪表 ◆ 表现出热情和自信
	进行恰到好处的介绍	◆ 可采取书面介绍、请人介绍和自我介绍的方式 ◆ 可预留时间让参训人员进行自我介绍或互动介绍,以活跃现场气氛、打破僵局,营造宽松的培训氛围
	建立培训期望值	◆ 通过对课程内容和分配时间的介绍,让参训员工对课程讲授的总体情况有所了解 ◆ 建立培训期望值,可帮助参训人员明确培训的目的,把握整个课程的进展,并明确各个内容板块的学习目标
	引发学员兴趣	以下列举三项引发参训人员兴趣的方式 ◆ 表明参加本次培训所能带来的晋升的可能性 ◆ 举例说明参加培训的好处,最好用数据说明 ◆ 列举反面案例来说明不参加培训后果的严重性
主体	授课内容及其要点	◆ 明确授课标题和要点,或阐述每个标题所需的控制时间 ◆ 案例、故事、讨论、游戏与活动等作为授课内容的重要构成也需要予以说明,并列明所需材料、道具与控制时间
	控制培训环境	◆ 确保培训的外在条件,如光线、室温、通风等因素不会影响培训的效果 ◆ 掌控课程的进展,避免由于时间控制不合理导致内容未能全面展示的情况
	调节气氛	◆ 可通过引入学员感兴趣的话题或案例帮助活跃气氛 ◆ 如果气氛过于热烈,应及时提醒学员保持良好的学习心态
结尾	结尾方式	明确课程结尾所用的方式,是用总结式、展望式、鼓励式、还是使用名言警句或故事作结尾
	结尾素材	明确结尾方式所使用的素材,如果以故事结尾,则应将故事的原始材料和内容进行简要的介绍

2. 讲师手册的编写步骤

讲师手册的编写步骤如图 4-7 所示。

充分把握培训需求	在编写讲师手册前，应仔细考虑所授课程的目标、学员特点、学员理解水平等问题
确定课程章节标题和课时分配	在确定课程的章节标题时，可参考市场上类似课程的大纲介绍，可取长补短、查漏补缺，课程时间的确定是分配各章节内容的前提，也是设计案例、游戏、讨论内容的前提和必然要求
收集编写内容资料	理论知识资料可从相关教材类图书、网络和企业资料中寻找和搜集，包括案例、游戏、活动等环节的设计可以从网络、实务类图书或自己的切身经历中获取，并编排成可操作、可应用的案例、游戏与活动等

图 4-7　讲师手册的编写步骤

3. 讲师手册的编写案例

方案名称	课程讲师手册	版　本　号	
		编制日期	

一、开场白和课程导入

开场白及课程导入内容如下表所示。

开场白及课程导入内容

	时间	15 分钟
开场白	目的	明确本课程的主要内容与课程中的纪律问题
	所需资源	计算机、投影仪、写字笔、写字板及活页挂图
	授课方式	课堂讲授
	讲解要点	本次课程主要讲对问题的分析与解决。本课程包括三方面的内容，即提升解决问题能力的基本种类、解决问题的工具和如何发现工作中存在的问题
课程导入	时间	25 分钟
	目的	让学员之间相互熟悉、调动大家的学习积极性、活跃气氛，有利于在上课之前讲师对学员进行分组
	所需资源	写字板、写字笔

（续）

（续表）

课程导入	分组的程序	1. 按座位将学员分为多个小组 2. 每组设计出各自的小组名称和四字口号 3. 每组推选一名组长 4. 小组成员提出课程的期望 5. 组长代表小组解释组名和口号，并总结小组成员对课程的期望 6. 最先完成的小组为第一名，并将获得小礼品

二、提升解决问题能力的基本种类

提升解决问题能力的基本种类如下表所示。

提升解决问题能力的基本种类

总体说明	时间	180分钟
	目的	明确本课程的主要内容：提升解决问题能力的基本种类 对这些种类与如何具体提高各项能力做出说明
	所需资源	计算机、投影仪、写字笔、活页挂图及白板纸
	授课方式	讲解+故事+游戏
	讲解要点	（略）
识别能力	时间	30分钟
	所需资源	测评问卷
	讲解要点	识别能力是指管理人员通过一定的程序发现、甄别和界定工作中隐藏的问题的能力。通过以下问题，对各自的该项能力进行差距测评
	测评问卷	1. 您如何理解问题识别能力？ A. 发现、甄别、界定问题的能力　　　B. 发现、甄别问题的能力 C. 辨别问题的能力 2. 您通常如何观察周围的事物？ A. 总会仔细观察周围的一切事物　　　B. 当遇到特别事物时会特别留意 C. 往往不在意周围的事物 3. 您能否察觉工作中出现的异常？ A. 通常能　　　　　B. 有时能　　　C. 不能 4. 您是否有过将自己不理解的事物看成是问题的经历？ A. 经常有　　　　　B. 偶尔有　　　C. 从来没有

（续）

（续表）

识别能力	测评问卷	5. 您是否经常有虽然能够准确地识别出主要问题，但忽视了自己也有同样问题的情况发生？ A. 通常有 B. 有时有 C. 没有 6. 您是否有过只看到他人的问题而忽视自己也有同样问题的情况发生？ A. 经常有 B. 偶尔有 C. 从来没有 7. 您是否发生过曾经搁置的小问题演变成为严重问题的情况？ A. 从来没有 B. 有过一至两次 C. 有过三次以上 8. 您能否识别出隐藏在工作中的潜在问题？ A. 通常能 B. 有时能 C. 不能 9. 您能否在平时工作的数据分析中识别出问题？ A. 通常能 B. 有时能 C. 不能 10. 您如何理解识别问题的重要性？ A. 能让工作更有价值 B. 是解决问题的前提 C. 是分析问题的前提 参考答案： 选 A 得 3 分，选 B 得 2 分，选 C 得 1 分 24 分以上：说明您的识别能力很强，请继续保持 15～24 分：说明您的识别能力一般，请努力提升 15 分以下：说明您的识别能力较差，急需提升
	识别问题	1. 识别问题的三方面：发现、甄别和界定（内容略） 2. 识别能力的四个故事（略）
	以游戏的方式结束本节内容	讲授方式：游戏 所需工具：印有题目的试卷 时间：10 分钟 场地：室内 人数：按组进行
		游戏步骤 1. 发放试卷。 　　从前，有三个秀才进京赶考，途中投宿在同一家旅店中。这间旅店的房价是每间 450 文钱，三个人决定合住一间，于是每人向老板支付了 150 文钱 　　后来，老板又优惠 50 文钱，让店里的伙计还给他们三人，伙计心想：50 文钱三人如何分？于是自己拿走了 20 文钱，将剩余的 30 文钱还给了三个秀才

（续表）

识别能力	以游戏的方式结束本节内容	游戏步骤	问题：每个秀才实际上各自支付了140文钱，合计420文钱，加上伙计私吞的20文钱，等于440文钱。那么，还有10文钱去了哪里 2. 请学员分析"失踪的10文钱"到哪去了
		参考答案	钱并未丢，只是计算的方法错误。店伙计拿去的20文钱就是三个秀才总共支付的420文钱中的一部分 420文钱减去20文钱等于400文钱，正好是旅店入账的金额。420文钱加上退回的30文钱，正好是450文钱，这才是三个秀才一开始支付的房钱总数
		讲师讲解	1. 将不是问题的事物错误地当成了问题，就是最大的问题。所以，不断提高问题识别能力至关重要 2. 一件简单的事情或一个简单的问题，如果思考的方向错了，那么就会陷入迷茫
分析能力		时间	30分钟
		所需资源	测评问卷
		讲解要点	分析能力是指探究与问题相关的各种因素、对具体问题进行具体分析的能力。讲述分析能力之前，我们先对自己的分析能力进行以下测评
		测评问卷	1. 您如何认识"分析问题"？ A. 没有分析就不能解决问题　B. 仔细分析才能制定出有效的解决方案 C. 分析问题是问题解决的必要步骤 2. 在分析问题时，您能意识到几种促使问题发生的因素？ A. 3种以上　　B. 2~3种　　　C. 最多一种 3. 当您在分析完某个问题以后，别人能找到某些遗漏吗？ A. 通常找不到　　B. 有时能找到　　C. 经常能找到 4. 您是否有过因为对问题认识不清而受到上司指责的经历？ A. 经常有　　B. 偶尔有　　C. 从来没有 5. 遇到问题时，您是否会不加分析就开始着手解决？ A. 从来没有　B. 偶尔有　C. 经常有 6. 您认为自己的逻辑思考能力如何？ A. 很好，善于逻辑推理　B. 一般 C. 很不好，不善于推理 7. 您能否从一个问题联想到另一个与它相关的问题？ A. 通常能　　　B. 有时能　　C. 不能

（续）

（续表）

分析能力	测评问卷	8. 您能否透过问题的表面看到问题的本质？ A. 通常能　　B. 有时能　　C. 不能 9. 您能否准确找到与问题相关的人员？ A. 通常能　　B. 有时能　　C. 不能 10. 您能否在分析问题后及时制定出解决问题的方案？ A. 通常能　　B. 有时能　　C. 不能 参考答案： 选 A 得 3 分，选 B 得 2 分，选 C 得 1 分 24 分以上：说明您的分析能力很强，请继续保持 15~24 分：说明您的分析能力一般，请努力提升 15 分以下：说明您的分析能力较差，急需提升
	分析能力内容	1. 分析问题的五项原则：何物、何因、何处、何人以及如何（内容略） 2. 如何提高分析能力（内容略）
	以游戏的方式结束本节内容	方式｜游戏
		工具｜印有题目的试卷
		时间｜15 分钟
		场地｜室内
		人数｜按组进行
		游戏步骤｜1. 发放试卷 　张三和李四用 48 元共同买了一个西瓜，张三出了 30 元，李四出了 18 元，他们约定按照出资比例来分西瓜。正在此时，王五经过，他们两人以 48 元的价格把西瓜的 1/3 卖给了王五 　王五走后，张三和李四平分了剩下的西瓜。请问，他们应该如何来分钱 2. 让学员在纸上写出分配方案及其思考过程
		参考答案｜　按照出资比例，张三应该获得整个西瓜的 30/48，李四获得整个西瓜的 18/48，可以首先按出资比例把钱分给张三 30 元，给李四 18 元。 　在剩下的 2/3 的西瓜中，李四也分一半，因而，他多分了 2/3×（1/2-9/24）＝1/12，所以他需要付给张三 4 元钱。因此，张三应得 34 元钱，李四分得 14 元钱

（续）

（续表）

分析能力	培训讲解	1. 问题分析就是要找到问题产生的原因，并找到解决问题的依据 2. 不同问题有不同的解决方案，同一问题也会有不同的解决思路，所以一切要从实际出发，具体问题具体分析
沟通能力		略
行动能力		略
方法技巧 运用能力		略
学习能力		略

三、解决问题的工具

解决问题的工具及说明如下表所示。

解决问题的工具及说明

时间	180分钟
目的	明确本课程的主要内容：解决问题的工具 说明解决问题的三种工具及如何在实际工作中运用这些工具
所需资源	计算机、投影仪、写字笔、活页挂图及白板纸
授课方式	讲解+案例
讲解要点	略

四、如何发现工作中存在的问题

如何发现工作中存在的问题具体说明如下表所示。

（续）

如何发现工作中存在的问题	
时间	360 分钟
目的	明确生产过程中存在的问题及如何解决这些问题
所需资源	计算机、投影仪、写字笔、活页挂图及白板纸
授课方式	提问+讲解+案例分析+现场情景模拟
讲解要点	我们首先采用提问的方式使学员认识到在工作过程中存在的问题，并对这些问题为什么没有得到解决进行分析。其次导出本节的主要内容，具体内容见下表所示
内容项	（略）

五、课程回顾（略）

修改说明		修 改 人	
		修改日期	

4.1.7 编制学员手册

学员手册是参训人员参加培训时得到的培训资料，包括学员需要掌握的知识要点。学员手册的内容和形式可以根据课程的需要进行多样化选择。在培训过程中，也会发放对学员手册加以补充的资料，包括参考资料、讲义、案例分析资料、角色扮演资料及游戏说明资料等。

1. 学员手册形式

学员手册的形式比较灵活，可以是一本外购的图书，也可以是自编的一套教材。如果是自编的学员手册，主要表现为 PPT 形式。

编制 PPT 形式的学员手册可以用培训讲师制作的课程演示文稿为蓝本，并根据学员的特点对内容进行调整。

2. 学员手册的编写要求

学员手册的编写要求如表 4-19 所示。

表 4-19　学员手册的编写要求

编写要求	要求说明
准确性	只有确保所有内容的准确无误，才能保持课程在学员心中的可信度
针对性	学员手册要紧紧围绕学习目标来编写，在满足学习目标要求的基础上，可适当增加一些具有趣味性的内容

（续表）

编写要求	要求说明
难易适中	不同学员的文化程度和理解能力存在差异，这就要求编写学员手册时应充分考虑学员的文化水平和理解能力的实际情况，避免给学员增加学习压力
留存适当空白	编制学员手册时，应适当留出空白供学员在学习过程中进行记录
排版的适宜性	学员手册在排版时，应采用合适的字体和字号，方便学员在培训过程中和培训结束后使用

3. 学员手册的编写案例

方案名称	××学员手册	版本号	
		编制日期	

一、学习目标

当学员学习完本课程后，应达到以下学习目标。

1. 能够准确复述有效授权的×个要素。

2. 能够默写授权的×个基本原则。

3. 运用所需知识，能够准确判断工作中哪些做法不是有效的授权方法。

4. 能够运用有效授权原理，使自己在今后的工作中采用合理授权的做法。

二、本课程的考核方法

本课程采用闭卷考试的方法，对学员是否达成学习目标进行考核。

三、本课程的内容要点

（一）了解授权

1. 授权的必要性。（略）

2. 授权的要素。（略）

3. 授权的原则。（略）

（二）授权常遇到的障碍

1. 自己做会比其他人做得更快。（略）

2. 不放心其他人的工作能力。（略）

3. 认为其他人不愿承担过多的工作。（略）

（三）授权方法

1. 按项目授权。（略）

2. 按任务授权。（略）

3. 按职能授权。（略）

（四）授权步骤

1. 准备授权。（略）

2. 下达指令。（略）

3. 监控进展。（略）

4. 授权改善。（略）

修改说明		修改人	
		修改日期	

4.1.8 准备文本材料

文本材料是指在教学过程中需要用到的纸张、硬盘等与授课内容相关的材料。在课堂讲授开始前，培训部门与培训讲师应共同做好文本材料的准备工作。

1. 文本材料范围

需要准备的文本材料包括学员手册、视频音频资料、活动挂图、学员填写表格以及其他说明性资料、讨论资料、测试文件等。

2. 文本材料的准备要求

在准备文本材料时，应真正做到"项目全、内容全、数量全、表达准确"，具体内容如图4-8所示。

项目全	核对所需文本材料的清单，仔细确认所准备的文本材料种类是否齐全、无遗漏
内容全	检查每类文本材料的内容有没有缺失，是否能够达到开展授课的要求
数量全	对每类文本材料的数量进行清点，确保符合所需的份数要求
表达准确	培训讲师须认真核对文本材料的内容，确保表述准确、完整，不能有模糊不清、表达错误或排版不当的情况

图4-8　文本材料的准备要求

4.1.9 选择培训场地

选择与培训内容相匹配的培训场地，不仅能够确保培训工作顺利开展，还能够提高受训人员的学习效果。

1. 培训场地的选择原则

选择培训场地时，应遵守以下四项原则，具体内容如图4-9所示。

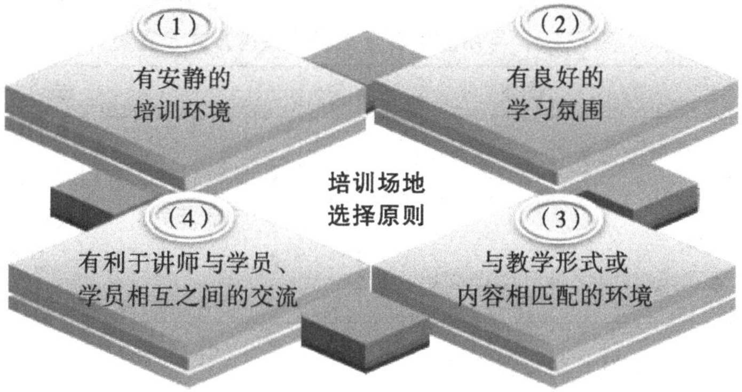

图4-9　培训场地的选择原则

2. 培训场地的选择要求

培训部门在选择课堂讲授培训场地时，应考虑到以下两点要求。

（1）培训场地的空间。培训场地空间要足够大，能够容纳全部受训人员和相关培训设施。

（2）培训场地的整体环境。培训场地的室内环境和气氛会影响到受训人员的情绪，继而影响到培训效果。因此，在选择培训场地时，应注意培训场地的整体环境，具体要求如图4-10所示。

（1）环境光线不宜过暗也不宜过亮
（2）培训场地通风较好
（3）环境温度可以调节，环境噪声较小或可以控制
（4）课堂讲授所需的培训设备齐全，经过调试未发现故障
（5）培训场地内的建筑质量不会出现安全事故

图4-10　培训场地的整体环境要求

3. 培训场地的座位摆放

培训场地的座位摆放方式包括U形、V形、圆形、鱼骨架形和阶梯形五种。培训部门可根据培训人数、培训内容及培训要求进行选择。常用的培训场地的座位摆放方式及其说

明如表 4-20 所示。

表 4-20　常用的培训场地座位安排方式及说明

座位安排方式	优点	缺点
U 形	◆ 学员方便观看 ◆ 给人一种严肃、认真而无胁迫的感觉 ◆ 讲师可以走进 U 字中间进行讲解	◆ 比较正式，有拘谨的感觉 ◆ 后排学员离屏幕较远，可能看不清楚 ◆ 前排学员需要转头看屏幕，导致脖颈痛
V 形	◆ 视线最佳且防止脖颈痛 ◆ 讲师和学员之间方便接触 ◆ 不像 U 形那么正式	需要空间大，适用于学员人数较少的培训
圆形	◆ 鼓励学员最大程度的参与 ◆ 讲师与学员之间具有较强的沟通 ◆ 不易闲聊，不会形成非正式的小团体	◆ 不容易找到圆形的桌子 ◆ 某些学员视线受阻或脖颈痛 ◆ 给人临时拼凑的感觉
鱼骨架形	◆ 空间利用率高，适用于学员人数众多的情况 ◆ 适合所有学员看屏幕的角度 ◆ 讲师可以沿着鱼脊线走	◆ 某些学员的视线会被其他人挡住 ◆ 易形成有副作用的小团体 ◆ 后排学员离屏幕太远 ◆ 讲师与学员之间的沟通较差
阶梯形	◆ 如果房间设计好，视线和音响的效果能够达到最佳 ◆ 空间利用极为有效 ◆ 适于用讲座型的报告培训	◆ 讲师与学员之间的沟通较差 ◆ 具有浓厚的大学教室氛围 ◆ 需要专门的教室

4.1.10　培训设备管理

培训部门应做好培训设备的准备与调试工作，确保各项设备运行良好。

1. 课堂讲授的常用设备

使用培训设备可以增强授课效果，方便培训讲师展示授课内容。在课堂讲授过程中，常用到的培训设备如表 4-21 所示。

表4-21 课堂讲授过程中常用设备比较表

设备名称	优点	缺点
投影仪	◆ 可实现讲师与学员面对面进行沟通 ◆ 可及时布置和撤除授课内容 ◆ 可以声容并茂地展示课程内容	◆ 价格昂贵，不方便运输 ◆ 要提前进行安装和调试
光盘、录像	◆ 属于专业设备，放映效果好 ◆ 能在正常光线下使用 ◆ 可通过租用降低成本	◆ 购买价格昂贵 ◆ 需要使用特殊的仪器和专业的设备
白色书写板	◆ 使用比较方便 ◆ 记号笔容易购买，且便宜 ◆ 可使用多种颜色加以标注	◆ 书写板的价格较昂贵 ◆ 记号笔容易干枯 ◆ 板面光滑，不易书写
粘贴展板、磁性展板	◆ 价格便宜 ◆ 可以展示优秀作品，能够反复使用	◆ 使用频率不高 ◆ 粘贴物容易失去磁性
计算机、麦克风	◆ 能够丰富培训内容 ◆ 调动参训人员的积极性	◆ 成本费用较高 ◆ 对讲师及设备调试人员技能要求高
图表、海报	◆ 可提高色彩和质量 ◆ 携带方便 ◆ 可提前准备和反复多次使用	◆ 容易破损 ◆ 易分散学员注意力 ◆ 第一次准备时工作量较大

2. 做好培训设备准备工作

课堂讲授对培训设备的依赖性较大。因此，在培训实施之前，培训部门应本着不遗漏、不损坏和不陌生的原则，切实做好培训设备的准备工作。具体内容如图4-11所示。

不遗漏	不遗漏是指根据所需设备清单进行核对，确保设备齐全，不存在遗漏情况
不损坏	不损坏是指要保证设备无损坏情况，不会影响正常使用
不陌生	不陌生是指培训讲师要对各类设备进行试操作，避免因使用生疏而影响参训学员的培训效果

图4-11　培训设备准备原则

4.1.11　发放培训通知

文本名称	培训通知	受控状态	
		编　　号	

各位员工：

欢迎参加第____期生产人员培训！

本企业定于××年××月××日至××月××日举行第____期生产人员培训，请参加培训的员工务必准时到场。现将培训具体安排通知如下。

1. 培训时间与地点

培训时间与地点安排如下表所示。

培训时间与地点安排

日程安排		时间	地点	主讲人
第一天	上课	08：30~10：00	二楼会议室	张××
	课间休息	10：00~10：20		
	上课	10：20~12：00	二楼会议室	张××
	上课	13：30~15：00	二楼会议室	王××
	课间休息	15：00~15：20		
	上课	15：20~17：00	二楼会议室	王××
第二天	上课	08：30~11：30	生产车间	张××
	上课	13：30~15：00	二楼会议室	马××
	课间休息	15：00~15：20		
	上课	15：20~17：00	二楼会议室	鲁××

（续）

2. 培训期间纪律要求

（1）受训人员须按时上下课，如有特殊原因不能参加或中途离开，须得到培训部经理的批准。

（2）受训人员上课时须保持安静，认真听讲，手机应关机或调成振动状态。

（3）受训人员须保持培训场所的卫生，上课期间不允许吃东西、吸烟。

××企业培训部
××年××月××日

编制人员		审核人员		批准人员	
编制日期		审核日期		批准日期	

4.1.12　培训课程的导入方法

课堂讲授常用的导入方法包括悬念导入法、演示实验法和情境导入法三种，具体内容如图4-12所示。

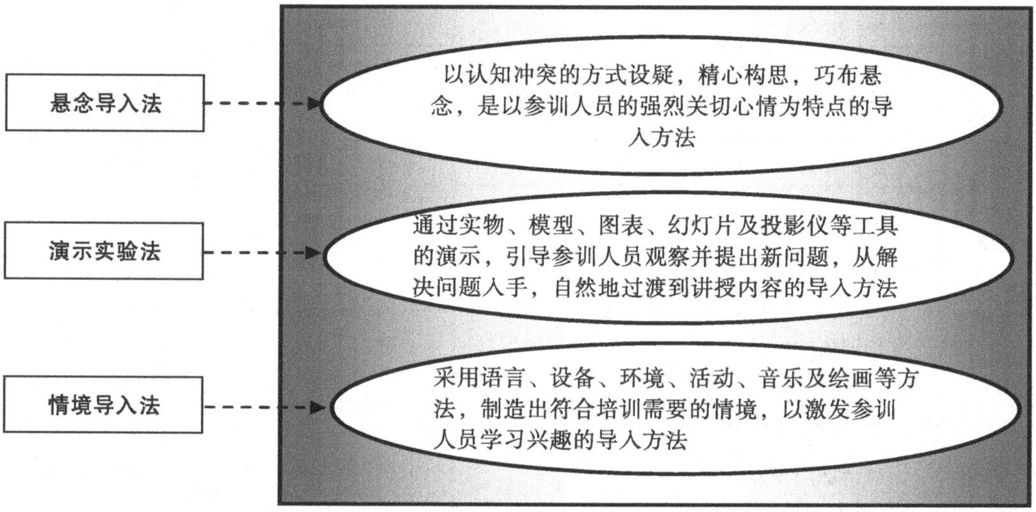

图4-12　课堂讲授常用的导入方法

4.1.13　培训场地的使用

1. 培训场地的使用原则

使用培训场地应遵循统一安排、先全体后部门、先紧急后一般的原则，具体内容如图4-13所示。

统一安排	由企业培训部或其他负责培训的部门统一负责培训室及相关设备的使用与保管工作
先全体后部门	企业全体性培训与部门培训在场地所安排上相冲突时，优先满足全体性培训场地需要
先紧急后一般	企业内部紧急培训与一般培训在场地的安排上相冲突时，优先满足紧急性培训场地需要

图4-13　培训场地的使用原则

2. 培训场地使用申请

为规范培训场地的使用，培训部门应制作"培训场地使用申请单"（详见表4-22），并严格按照培训场地使用申请与审批程序进行操作。

表4-22　培训场地使用申请单

申请信息	使用场地		使用部门	
	联 系 人		联系电话	
	使用时间	＿＿年＿月＿日＿时＿分至＿＿年＿月＿日＿时＿分		
培训场地要求	培训主题		培训人数	共计＿＿人
	培训主要内容	（1） （2）		
	培训场地布置要求	（1） （2）		
审批情况	申请部门负责人意见		签字： 日期：＿＿＿年＿月＿日	
	培训部审核意见		签字： 日期：＿＿＿年＿月＿日	

3. 培训场地使用管理要求

文本名称	培训场地使用管理要求	受控状态	
		编　　号	

一、使用管理责任划分

1. 培训部须指定专人负责培训场地的钥匙保管工作,其他部门经批准后使用场地时,由钥匙保管人开门和关门,钥匙保管人在正常工作时间内离开办公区域时,应将培训室钥匙上交至培训部经理,以确保培训场地的正常使用。

2. 培训场地使用部门须指定专人负责联络,培训场地使用期间,场地内设备的使用与保管责任由使用部门的联络人负责。

二、培训场地使用程序

1. 使用部门应至少提前一天填写"培训场地使用申请单",并报培训部审批;若需临时使用,则须在备注栏内注明事由并报培训部审批。

2. 培训部应汇总、统计各部门提交的"培训场地使用申请单",并根据实际情况编制"培训场地使用安排表"(详见下表),确保培训场地能够合理使用,并将使用安排信息反馈至提交申请的使用部门。

培训场地使用安排表

日期	使用时间			使用部门	培训主题	拟培训人数
	时段	开始	结束			
	上午					
	下午					
	上午					
	下午					

3. 每月已在月度培训计划中经过培训部经理批准的培训,由培训部统一安排使用培训场地,并统一反馈至使用部门;各部门使用前仍须填写"培训场地使用申请单",但不需重新办理审批手续。

三、培训场地使用要求

1. 培训场地在使用前,培训部和使用部门应交接培训场地设备。

2. 培训场地在使用过程中,使用部门和使用人员要保护好培训场地内的所有设备。

3. 培训场地使用结束后,各部门培训联络人应在当日或第二天(逢周日或假期可延至下一个工作日)与培训部共同清点移交的设备,并检查培训场地及其培训设备使用情况。

编制人员		审核人员		批准人员	
编制日期		审核日期		批准日期	

4. 培训场地的安全管理

保障培训学员和培训现场的安全，是确保培训工作顺利进行的重要前提。培训部门须做好培训场地的安全管理工作。

（1）培训场地的安全检查

培训场地使用部门在使用培训场地前，应做好培训场地的安全检查工作，并如实填写培训场地安全检查表，具体内容如表4-23所示。

表4-23 培训场地安全检查表

培训教室		管理部门		管理责任人	
检查人员				检查日期	___年__月__日
检查内容					
检查情况					
反馈及处理结果					
	负责人签字： 日　期：___年__月__日			管理负责人签字： 日　期：___年__月__日	

（2）培训场地的安全防范

文本名称	培训场地安全责任书	受控状态	
		编　号	

一、培训场地概况

培训课程名称：_____。

培训课程负责人：_____。

培训日期：___年__月__日

使用的教室（或会议室，下同）编号：_____。

二、安全管理要求

1. 各参训人员应在培训课程结束后，将各自座席附近的重要个人物品带走，如因个人没有带走所造成的丢失，由参训人员自行负责。

2. 参训人员在使用场地时，须保持场地的环境卫生，爱护场地内的一切公物，不得损坏场地内的各种设施，不得乱动原有物品，保证场地的公物完好。

3. 参训人员在使用场地时，不得堵塞紧急避险通道，确保安全通道畅通。

4. 参训人员在使用场地时，不得将私人物品堆放在消火栓附近，确保消火栓附近的畅通。

（续）

5. 培训课程结束后，培训负责人应及时安排保洁人员清洁培训场地，并在清洁完成后及时关闭培训场地的所有电源，以确保线路安全。 6. 培训课程结束后，培训负责人应及时通知保安人员关闭门窗，确保培训场地的安全。如未及时关闭场地门窗导致财物丢失，则培训负责人须承担相应的责任。	

编制人员		审核人员		批准人员	
编制日期		审核日期		批准日期	

4.1.14 培训设备的保管与使用原则

1. 培训设备的保管原则

（1）统一管理原则。培训设备须由培训部门实行统一管理，任何部门或人员未经培训部门主管人员同意，不得接触和使用培训设备。

（2）专人负责原则。培训部门应指定专人负责培训设备的保管工作，当培训设备保管人员因离职、调动发生变化时，应及时指派其他人员接管。

（3）定期检测原则。培训设备保管人员应定期开展设备检测工作，并做好检查记录（详见表4-24）。

表4-24 培训设备检查记录表

编号： 填表日期：＿＿＿年＿月＿日

编号	名称	检查结果	编号	名称	检查结果	编号	名称	检查结果
异常问题 处理对策								
检查结果说明								

2. 培训设备的使用原则

（1）适用性原则。其他部门在培训前，应根据培训内容选择适当的培训设备。在使用效果相同的情况下，应尽量选择稳定性好、价格便宜的培训设备。

（2）程序性原则。其他部门借用培训设备时，须取得培训部门负责人的同意，并由培训设备保管人员办理完登记手续后方可使用。

（3）安全性原则。其他部门在使用培训设备过程中，须严格按照设备使用规范进行操作，避免设备损坏或安全事故的发生。

3. 培训设备安全事故的处理

（1）培训设备安全事故的等级划分

培训设备安全事故的等级划分如表 4-25 所示。

表 4-25　培训设备安全事故等级划分

事故等级	划分标准	处理权限
一般事故	指一般设备损坏，其直接损失价值在 1 000 元以下	培训部门查处后向培训部主管汇报
大事故	指重要设备部分损坏，其直接损失价值在 1 000~2 000 元	培训部查处后向公司副总汇报
重大事故	指重要设备损坏，其直接损失价值超过 2 000 元	培训部门查处后向公司总经理汇报

（2）培训设备安全事故的处理程序

培训设备安全事故的处理程序如图 4-14 所示。

图 4-14　培训设备安全事故的处理程序

4.1.15　维护课堂纪律

培训是一个教与学互动、讲师与参训员工相互沟通的过程。课堂讲授形式的培训虽然由讲师主导，但受训人员也是主角，受训人员能否积极地配合和响应培训讲师，营造互动的课堂气氛，直接会影响到培训的效果。因此，培训部相关人员必须对参训人员的行为做出约束，制定出明确的课堂纪律。

1. 课堂纪律的作用

课堂纪律既可以保证讲师的讲课效率，也可以提高受训人员的学习效率。受训人员遵守课堂纪律、积极主动地配合培训讲师，既是对培训讲师的尊重，也是企业员工整体素质的体现。

2. 课堂纪律的管理制度

文本名称	培训课堂纪律管理制度		编　号	
			受控状态	
执行部门		监督部门	编修部门	

第1章　总则

第1条　目的

为完善培训管理、维护培训课堂教学秩序，特制定本制度。

第2条　适用范围

本制度适用于企业培训课堂纪律的管理工作。

第2章　培训课堂纪律的管理

第3条　培训课堂内禁止一切不文明行为，培训人员须文明着装，培训期间，不得喧哗。

第4条　课堂内所有人员应按要求关闭通信工具，如确因工作需要不能关闭通信工具，应将通信工具调至振动状态，并到培训课堂外接听电话，以避免影响培训教学秩序。

第5条　受训人员在培训期间应认真听讲、做好笔记，不得交头接耳扰乱培训秩序。

第6条　受训人员须保持培训课堂内的环境卫生，严禁随地吐痰、乱扔纸屑及其他杂物。

第7条　受训人员须提前10分钟进入培训教室，做到不迟到、不早退，不在课堂上自由出入。如确因工作原因需要离开培训课堂，应向培训讲师说明原因。

第8条　受训人员在培训期间原则上不允许请假，如确因事不能参加培训，须向本部门经理递交请假申请，审批通过方可请假。

第3章　附则

第9条　本制度由培训部制定，培训部保留对本制度的解释和修订权。

第10条　本制度自颁布之日起生效。

编制日期		审核日期		批准日期	
修改标记		修改处数		修改日期	

4.1.16　规范培训出勤

1. 员工培训出勤管理

制度名称	培训出勤管理制度		编　号	
			受控状态	
执行部门		监督部门	编修部门	

第1章　总则

第1条　目的

为规范受训人员的出勤管理工作、严肃培训出勤纪律、保证培训效果，特制定本制度。

（续）

第2条 适用范围

本制度适用于企业内部受训人员的出勤管理工作。

第2章 受训人员出勤要求

第3条 受训人员在培训期间，应按时到指定培训地点参加培训，不得迟到和早退。

第4条 受训人员在培训开始前与培训结束后均应按规定在"培训签到表"上签字。如因故未能签到，须在当天向培训相关负责人说明原因，并在培训部备案，否则按旷课处理。

培训签到表

编号：　　　　　　　　　　　　　　　　　　　　　　　填表日期：___年_月_日

培训课程		课程编号		培训讲师	
起始日期	___年_月_日~ ___年_月_日	培训场所		主持人	
计划参加人数			实际参加人数		

序号	培训对象	所属部门	职称	培训出勤情况					培训对象签字	备注
				准时	迟到	早退	旷课	请假		
1										
2										
3										
…										

填表人签字		培训部经理签字	

备注	1. 请在"培训出勤情况"栏中，以"√"注明 2. 此表于课前30分钟填写，由培训部经理签字确认后报人力资源部

第5条 受训人员须亲自签到，任何人不得代替他人签到或由他人代替签到，违反规定者，当事人扣除____元，并予以通报批评。

第6条 培训部将不定期对培训签到情况进行抽查，检查受训人员的迟早、早退及请假情况。如发现弄虚作假者，均以违规论处。

第7条 培训部应保留"培训签到表"，并存入员工档案备查。

第8条 每年年末，培训部须统计受训人员的出勤情况，汇总"年度出勤统计表"，并将考勤结果作为员工年度绩效考核、岗位晋升的重要参考依据。

（续）

年度出勤统计表

姓名	出勤天数	休假天数	事假天数	病假天数	公假天数	婚假天数	丧假天数	迟到次数	早退次数	矿工次数	公差次数

第3章　受训员工出勤与请假管理

第9条　自收到培训通知当日起，所有受训人员应合理安排工作及私人事务，确保准时出勤。

第10条　受训人员如因特殊公务或因其他紧急情况确实不能参加培训的，须填写"受训人员请假单"，报培训主管审批通过后，于开课两日前交至培训部经理审查。如因特殊情况不能于两日前请假，则须及时向培训部说明原因，并及时补办请假手续。

受训人员请假单

姓　名		部　门		岗　位	
参训课程		培训讲师		培训周期	
请假原因	□事假　　□病假　　□丧假　　□婚假　　□产假　　□其他 注：病假需出具医院证明				
请假日期	__月__日__时至__月__日__时				
批　示	部门经理		培训主管		培训部经理	
	日期	__年_月_日	日期	__年_月_日	日期	__年_月_日
销假记录					

第11条　受训人员在培训过程中因事临时离开20分钟以上，或迟到、早退累计缺勤达30分钟以上，应及时办理请假手续。

1. 病假请假程序如下。

（1）受训人员在培训期间因普通伤病、疾病或生理原因请病假在两天以内的，由员工本人提出请假申请，须有医院证明，经本部门负责人签字后，报培训主管审批。若超过两天，则须经培训部经理审批后，报人力资源部备案。

（2）受训人员在培训期间，请病假天数超过五天的，企业可根据员工的健康状况决定是否取消其当次培训资格。

（续）

2. 事假请假程序如下。 （1）受训人员因工作原因在培训期间请事假在一天以内的，由员工所在部门负责人提出请假申请，并报培训主管审批。若超过一天，则须经培训部经理审批。 （2）受训人员在培训期间因私事请事假在半天以内的，由员工本人提出请假申请，经本部门负责人签字后，报培训主管审批。若超过半天，则须经培训部经理审批。 第 12 条 受训人员在培训期间，累计迟早、早退达____次以上的，年度考核不得评为优秀。若缺勤课时数超过该课程总课时数的 1/3，则须重新补修全部课程。 第 13 条 受训人员未曾请假、请假未被批准，或因特殊原因于事前未向培训部说明原因的，其培训缺勤课时按旷课论处，并扣除该员工旷课时数的薪资。 第 14 条 受训人员严重违反企业出勤制度，经多次教育仍未改者，除按上述规定予以处罚外，还将视情节严重程度给予警告、记过，甚至开除处理。 **第 4 章 附则** 第 15 条 本制度由培训部制定，培训部保留对本制度的解释和修订权。 第 16 条 本制度自颁布之日起生效。

编制日期		审核日期		批准日期	
修改标记		修改处数		修改日期	

2. 讲师出勤管理

为保证课堂讲授培训工作的顺利实施，企业不仅要做好培训人员的考勤管理，还要做好培训讲师出勤的管理工作。

（1）考勤要求

培训讲师的考勤须明确、规范，为训讲师的评估和讲师续聘的管理工作提供资料支持。培训讲师的考勤要求如表 4-26 所示。

表 4-26 培训讲师的考勤要求

阶段	考勤要求
课堂讲授前	① 培训讲师应提前 15~30 分钟达到培训现场，调试培训现场的所有培训设备，确保设备能够正常使用 ② 培训讲师如因个人原因无法按时到达培训现场授课时，须提前向培训部门提出申请，由培训部门安排调课，或通知受训人员下次培训时间；如因急病或紧急情况，则可委托他人办理请假手续
课堂讲授过程中	培训讲师在课堂讲授过程中，不得随意离开培训现场
即将结束	培训讲师不得以任何原因提前结束培训课程（10 分钟以上），如须提前结束，则需提前向培训部门提出申请

（2）请假要求

培训讲师的事假、病假、婚假、丧假等请假管理工作，应严格按照企业规定的考勤管理规定执行。培训部门应根据培训讲师的时间安排来调整培训时间。

4.1.17 监控培训过程

1. 做好培训现场物件检查记录

培训部门在对培训过程监控时，须仔细查看培训现场的物件，并做好相关记录。表4-27为培训现场物件检查记录表。

表4-27 培训现场物件检查记录表

培训现场基本信息	培训项目		培训讲师	
	培训日期	___年__月__日	培训地点	
	培训人数		培训负责人	
培训设施检查	检查内容	目标	达成情况	备注
	培训教室			
	室内布置情况			
培训资料检查	检查内容	目标	达成情况	备注
	培训讲师授课提纲			
	培训学员教材			
	其他培训资料			
培训设备检查	检查内容	目标	达成情况	备注
	投影仪			
	屏幕			
	音响设备			
	写字板、记号笔			
	活动挂图、三脚架			
	……			

2. 做好参训人员听课情况记录

培训部应准确、客观地记录参训人员的听课情况，方便培训结束后对培训效果进行评估。表4-28为参训人员听课情况记录表。

表4-28　参训人员听课情况记录表

培训内容		培训日期			___年__月__日
培训场所		培训讲师			
评估内容		**得分评定**			
		很好	良好	一般	很差
在听课过程中，参训人员的注意力集中情况					
课堂讨论气氛					
课堂整体氛围					
参训学员回答问题的准确性					
参训学员的学习兴趣					
合计					
建议或意见		请列出本次培训课程中两个以上好的方面			
		请列出本次培训课程中两个以上的不足之处			
		其他建议或意见可在下面说明			

3. 做好课堂气氛情况记录

做好课堂气氛情况记录能够对培训讲师、培训现场评估等工作提供资料支持，因此，培训部门应对课堂气氛情况记录给予重视。表4-29为课堂气氛记录分析表。

表4-29　课堂气氛记录分析表

培训内容		培训日期			___年__月__日
培训场所		培训讲师			
评估内容		**评估标准**			
能够充分运用教学设备和工具，营造良好的学习气氛		□很好	□较好	□一般	□差
能够运用多种手段，对现场气氛进行把握		□很好	□较好	□一般	□差
受训人员情绪高昂，在课堂上参与的积极性高		□很好	□较好	□一般	□差
讲师能够积极为受训人员答疑解惑，态度和蔼、友善		□很好	□较好	□一般	□差
受训人员回答问题的积极性高，课堂上的互动充分		□很高	□较高	□一般	□差

4. 对整个培训过程跟踪调查

除对单个项目进行调查记录外，培训部门还应制定培训过程跟踪调查表，对整个培训过程进行整体监控。表4-30为培训过程跟踪调查表。

表4-30 培训过程跟踪调查表

<table>
<tr><td rowspan="5">培训课程信息</td><td>培训项目名称</td><td></td><td>培训实施机构</td><td></td><td colspan="2">培训对象</td><td></td></tr>
<tr><td>培训目标</td><td colspan="6"></td></tr>
<tr><td>预期的培训效果</td><td colspan="6"></td></tr>
<tr><td>培训种类</td><td colspan="6"></td></tr>
<tr><td rowspan="26">培训过程跟踪评价</td></tr>
<tr><td colspan="2">培训方式</td><td colspan="5">□在职培训　□脱产培训　□办公室　□企业外上课　□其他</td></tr>
<tr><td colspan="2">学员对课程的接受程度</td><td colspan="5">□低　□一般　□较好　□好</td></tr>
<tr><td colspan="2">教材来源</td><td colspan="5">□权威教材　□讲师自备PPT　□企业内部教材　□其他</td></tr>
<tr><td rowspan="21">培训方法</td><td rowspan="3">□演讲法</td><td colspan="2">主讲人</td><td colspan="3"></td></tr>
<tr><td colspan="2">主题</td><td colspan="3"></td></tr>
<tr><td colspan="2">所用的视听媒体</td><td colspan="3"></td></tr>
<tr><td colspan="2">整体满意度</td><td colspan="4">□差 □一般 □较好 □好 □优</td></tr>
<tr><td rowspan="3">□阅读工作总结或述职报告</td><td colspan="2">主题</td><td colspan="3"></td></tr>
<tr><td colspan="2">汇报人</td><td colspan="3"></td></tr>
<tr><td colspan="2">报告日期</td><td colspan="3">___年__月__日</td></tr>
<tr><td colspan="2">整体满意度</td><td colspan="4">□差 □一般 □较好 □好 □优</td></tr>
<tr><td rowspan="2">□小组讨论</td><td colspan="2">讨论主题</td><td colspan="3"></td></tr>
<tr><td colspan="2">讨论结论</td><td colspan="3"></td></tr>
<tr><td colspan="2">整体满意度</td><td colspan="4">□差 □一般 □较好 □好 □优</td></tr>
<tr><td rowspan="2">□案例研究</td><td colspan="2">案例来源</td><td colspan="3"></td></tr>
<tr><td colspan="2">研讨重点</td><td colspan="3"></td></tr>
<tr><td colspan="2">整体满意度</td><td colspan="4">□差 □一般 □较好 □好 □优</td></tr>
<tr><td rowspan="3">□游戏法</td><td colspan="2">参与者</td><td colspan="3"></td></tr>
<tr><td colspan="2">游戏主题</td><td colspan="3"></td></tr>
<tr><td colspan="2">结论</td><td colspan="3"></td></tr>
<tr><td colspan="2">整体满意度</td><td colspan="4">□差 □一般 □较好 □好 □优</td></tr>
<tr><td rowspan="3">□角色扮演</td><td colspan="2">多种角色</td><td colspan="3"></td></tr>
<tr><td colspan="2">主　题</td><td colspan="3"></td></tr>
<tr><td colspan="2">持续时间</td><td colspan="3">___年__月__日__时~___年__月__日__时</td></tr>
<tr><td colspan="2">整体满意度</td><td colspan="4">□差 □一般 □较好 □好 □优</td></tr>
<tr><td colspan="2">所使用的多媒体</td><td colspan="5">□讲义　□挂图　□录像带　□投影仪　□幻灯片　□电影剪辑</td></tr>
<tr><td colspan="2">学员评价</td><td colspan="6"></td></tr>
<tr><td colspan="2">备注</td><td colspan="6"></td></tr>
</table>

4.1.18　填写培训督导记录

在培训实施过程中，培训部门应对培训现场进行督导，以确保培训实施效果。培训现场督导的具体事项有以下四点。

1. 培训讲师是否按照预先制定的课程大纲和课程实施方案开展培训。

2. 受训人员是否按照培训实施计划规定的要求接受培训。

3. 培训服务人员是否按照培训开展要求提供服务。

4. 培训现场是否存在影响培训效果的不利因素。

督导工作结束后，培训部门须填写"培训现场督导记录"，记录内容包括培训现场基本信息、培训现场督导过程中发现的问题、培训现场需要改进的地方等。表 4-31 为培训现场督导记录表。

表 4-31　培训现场督导记录表

课程名称				培训讲师	
培训日期	___年__月__日	培训场所		参训人数	
现场基本情况					
发现的问题					
改进建议					
督导人员			陪同检查人员		
日期	___年__月__日		日期		___年__月__日

4.1.19　收集参训学员意见

1. 参训学员意见的收集范围

参训学员意见收集范围包括以下三个方面。

（1）培训组织管理情况，包括授课时间、授课地点、授课资料配备等。

（2）培训讲师授课情况，包括授课内容、授课风格、授课技巧、与学员互动等。

（3）培训服务管理情况，包括服务项目种类、服务及时性、服务周到性等。

2. 参训学员意见的收集方式

（1）通过发放反馈意见表的方式收集参训学员的意见。

培训部门可通过发放调查表的形式收集参训学员的意见，参训学员反馈意见表见表 4-32。

表 4-32 参训学员反馈意见表

课程名称		课程时间	__时__分__时__分		
培训讲师		培训方式			
参训学员基本情况					
姓　名		工作岗位			
联系电话		工作年限			
参训学员反馈意见（在相应选项下的表格内打"√"号）					
项目		很满意（5分）	满意（4分）	一般（3分）	不满意（2分）	极不满意（1分）
课程内容	课程目标的明确、可量化					
	课程内容与需求的匹配度					
	课程内容编排的合理性					
	理论知识讲解浅显易懂					
	案例互动环节生动有趣					
	课程内容的新颖性和启发性					
关于讲师	对课程内容的驾驭程度					
	沟通技巧的掌握程度					
	仪表仪容整洁					
	激发学员兴趣的程度					
	课程时间的掌控程度					
	培训工具的运用熟练程度					
关于培训组织	培训时间安排的合理性					
	培训现场的服务水平					
	培训材料和通知下发的及时性					
	培训辅助工具和材料的准备情况					
本次培训中您感到最受益匪浅的内容						
您对课程不满意的地方有哪些						
其他建议						

（2）通过整理、分析参训学员提出建议的方式收集参训员工的意见，以下为课程改善建议书，参训学员填写后，由培训部门负责收集，并做整理与分析。

文本名称	课程改善建议书	受控状态	
		编　　号	

培训部：

本人现针对本企业 2017 年下半年的在线学习课程"建设高效团队"提出以下改善意见。

一、课程问题

课程主要问题总结如下。

1. 课程内容针对性差。课程的定位为基础管理课程，其适用范围应为企业各业务部门的团队管理人，但在课程内容上却显得过于笼统，似乎谁都适用但又没能把知识讲透。

2. 课程内容实用性不强。课程内容的理论知识丰富，但在实用性方面略显不足，缺乏将理论知识转化为实用工具的内容，如方法、技巧、工具、标准等。

3. 课程内容互动环节少。课程缺少学员参与环节，虽然能够学习到相关业务知识，但是缺乏互动体验环节，影响了培训效果。

二、课程改善建议

鉴于上述问题，现提出以下改进建议。

1. 开展本课程效果调研，收集关于本课程的其他意见。

2. 增加本课程互动环节，根据企业各部门团队管理的实践制作不同的互动内容，提高课程内容的针对性。

3. 精简课程理论内容，增加实用内容，应增加关于团队建设的方法、技巧、工具等内容。

4. 改进课程学习形式，尽量避免使用复杂动画，打造简洁、明了、直观的学习形式。

5. 针对本课程提供在线配套学习资源，方便学员在学习过程中根据自身的需求进行在线学习。

三、相关说明

以上问题和建议是基于本人的学习感受与对周边学员学习感受的总结，请予以审查核对，如有必要，本人愿提供更加详细的方案。

建议人：王××

所在部门：××部

建议日期：2017 年 11 月 15 日

编制人员		审核人员		批准人员	
编制日期		审核日期		批准日期	

3. 参训学员意见收集程序

参训学员意见收集程序如图 4-15 所示。

选择收集渠道和方法	学员意见的收集渠道包括访谈、电话询问、电子邮件填写、行为观察等，无论选择哪种渠道收集学员意见，都应确保学员意见的真实性和全面性
设计学员反馈意见表	培训部门在设计学员反馈意见表时，应确保学员的填写方便
整理学员意见	培训部门在学员填写完学员反馈意见表后，应及时按照部门、培训项目的标准整理学员意见
汇总、分析学员意见	培训部门须对学员意见进行汇总与分析
得出学员意见汇总结论	培训部门应根据学员意见所反映的问题，提出对培训项目运营的改善意见

图4-15　参训学员意见收集程序

4.1.20　收集培训部门意见

1. 向各部门发放培训信息反馈清单

表4-33为受训人员培训信息反馈单。

表4-33　受训人员培训信息反馈单

员工姓名		王××	工作岗位	
工作内容				
工作表现	培训前	(1) (2)		
	培训后	(1) (2)		
员工姓名		张××	工作岗位	

（续表）

工作内容				
工作表现	培训前	(1) (2)		
	培训后	(1) (2)		
员工姓名	商××		工作岗位	
工作内容				
工作表现	培训前	(1) (2)		
	培训后	(1) (2)		
部门主管意见				
(1) (2)				

2. 编制参训学员工作改进情况调研报告

文本名称	受训学员工作改进情况调查报告书	受控状态	
		编　号	

一、调研背景

企业针对销售人员销售技能差、时常完不成销售任务的情形，于2017年10月上旬开展了销售人员销售工作技能培训，以进一步提高销售人员的销售技能。现在培训工作已结束近三个月，为了解销售人员销售技能的改进情况，培训部组织成立了调研工作小组，就销售人员销售技能的改进情况进行了认真的调查研究。

对销售技能改进情况的调查主要采用了调查问卷法进行，本次共发放了106份调研问卷，收回有效问卷100份；对销售人员的销售任务完成情况的调查主要采用了资料调查法。

（续）

二、主要改进情况

销售技能提升情况

1. 销售沟通技巧改进调研结果：通过回收的 100 份有效问卷，对受训销售人员的销售沟通技巧改进调研结果如下表所示。

销售沟通技巧改进调研结果

销售沟通技巧提高程度	有很大提高	有较大提高	有一定提高	没有任何提高
所占比例	24%	50%	25%	1%

通过调研结果可知，96%的受训销售人员认为销售沟通技巧有所提高，只有1%的受训销售人员认为销售沟通技巧没有任何提高。

2. 客户开发技能调研结果：通过回收的 100 份有效问卷，对受训销售人员的客户开发技能提升情况如下表所示。

客户开发技能提升调研结果

客户开发技能提升程度	有很大提升	有较大提升	有一定提升	没有任何提升
所占比例	30%	40%	19%	11%

通过调研结果可知，89%的受训销售人员认为客户开发技能有所提高，但同时也有11%的受训销售人员认为客户开发技能没有任何提高。

3. 客户异议处理技能调研结果：通过回收的 100 份有效问卷，对受训销售人员的客户异议处理技能提升情况如下表所示。

客户异议处理技能提升调研结果

客户异议处理技能提升程度	有很大提升	有较大提升	有一定提升	没有任何提升
所占比例	15%	55%	20%	10%

通过调研结果可知，90%的受训销售人员认为客户异议处理技能有所提高，但同时也有10%的受训销售人员认为客户异议处理技能没有任何提高。

编制人员		审核人员		批准人员	
编制日期		审核日期		批准日期	

4.1.21 选择评估方法

1. 测试法

测试法是指由培训讲师或培训部门编制试题，在培训结束后一定时间内对参训人员进行测试的方法。以下是房产销售人员培训测试试题例集，以供参考。

文本名称	房产销售人员培训测试试题例集	受控状态	
		编　号	

说明：1. 本次培训测试试题内容来源于本企业的《销售人员培训手册》。

2. 考试时间为40分钟，满分为100分。

3. 培训测试成绩低于75分者，需要从新接受培训，请参训人员认真对待本次考试。

一、填空题（每题5分，总分40分）

1. 房屋容积率是指_____和_____的比值。

2. 房地产的土地使用年限：住宅为____年，商业用地为____年，综合用地为____年。

3. 目前，普通住宅个人按揭贷款的最大贷款比例为____%。

4. 五证是指____、____、____、____、____。

5. 商业用房最高贷款年限为____年。

6. 房屋的建筑结构可分为砖混结构、____、____和____。

7. 住宅的宽度是指____到____的实际距离。

8. 建筑密度，即建筑覆盖率，是指项目____与____之比。

二、判断题（每个6分，总分30分）

1. "住宅设计规范"规定，厨房、卫生间净高应不低于2.4米。

2. "住宅设计规范"规定，多层住宅阳台栏杆高度应不低于1米。

3. 城市郊区的土地，有的属于国家所有，有的属于农民集体所有。

4. 属于集体性质的土地不能进行商品房开发。

5. 我国房地产开发企业中，二级资质要求开发商从事房地产开发的时间至少应为四年。

三、简答题（共30分）

1. 你认为要成为一名优秀的房产销售人员应具备哪些素质？要求：条理清晰，不超过200字。（15分）

2. 请把本企业楼盘的整体情况向客户作简单的介绍。要求：重点突出，条理清晰，不少于500字。（15分）

编制人员		审核人员		批准人员	
编制日期		审核日期		批准日期	

2. 问卷调查法

问卷调查法的评估范围较广，涉及培训课程、培训讲师、培训组织、受训人员参与程度等多方面的内容。表4-34为技术人员培训效果调查表。

表 4-34 技术人员培训效果调查表

调查对象	具体调查内容	评分				
		5分	4分	3分	2分	1分
培训组织	您对本次技术培训的总体评价					
	您对本次技术培训主题的总体评价					
	您对本次技术培训的组织安排工作评价					
培训课程	您对本次技术培训课程内容的合理性评价					
	您对本次技术培训教材的内容评价					
	您对本次技术培训内容的实用性评价					
	您对本次技术培训方式的有效性评价					
	您对受训人员的参与程度评价					
培训讲师	您对本次技术培训讲师的专业性及经验评价					
	您对本次技术培训讲师的技术水平评价					
	您对本次技术培训讲师的教授水平评价					

3. 观察法

观察法是指通过观察参训人员培训后工作行为发生了哪些良性的、可观察到的变化，从而对培训效果做出评价。表 4-35 为参训人员观察记录表。

表 4-35 参训人员观察记录表

培训课程	客户接待管理	培训日期	___年__月__日
观察对象	销售人员接待客户全过程	观察记录员	×××
观察记录			
培训前		培训后	
客户快到时，才仓促准备合同和业务资料		提前准备好合同和业务资料，等待客户到来	
销售人员着装随便，其皮鞋上沾有灰尘		穿着正装，衣着整洁、得体	
未提前迎接客户		提前与客户约定时间，到电梯口迎接客户	
客户提出什么问题就只回答什么问题		主动了解，并向客户提供相关信息	
观察结论			
(1) 销售技巧取得了明显提高 (2) 销售人员在赢得客户好感、激发客户购买欲望等方面都有明显的提高			

4. 成本收益分析法

是指通过对受训人员的参训成本、收益情况进行统计与分析，评估课堂讲授培训效果。课堂讲授培训成本包括讲师酬劳、培训场地租金、培训器材费、教材费等直接费用，也包括培训期间所带来的机会成本损失等间接成本。以下是某公司的课堂讲授培训投资收益分析报告书的样本，以供参考。

方案名称	课堂讲授培训投资收益分析报告书	版 本 号	
		编制日期	

某公司是一家生产电脑及数码产品相关配件的企业。公司下设 6 个生产车间，共有员工 500 人。电子生产部共有 50 名员工，日产量为 100 个。2012 年 9 月至 2013 年 6 月间，因产品质量未达标，公司连续失去了两家重要客户。为此，总经理非常恼火，要求培训部立即对电子生产部的员工进行质量管理培训。经过培训，电子生产部日产量增加了 20 个，废品率下降了 3%。

一、培训成本

1. 直接费用

(1) 培训讲师费用（酬劳、交通、食宿等）：3 000 元。

(2) 培训资料购买费用（DVD 光盘、教材、印刷品等）：2 500 元。

(3) 其他杂费：600 元。

2. 间接费用

(1) 培训部人员的时间成本（小时工资水平×所耗时间）：2 000 元。

(2) 受训技术人员的时间成本（小时工资水平×所耗时间）：2 500 元。

(3) 领导给予支持的时间成本（小时工资水平×所耗时间）：3 000 元。

3. 总费用。

总费用＝直接费用+间接费用＝13 600 元。

二、培训收益

本次培训收益分析如下表所示。

培训收益分析表

生产成果	衡量指标	培训前情况	培训后结果	年收益（按 250 个生产日，电子单价为 5 元）
电子质量	废品率	100×8% 即 8 个/天	120×（8%－3%）即 6 个/天	(8-6) ×250×5 = 2 500 元
电子产量	日产量	100 个	120 个	(120-100) ×250×5 = 25 000 元

三、投资收益率

在不考虑间接收益和培训效益发挥年限的情况下，计算其投资收益率。

即为（25 000+2 500）÷13 600＝2.02，可得出本次培训的投入产出比为 1:2.02。

修改说明		修 改 人	
		修改日期	

4.1.22 对培训讲师的评估

1. 参训员工对讲师的评估

通过了解参训人员对培训讲师的感受，可准确地评估培训讲师的授课效果。参训人员对讲师的评估如表4-36所示。

表4-36 培训讲师评估表（参训人员填写）

感谢您在百忙中参加本次评估，为改善和提高培训讲师的授课效果，请如实填写下表。

课程名称		课程时间		___年__月__日~ ___年__月__日
培训讲师		培训方式		
学员基本情况				
姓　　名		工作岗位		
联系电话		工作年限		
内部专职讲师评估项目（在相应选项下的表格内打"√"号）				
评估项目	很满意 （5分）	满意 （4分）	一般 （3分）	不满意 （2分）	很不满意 （1分）
授课态度					
培训课程讲义的展示					
对课程重点内容的把握程度和 总体内容的驾驭程度					
沟通技巧的掌握程度					
仪表仪容整洁					
激发学员兴趣的程度					
课程时间的掌控程度					
培训工具的运用熟练程度					
本次培训中培训讲师留给您的印象最深刻的地方：|				
您觉得培训讲师还有哪些方面有待提高：|				
其他建议：|				

2. 培训讲师的自我评估

培训讲师的自我评估如表 4-37 所示。

表 4-37　培训讲师自我评估表

课程名称		授课时间	___年__月__日~ ___年__月__日
课程内容			
评估项目			
课程内容开发评估			
授课技巧评估			
授课工具使用评估			
语言表达方式评估			
行为举止评估			

3. 培训部门对培训讲师的评估

培训部门对培训讲师的评估如表 4-38 所示。

表 4-38　培训讲师评估表（培训部填写）

课程名称			课程时间	___年__月__日~ ___年__月__日
培训讲师			培训方式	
受训人数			培训地点	
评估内容				
	项目		评分（请在1~7分之间选择评价分数， 分数越高，评价越高）	
授课 内容	课程内容重点突出、繁简得当			
	课程内容具有针对性和实用性			
	课程单元设计符合培训要求			
	课程内容与授课时间分配合理			
授课 技巧	沟通技巧的掌握程度			
	有效调动学员参与的积极性			
	授课进度紧凑、完整			
	有效应对授课过程中的突发事件			

（续表）

项目		评分（请在 1~7 分之间选择评价分数，分数越高，评价越高）
授课资料	PPT 课件色彩搭配合理，设计美观	
	学员手册重点突出、容易阅读	
	教材选用难易得当，实用性强	
授课设备	授课设备操作熟练	
着装风貌	着装整洁，符合授课要求	
	尊重学员，认真倾听学员提出的问题	
	举止大方、衣着得体	
	具有亲和力和感染力	
	充满自信，融入角色，投入情感	
培训部意见		
人力资源部意见		
总经理意见		

4.1.23 发放讲师课酬

1. 课酬发放标准

企业培训讲师包括全职内部讲师、兼职内部讲师和外聘讲师。企业培训讲师课酬发放标准如表 4-39 所示。

表 4-39 企业培训讲师课酬发放标准表

讲师类型	发放依据	发放标准	其他说明
全职内部讲师	讲师级别	助理培训讲师：＿＿元/课时 初级培训讲师：＿＿元/课时 中级培训讲师：＿＿元/课时 高级培训讲师：＿＿元/课时	如培训人员超过＿＿人，按标准课时的 1.5 倍发放

（续表）

讲师类型	发放依据	发放标准	其他说明
兼职内部讲师	岗位层级	一般人员：_____元/课时 中层管理人员：_____元/课时 高层管理人员：_____元/课时	培训期间，原岗位的工资照常发放
外聘讲师	按照企业聘用规定相关条款执行		

2. 课酬发放程序

（1）培训部门应制定"培训讲师课酬计划发放表"（详见表4-40）一式三份，由部门经理审核通过后，报企业主管负责人审批。

表4-40　培训讲师课酬计划发放表

讲师姓名	培训课程	培训地点	课时	应发课酬	补发课酬	扣发课酬	实发课酬	备注

（2）实施培训过程中，如有变更培训讲师工资或授课时间的情况，并涉及课酬计付，培训部门应重新调整培训讲师课酬计划。

（3）企业应在内部培训讲师完成授课任务后，或培训项目结束后一周内支付课酬，外聘讲师培训课程的支付时间按聘用合同的相关规定执行。培训讲师领取培训课酬时，应在培训部门做好领用登记。培训课酬领用登记表如表4-41所示。

表4-41　培训课酬领用登记表

序号	讲师姓名	讲师级别	承担课程	课时标准	课时总数	总课酬	其他说明	领用人签字
1								
2								
3								
4								

4.1.24 对培训课程的评估

1. 培训课程评估要素

培训课程评估的重点在于诊断课程开发、实施过程中出现的问题，并及时采取有效措施进行改进，培训课程评估要素及其说明如表4-42所示。

表4-42 培训课程评估要素及其说明

评估要素	要素细化说明	判断方法
课程单元设计的目标	◆ 学习目标的针对性、单元内容的安排 ◆ 单元讲授方法、单元材料的准备、讲授时间的安排	◆ 试讲评价 ◆ 自我评价
培训课程需求分析	◆ 需求分析是否充分 ◆ 培训需求对认知、情感或精神方面的判断是否准确	◆ 分析法 ◆ 随机调查验证
课程目标描述	◆ 全面性，符合培训需求 ◆ 课程目标同课程内容是否匹配	课程目标描述文件
课程整体设计	◆ 整体设计是否与培训需求保持一致 ◆ 课程各单元之间是否存在交叉和重复的情况 ◆ 课程各单元时间安排和课程实施地点安排是否合理	◆ 课程整体设计方案 ◆ 课程整体资源清单
课程单元设计	◆ 单元内容和方法是否同整体课程目标相匹配 ◆ 单元授课材料和方法是否在课程整体设计的规划范围内 ◆ 单元授课重点是否在课程整体设计的规划范围内	◆ 课程整体设计方案 ◆ 课程整体资源清单

2. 培训讲师对培训课程的自我评估

培训讲师在完成授课后，须对课程效果进行自我评估，通过学员在课堂上的表现，及时改进授课方法。

培训讲师对培训课程效果的自我评估如表4-43所示。

表4-43 培训讲师对培训课程效果的自我评估

课程基本信息	课程名称		授课时间	___年_月_日~ ___年_月_日
	培训讲师		学员人数	

（续表）

授课内容评价	评价项目	评分标准					评价项目	评分标准				
		5分	4分	3分	2分	1分		5分	4分	3分	2分	1分
授课内容评价	导　　入						素　　材					
	切　　题						案　　例					
	活　　动						收　　结					
	课堂气氛						师生互动					
授课技巧评价	语言表达						肢体语言					
	时间掌握						技巧细节					
授课资料评价	幻灯片配合						板书效果					
合计												

3. 参训人员对培训课程的评估

参训人员对课程的感受，能够准确地判断课程组织与实施情况，是培训课程效果评估的重要依据。表4-44为参训人员课后评估表。

表4-44　参训人员课后评估表

培训课程基本信息						
课程名称			课程时间		___年__月__日~ ___年__月__日	
培训讲师			培训方式			
课程满意度调查项目（在对应选项下的表格内打"√"）						
调查项目			完全达到	基本达到	未达到	差距很大
课程名称	能够让参训人员清晰地了解课程主要讲授的内容					
课程内容	课程目标明确、具体					
	课程内容与参训人员的需求相匹配					
	课程内容编排合理、准确					
	理论知识讲解浅显易懂					
	案例互动环节生动有趣					
单元设计	单元内容和方法同课程目标相匹配					
	单元授课材料和方法在规划范围内					

（续表）

调查项目		完全达到	基本达到	未达到	差距很大
整体设计	整体设计与培训需求保持一致				
	各单元之间无交叉和重复情况				
	单元时间安排和实施地点安排合理				
授课方式	能够切合课程内容的需要				
	能够调动参训人员的积极性				
课程时间	课程时间符合参训人员和课程内容特征				
本次培训中您感到最受益匪浅的内容有哪些					
您对课程不满意的地方有哪些					
其他建议					

4. 培训课程效果调查问卷

调查问卷能够从多个角度、多个层面获取信息，它是培训课程评估的常用工具。培训课程调查既可通过开放式调查问卷实施，也可通过封闭式调查问卷实施。或者将封闭式问题和开放式问题融入一张调查问卷中。以下为某公司针对某次培训所做的培训课程效果调查问卷，以供读者参考。

文本名称	培训课程效果调查问卷	受控状态	
		编　　号	

尊敬的学员：

您好！请您协助我们完成本次培训课程效果的评估，您的评价对我们改进培训工作来说非常重要。衷心感谢您的合作！

1. 课程的基本情况

培训课程：＿＿＿＿＿＿＿＿＿＿＿＿。　培训讲师：＿＿＿＿＿＿＿＿＿＿＿＿。

培训时间：＿＿年＿月＿日。　培训地点：＿＿＿＿＿＿。　学员人数：＿＿＿＿＿＿＿。

2. 您认为本课程对您的工作是否有所帮助？

□帮助很大　　□有一些帮助　　□基本没有帮助

3. 您认为本课程的内容在您工作中的应用是否迫切？

□非常迫切　　□比较迫切　　□一般　　□不是很迫切

4. 您觉得本课程内容的安排逻辑及层次如何？

□很好　　□好　　□一般　　□较差

（续）

5. 您对在培训过程中所用的 PPT 展现形式的印象是？（可多选） □标题内容完整、统一，能够体现我想了解的东西。 □色彩搭配和谐一致，美观大方，没有眼花缭乱的感觉。 □字体、字号选择适中，没有看不清楚的感觉。 □没有什么特别，跟我听过的其他课程差不多。 您希望有哪些地方需要改进，请详细说明。 （1）_____。 （2）_____。 6. 在本次培训过程中，能让您最感到兴奋或感兴趣的内容是？ □理论环节，透彻易懂　　　□讨论环节，受益匪浅　　　□游戏互动，感触颇深 □故事环节，发人深省　　　□案例环节，他山之石 若您都不选，请说明原因。 _____ 7. 您认为本次培训中安排的练习、讨论和活动占用的时间长短情况如何？ □太长　　　□长　　　□刚好　　　□短 您认为恰当的时间是：___分钟。 8. 您觉得本课程能让您在哪些方面受益？（可多选） □接触到适用的新知识　　□获得一些可以用在工作上的技术与技巧 □帮助我印证了某些观点　　□帮助我改变工作态度 □给了我一个客观认识自己与所从事工作的机会 9. 您认为本课程的哪些内容需要增加或删减？ 需要增加的内容：_____。 需要删减的内容：_____。 10. 请列出您对本课程最感兴趣的地方？ _____ 11. 对您来说，本课程对工作最有帮助的内容？ _____ 12. 对您来说，本课程最不适用的内容？ _____。	

编制人员		审核人员		批准人员	
编制日期		审核日期		批准日期	

4.1.25　对培训现场的评估

1. 培训现场的评估内容

培训现场的评估内容包括培训环境、培训服务、教学秩序三个方面，具体内容如表4-45所示。

表4-45 培训现场的评估内容

评估内容		评估内容说明	评估标准
培训环境	场地安全设施	包括消防灭火设施、安全通道、防噪音设施、应急照明等设施	设施是否齐全 运行是否正常 安全通道是否畅通
	教室布置	包括横幅、座位、茶点、录像/录音、音响、灯光、线路	布置是否合理
	教学设备	投影仪（胶片、多媒体）、电脑、麦克、电视机、激光笔、白板、白板笔、板擦、照相/录像机、教学用白纸、粗笔、胶带、裁纸刀	是否能够满足培训需求 功能是否正常
培训服务	培训服务的全面性	包括饮水、茶点、资料袋、教材、胸卡、笔记本和笔、作息时间安排	培训服务项目是否齐全
	培训服务的及时性	包括饮水与饮水用具供应、茶点供应、课间衔接（音乐放、停等）、就餐秩序与安排	培训服务是否有拖延现象
教学秩序	现场参与情况		现场参与积极性的高低
	纪律遵守情况		违规违纪发生的次数

2. 培训现场评估程序

培训现场评估程序如图4-16所示。

（1）	选定评估对象	根据培训项目的不同，可选择不同的现场评估对象。评估对象既可以是培训现场的人员，也可以是培训现场的服务和环境
（2）	明确评估内容	评估内容是在明确评估对象后，选择具体的评估项目，并确定评估标准
（3）	实施现场评估	在获取评估数据后，应对评估数据进行核实，由培训部门指定专人填写"现场评估分析表"，不得代填
（4）	汇总、分析评估数据	将收集到的数据按照一定的顺序进行汇总，并分析汇总数据的真实性与合理性，删除无效数据和错误数据
（5）	得出评估结论	对现场情况做出肯定或否定的判断。若是否定的判断，则应当具体说明其原因，并提出改进和优化措施

图4-16 培训现场评估程序

3. 培训现场评估分析表

在培训现场评估过程中，培训部门可根据培训现场的具体情况，选取部分或全部评估项目，编制培训现场评估分析表，如表4-46所示。

表4-46　培训现场评估分析表

课程名称		课程时间	___年__月__日~ ___年__月__日
培训讲师		培训方式	
学员人数		培训地点	
评估内容及标准			
项目		评价标准	备注
现场 环境	座位安排合理	□是　　□否	
	噪声小，光线柔和	□是　　□否	
现场 氛围	培训讲师控场能力强	□是　　□否	
	气氛活跃，学员参与度高	□是　　□否	
	无学员提早退场和离开现象	□是　　□否	
	无交头接耳和随意接听电话现象	□是　　□否	
	秩序井然，无扰乱授课秩序行为	□是　　□否	
现场 服务	授课设备配置齐全，功能完备	□是　　□否	
	空调系统运转正常	□是　　□否	

4.1.26　撰写培训效果评估报告

1. 培训效果评估报告构成

培训效果评估报告由前言、实施过程概述、结果说明、建议和附录五部分组成，具体内容如表4-47所示。

表4-47　培训效果评估报告构成

构成部分名称	具体内容
前言	介绍所评估培训项目实施背景、性质、目的、培训机构、培训持续时间与参与人员等情况
实施过程概述	概述培训评估方案设计、评估方法应用、资料收集与评估层次等情况
结果说明	对培训项目的实施效果进一步阐述说明

（续表）

构成部分名称	具体内容
建议	根据评估结果提出有参考性的意见和建议
附录	主要包括收集和分析资料所用到的图表、调查问卷等原始资料或评估分析资料

2. 培训效果评估报告范例

文本名称	培训效果评估报告书	受控状态	
		编　　号	

通过今年年初对公司培训需求的调查和分析，培训部发现在实际工作中，有许多员工经常出现工作方向模糊、岗位环境混乱、技术水平参差不齐、工序流程不畅等问题。

针对上述问题，培训部与培训专家进行了全方位的分析，结合年度培训计划提出了本次培训方案，并于____月____日在公司报告厅举行了车间生产人员技术能力的培训，各车间生产人员共有____人参加了本次培训。

本次培训在员工中引起了强烈的反响，以下为本次培训效果评估的内容。

一、反应层的评估

本次培训效果评估主要采用的是问卷调查的方法。培训部在培训期间共派发培训效果调查问卷____份，培训结束后，回收了____份有效调查问卷，以下为问卷结果统计分析情况。

（一）问卷统计分析结果

1. 对课程是否符合工作需要的评价如下表所示。

培训课程是否符合工作需要的评价

满意层次	非常符合	符合	尚可	不符合	非常不符合
所占比例	59%	37%	4%	0%	0%

从上表可以看出，96%的受训人员认为课程较符合工作需要。

2. 对课程内容是否清晰的评价如下表所示。

课程内容是否清晰的评价

满意层次	优	良好	尚可	较差	极差
所占比例	28%	59%	13%	0%	0%

从上表可以看出，87%的受训人员对课程内容的评价达到"良好"以上。

3. 对讲师是否准备充分的评价如下表所示。

培训讲师是否准备充分的评价

满意层次	充分	较为充分	尚可	较差	极差
所占比例	38%	47%	15%	0%	0%

（续）

从上表可以看出，85%的受训人员认为培训讲师的准备较为充分。

4. 对本次培训是否新颖的评价如下表所示。

培训内容是否新颖的评价

满意层次	非常新颖	新颖	尚可	较差	极差
所占比例	38%	50%	12%	0%	0%

从上表可以看出，88%的受训人员认为本次培训带来了新观点、新理念和新方法。

5. 对本次培训是否有利于工作的评价如下表所示。

培训是否有利于工作的评价

满意层次	有很大帮助	有一些帮助	仅有一点帮助	不清楚	没有帮助
所占比例	38%	50%	12%	0%	0%

从上表可以看出，88%的受训人员认为本次培训对梳理工作思路和工作流程有帮助。

6. 本次培训内容是否有机会在工作中得到运用的评价如下表所示。

培训内容是否有机会在工作中得到运用的评价

满意层次	有很多机会	有机会	说不清楚	没有机会
所占比例	30%	63%	7%	0%

从上表可以看出，93%的受训人员认为培训内容有机会在工作中得到运用。

（二）小结

本次调查评估的基本满意度达到了85%以上，85%以上的受训人员对本次培训给予了良好的评价。培训内容与受训人员的工作密切结合成为本次培训的亮点。

二、学习层面的评估

本次评估对学习层面的评估内容主要是了解学员掌握了多少知识和技能，记住了多少课堂讲授内容。培训部根据课程内容，设计了笔试和实践操作两种考核方式，并对考核进行了认真的评判，考核成绩如下表所示。

培训考核成绩表

考试成绩	0~59分	60~69分	70~79分	80~89分	90~100分
所占比例	2%	14%	22%	57%	5%

从上表可以看出，98%的学员都达到了及格水平。其中，62%的学员达到了良好（80分以上）水平，只有2%的学员未达到60分的及格水平。根据企业培训管理制度，未及格的学员须在一周后重新进行学习和考核，直至全部通过。

（续）

三、行为层面的评估

本次评估对行为层面的培训效果评估采取了观察的方式进行。培训效果观察记录如下表所示。

培训效果观察记录表

培训课程	增进个人技术、提高工作效率		培训日期	___年__月__日
观察对象	受训人员的全部工作过程		观察记录员	
项目		**具体内容**		
观察到的现象	培训前	1. 工作岗位环境脏乱		
		2. 生产操作工具乱丢乱放		
		3. 工作流程无序，前后衔接不流畅		
	培训后	1. 工作岗位环境得到改善		
		2. 操作工具摆放符合培训要求		
		3. 工作流程基本理顺，工作衔接流畅到位，操作程序完整有序		
结论		1. 工作环境和工作面貌得到改善和加强，工作效率有了很大提高		
		2. 应当继续开展一系列的技术培训，进一步巩固这种工作状态		

四、效益层面的评估

效益层面的评估应在培训后两个月内进行，主要是利用生产车间人员受训后劳动效率和生产质量的提高来间接说明培训所产生的经济效益。以下是本次培训成本和收益的分析对比。

（一）成本分析

本次培训成本如下表所示。

培训成本分析表

成本构成	具体名目	金额（单位：元）
直接费用	培训讲师费用（包括授课费、交通、食宿等费用）	3 000
	培训资料费用（打印复印、教材购买费用）	500
	培训场地、设备器材租金费用（企业内进行）	0
	其他杂费（矿泉水、水费、电费）	600
间接费用	培训组织人员的时间正本（小时工资水平×所耗时间）	1 000
	受训车间人员的时间成本（小时工资水平×所耗时间）	5 000
	领导给予支持的时间成本（小时工资水平×所耗时间）	2 000
合计		12 100

（续）

（二）企业生产车间在培训前的日产量为1 000个，并且生产过程中经常出现以下两个问题：一是每天生产的电子产品中，约有8%的产品因性能不符合要求而报废；二是员工怠工现象比较严重。经过本次培训，生产车间日产量增加了100个，废品率下降了2%；员工迟到、早退现象明显好转，培训收益情况如下表所示。

培训收益情况表

生产成果	衡量指标	培训前	培训后	改善成绩	年收益
产量	生产率（日产量）	1 000个	1 100个	每天多生产产品100个	150 000元
质量	废品率（日废品量）	1 000×8%（即80个/天）	1 100×（8%-2%）（即66个/天）	每天少生产废品14个	21 000元

（三）投资收益率计算

在不考虑间接收益和培训效益发挥年限的情况下，计算其投资收益率，即为14.13，可得出本次培训的投入与产出的比为1:14.13。

五、培训总结

本次培训是非常有针对性的培训，对提高车间生产人员的工作技能和工作绩效有很大的促进作用。

（一）比较好的方面

1. 课程内容设计针对性较强，与员工工作的结合度较高，难度适中。多数知识点需要学员结合实际工作的具体情景才能更好地理解和运用，所以培训后的回顾和应用对培训的效果有直接的影响。

2. 学员反响比较好，大部分学员表示本次学习对自己有较大的帮助，提高了个人的技术水平和工作效率。

3. 生产车间的工作环境和员工的工作面貌得到了极大改善，使工作能够更加顺畅、有序地进行。

4. 培训后的经济效益改善比较明显。不但生产车间的生产效率得到提高，而且产品生产质量也有了大幅度的提高，产生的预期收益将有效保证企业年度计划的完成。

（二）需要改进的地方

1. 有部分员工因各种原因未参加本次培训，根据企业的相关规定及要求，培训部须对这部分员工的受训记录进行调查，并对未达到受训要求的员工进行相应的处罚。同时，这些员工还需与本次培训不合格的学员一起参加下次的培训。

2. 员工参与培训活动的积极性有待提高。

编制人员		审核人员		批准人员	
编制日期		审核日期		批准日期	

4.2 课堂讲授培训运营管理工具

4.2.1 外聘讲师协议

当培训部门企业内部找不到合适的讲师讲授某个课程时，可聘请外部讲师。

1. 外聘培训讲师途径

外聘培训讲师的途径主要有以下五种，具体内容如图 4-17 所示。

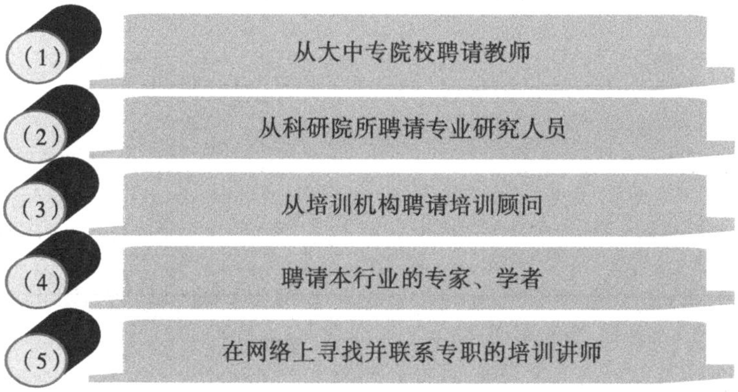

（1）从大中专院校聘请教师

（2）从科研院所聘请专业研究人员

（3）从培训机构聘请培训顾问

（4）聘请本行业的专家、学者

（5）在网络上寻找并联系专职的培训讲师

图 4-17　外聘培训讲师的途径

2. 外部讲师选择原则

为规范企业外部讲师聘用的管理工作，企业在选择外部讲师过程中，应严格遵循以下四项原则。

（1）需求原则。只有在企业内部讲师无法讲授所开设的培训课程的条件下，才可从外部聘请讲师。

（2）严格筛选原则。本着对企业培训工作负责的态度，外部聘请讲师原则上应为所在业务领域的专家、具备中级以上专业职称，并具有丰富培训经验的人士担任，以保证培训课程的质量。

（3）专业原则。对外聘请讲师须基于吸收本专业领域最新信息、方法和知识的需要，坚持务实作风，学以致用。

（4）积极配合原则。培训部门须积极配合讲师做好课程的准备、课程实施、课程评估等工作，确保课程顺利开展。

3. 外部讲师聘用程序

（1）培训部门应根据培训需求状况，以及企业现有的培训课程、培训讲师情况，确定外部讲师人选，并向人力资源部提交外聘讲师申请表。外聘讲师申请如表4-48所示。

表4-48 外聘讲师申请表

姓　名		性　别		婚姻状况	
手　机		传　真		电　话	
身份证号		常用 E-mail			
所在单位		紧急联系电话			
地址和邮编					
自我介绍					
专业特长					
授课范围					
曾经服务过的客户					
最新授课课程和课程大纲					

教育经历	起止日期	毕业院校	专　业	学　历
	___年__月__日~ ___年__月__日			
	___年__月__日~ ___年__月__日			

工作经历	起止日期	工作单位	所在部门	职　称
	___年__月__日~ ___年__月__日			
	___年__月__日~ ___年__月__日			

期望档期安排	
期望课酬	
备　注	

（2）培训部门须审核外聘讲师的资历、教育、经历及授课背景等信息，并对外聘讲师进行访谈提问，了解培训讲师的口语表达能力和逻辑思维能力，以及其真实的授课水平。具体访谈内容包括培训讲师擅长的专业领域、培训讲师的工作经历和实践经验、培训讲师目前讲授的培训课程、培训讲师以往服务过的企业等。表4-49为培训讲师面谈记录表。

表4-49　培训讲师面谈记录表

基本信息	培训讲师		面谈记录人	
	面谈时间	___年__月__日	面谈地点	
面谈内容	① 您最擅长的专业领域？ ② 您的工作经历和实践经验？ ③ 您目前讲授的培训课程有哪些？ ④ 您以往服务过哪些企业？ ⑤ 您对时间管理师是如何理解的？ ⑥ 您认为哪几种方法是时间管理的最有效方法？			
综合评价				

（3）经过访谈初步确定培训讲师后，培训部门还须对外聘讲师的业务水平、课时费用等因素进行审核，并将审核通过的人选上报企业主管负责人审批。

（4）企业主管负责人审批通过后，培训部门应代表企业与外聘讲师签订聘用合同，并将签订后的合同存档保管。以下为外聘讲师聘用合同书，以供读者参考。

文本名称	外聘讲师聘用合同书	受控状态	
		编　　号	
合同编号： **聘用合同书** 甲方：××企业（以下简称甲方） 乙方：×××（以下简称乙方） 因业务发展需要，甲乙双方在平等自愿的前提下就聘用事宜订立本合同，共同遵守如下条款。 **一、合同期限** 1. 甲方聘请乙方担任本企业的培训讲师，聘用期限为___年。聘用时间自___年__月__日至___年__月__日。			

（续）

2. 合同期满后，根据双方意愿，可续签长期聘用合同。

二、薪资待遇

（一）聘用试用期待遇

1. 聘用期内，乙方自上岗后前五场培训课，每场支付人民币____元（大写：_____）作为酬金。

2. 前五场培训结束后，若乙方经甲方综合考评，平均得分少于60分，则另外续讲五场培训课，每场支付人民币____元（大写：_____）作为酬金。

3. 若续讲的五场培训课效果经甲方综合考评，平均得分仍少于60分，甲方有权与乙方解除聘用合同。

4. 若乙方经甲方综合考评，平均得分超过60分，表明乙方已通过甲方试用考核，则可成为甲方正式的外聘中级讲师。

（二）外聘中级讲师待遇

1. 乙方成为甲方正式的中级讲师后，前30场培训课之内，乙方每场收取人民币____元（大写：_____）培训课时费。

2. 若乙方在试用期过后的讲课期间，单场培训的效果经甲方学员考评低于60分，则本次培训甲方单场只需支付乙方人民币____元（大写：_____）作为酬金。

3. 若乙方在成为甲方中级讲师之后30场培训课内表现突出，且经甲方综合考评，平均得分超过70分，则乙方自动晋升为甲方的高级讲师。

4. 若乙方在成为中级讲师之后连续____场培训课程经甲方综合考评均低于60分，则取消其中级讲师资格，重新开始试讲。

（三）升任高级讲师后的薪资待遇

1. 乙方成为甲方高级外聘讲师后，在升任后的前30场培训课程内，单场学员数量低于30人的课程，每场支付人民币____元（大写：_____）；单场学员数量超过30人的，每场培训费为人民币____元（大写：_____）。

2. 若乙方在讲课期间，单场培训的效果经甲方学员和培训部考评得分，均低于70分，则甲方该场只需支付乙方人民币____元（大写：_____）作为酬金。

3. 若乙方连续____场培训课程评价均低于70分，则甲方需将其降级为外聘中级讲师。

三、甲方的权力和义务

1. 甲方在合同期间享有以下三项权力。

（1）对乙方行使管理权，并根据实际需要合理调动乙方工作。

（2）根据乙方的表现，依照企业规定给予奖励或处罚。

（3）对不符合企业聘用要求的讲师予以辞退。

2. 甲方在合同期间须履行以下三项义务。

（1）甲方在乙方成为高级讲师之前，须将乙方的单场培训金额提高到____元以上。

（2）关心乙方的工作和学习，对乙方进行帮助与教育。

（3）认真听取乙方所提出的问题，并积极帮助乙方。

四、乙方的权力和义务

1. 乙方在合同期间享有以下三项权力。

（1）对培训相关工作，向企业主管领导提出批评或建议。

（续）

（2）享受国家法定节假日、享有合理的劳动报酬和劳动安全及卫生保障。

（3）依法辞职。

2. 乙方在合同期间须履行以下三项义务。

（1）服从企业领导，遵守国家相关法律法规和企业规章制度。

（2）不得从事与甲方存在竞争关系的培训业务。

（3）爱护企业财物，保守企业商业机密。

五、聘用合同的变更、解除、终止

1. 聘用合同的变更。

若订立合同所依据的客观情况发生重大变化，致使原合同无法履行，经甲方双方协商同意，可变更合同相应内容。

2. 乙方有下列情况之一的，甲方可解除或终止本合同。

（1）在试用期间被证明不符合聘用条件的。

（2）乙方违反或不履行聘用合同的。

（3）乙方因严重失职、营私舞弊等原因给甲方造成重大经济损失的。

（4）乙方严重违反劳动纪律和规章制度，并造成不良后果，根据企业规定予以辞退的。

（5）被国家政法部门依法追究刑事责任的。

（6）乙方因患病不能从事本职工作，也不服从另行安排工作的。

（7）甲方濒临破产进行整顿或者经营亏损，确需裁减人员并依法裁减人员的。

3. 甲方有下列情形之一的，乙方可要求解除本合同。

（1）甲方未按规定支付劳动报酬的。

（2）经聘用单位同意，受聘人员出国深造、应征入伍的。

六、争议解决方式

甲乙双方因履行本合同发生争议时，由当事人双方协商解决。经协商无效的情况下，对方须依照国家劳动争议处理规定执行。

七、甲乙双方约定的其他事项

1. _____。

2. _____。

3. _____。

本合同一式二份，甲乙双方各持一份，经甲乙双方签字盖章后生效。

甲方（盖章）：　　　　　　　　　　　　　　　乙方（签字或盖章）：

法定代表人：

或委托代理人（签字或盖章）：

签订日期：____年__月__日　　　　　　　　　签订日期：____年__月__日

编制人员		审核人员		批准人员	
编制日期		审核日期		批准日期	

4.2.2　培训课程开发合同

以下为培训课程开发合同样本，供读者参考。

文本名称	培训课程开发合同	受控状态	
		编　　号	

甲方：_____（以下简称甲方）

乙方：_____（以下简称乙方）

为满足培训需要，甲方委托乙方完成部分培训课程的开发与制作任务。为明确甲乙双方的责任、权力与义务，确保培训课程开发制作的质量，经甲乙双方共同协商，特签订本合同。

一、课程名称、类型及要求

1. 课程名称：_____。

2. 负责人：_____。

3. 课程类型：市场营销 、财务管理、职业素养。

4. 课程开发要求。

（1）课程应符合课程开发需求，并具备科学性、先进性与适用性的特点。

（2）课程开发应以甲方的"课程开发制作意见"和"课程制作技术规范"为依据进行课程的设计、开发与制作，并在课程体系的确定、内容的选取、教学媒体形式的呈现等方面要有所突破与创新。

（3）确保所开发的培训课程具有自主知识产权，不对他人构成侵权。

二、课程开发期限

1. 乙方应在合同签署后____日内向甲方提交"课程开发计划及实施进度表"，并于____日内完成课程基本框架结构的设计，正式进入课程的开发阶段。

2. 乙方应按进度开展课程开发工作，并接受甲方的中期检查的跟踪管理。

3. 乙方应在____年__月__日前完成培训课程的开发任务。

4. 培训课程验收后，乙方应在____日内按验收专家的意见进行修改，并提交最后的课程开发成果。

三、课程开发成果归属

1. 课程开发的版权归甲方所有，乙方不得对其开发完成的课程以任何方式提供给甲方以外的任何单位，或个人占有或使用（经双方协商同意者除外）。

2. 乙方对开发完成的课程具有署名权和获奖申报权。

3. 乙方对课程的延伸开发具有优先参与权。

四、验收组织、标准、方式

1. 乙方应按本合同规定时间交付开发课程，甲方应按照"课程开发管理办法"组织有关专家进行验收。

（续）

2. 验收将依据"课程开发验收实施意见"和"课程验收标准"进行。

3. 验收方式采用会议评审验收、书面报告与课件演示相结合的方式进行。

4. 经甲方验收不合格的课程，应给予乙方必要的时限进行修改，另行组织验收。另行验收仍不合格，按未完成课程开发工作处理，乙方应全部或部分返还课程开发费用。

五、开发费用数额、使用、支付

1. 甲方委托乙方开发培训课程，开发费用总额为____万元。

2. 乙方对开发费用具有自主使用权。

3. 甲方向乙方分批支付开发费用。签署合同，确定课程开发基本框架后，支付开发费用总额的20%；中期检查合格后，支付开发费用总额的50%；验收合格后，支付开发费用总额的30%。

4. 甲方应按时向乙方支付开发费用，如因甲方违约造成乙方不能按期交付开发课程，由甲方承担所有责任。

六、违约责任

1. 本合同签署后，任何一方不得单方面变更或终止本合同的履行。否则违约方将承担违约责任。

2. 乙方违反本合同规定，甲方视情况有权要求乙方继续履行合同或解除合同，乙方应返还已收取的开发费用并赔偿甲方的经济损失。

3. 甲方违反本合同规定，乙方视情况有权要求甲方继续履行合同或有权解除合同，甲方应承担赔偿乙方损失的责任。

七、解决争议办法

履行本合同所产生的争议，由甲乙双方协商解决。协商不成，采取仲裁办法解决。

八、其他约定

1. "课程开发计划及实施进度表""课程开发制作意见""课程制作技术规范""课程开发管理办法""课程开发验收实施意见""课程验收标准"为本合同的重要组成部分，与本合同具有同等法律效力。

2. 本合同未尽事宜由甲乙双方另行协商并签订补充合同，补充合同与本合同具有同等法律效力。

九、合同有效期限

1. 本合同在课程开发期间有效，即自合同签订日起到课程验收合格并交付甲方使用时止。

2. 本合同正本一式二份，甲乙方各持一份。

3. 本合同经甲乙双方签字盖章后生效。

甲方（盖章）：_____　　　　　乙方（盖章）：_____

法定代表人：_____　　　　　法定代表人：_____

签订日期：____年__月__日　　　　　签订日期：____年__月__日

编制人员		审核人员		批准人员	
编制日期		审核日期		批准日期	

4.2.3 内部讲师培训管理办法

以下是内部讲师培训管理办法样本，以供读者参考。

制度名称	内部讲师培训管理办法		编　　号	
			受控状态	
执行部门		监督部门	编修部门	

第1章　总则

第1条　目的

为提高企业内部讲师的知识水平和授课技能，保证培训效果，特制定本办法。

第2条　适用范围

本办法适用于企业内部讲师培训的管理工作。

第3条　管理职责

1. 培训部负责企业内部讲师的培训组织工作，依据内部讲师的工作职责，选择并确定培训内容及培训方式。

2. 其他部门根据内部讲师培训需要提供相关支持。

3. 培训讲师根据内部讲师培训计划，做好日常授课安排，并按时参加培训。

第2章　培训内容及培训方式

第4条　培训范围

本企业针对内部讲师的培训包括以下两种类型。

1. 对新任内部讲师的培训，主要以授课技能、课程设计的培训为主。

2. 对已有授课经验的培训讲师，主要以提升授课技能为主。

第5条　对新任讲师的培训内容及频次

培训部须根据新任内部讲师的特点，为其设计培训课程，具体内容如下表所示。

新任讲师培训内容说明表

培训项目	培训内容	培训频次
讲师基本技能培训	讲课台风、肢体语言、授课礼仪等	每批新任讲师选拔通过后
课程设计技巧	如何编写教案、如何设计开场白、如何收尾、如何合理安排课程内容和结构等	
基本技能提升技巧	如何带动课堂气氛、如何吸引学员兴趣等	

第6条　有经验讲师的培训内容

有经验讲师的培训内容如下表所示。

（续）

<table>
<tr><th colspan="3">有经验讲师培训内容说明表</th></tr>
<tr><th>培训内容</th><th>培训频次</th><th>培训对象</th></tr>
<tr><td>课程内容的设计与开发培训</td><td>每年两次</td><td>企业内部讲师</td></tr>
<tr><td>对讲师进行素质提高培训</td><td>每年一次</td><td>企业内部讲师</td></tr>
<tr><td>课程内容理解、讲授技巧、讲授存在的问题改善等培训</td><td>不定期举行</td><td>评估不达标的内部讲师</td></tr>
<tr><td>内部讲师的授课方法提升、技巧改善等培训</td><td>每年至少一次</td><td>企业内部讲师</td></tr>
</table>

第7条 培训方式

内部讲师培训根据培训对象、培训内容等情况的不同，可采用课堂讲授、研讨会、案例研究、角色扮演及网络视频等培训方式进行。

第8条 讲师来源

企业聘请在培训领域具有较高水平和丰富实践经验的专家担任培训讲师，进一步提高企业内部培训讲师的业务素质和授课水平。

第9条 其他提升或培训途径

1. 培训部须每年组织一次全体内部讲师的经验分享与交流会，并聘请资深人员或外部专家进行指导。

2. 企业鼓励内部讲师积极参加各种社会自修学习活动，不断提高自身素质，丰富自身知识。

3. 企业内部讲师可申请参加与自身授课内容相同的外派培训或参观考察的活动。

4. 在不影响正常工作的前提下，内部讲师可旁听企业所有的培训课程，优先参加企业举办的与各自本职工作相关的各项培训。

第10条 培训考核

培训结束后，培训部组织对参训内部讲师进行考核，对考核不合格者，重新进行考核。未通过培训考核的内部讲师，暂停其讲授的一切培训课程。

第3章 内部讲师培训要求

第11条 培训学习要求

1. 所有接受培训的内部讲师在培训前须及时预习培训内容。

2. 所有接受培训的内部讲师应在培训过程中做好记录，并积极与讲授人员互动。

3. 培训后，接受培训的内部讲师应做好参训总结记录（详见下表），并制订行动改进计划，改进自己在授课中存在的不足之处，提高授课水平。

（续）

<table>
<tr><td colspan="6" align="center">参训总结表</td></tr>
<tr><td colspan="6" align="center">培训项目</td></tr>
<tr><td colspan="2" align="center">培训项目</td><td align="center">举办日期</td><td align="center">培训课时</td><td align="center">参训讲师类别</td><td align="center">参训讲师人数</td></tr>
<tr><td rowspan="2" align="center">计划实施项目</td><td rowspan="2"></td><td align="center">___年__月__日</td><td></td><td></td><td></td></tr>
<tr><td align="center">___年__月__日</td><td></td><td></td><td></td></tr>
<tr><td rowspan="2" align="center">实际实施项目</td><td rowspan="2"></td><td align="center">___年__月__日</td><td></td><td></td><td></td></tr>
<tr><td align="center">___年__月__日</td><td></td><td></td><td></td></tr>
</table>

培训费用								
培训项目	授课费		教材费		住宿费		其他费用	
	计划	实际	计划	实际	计划	实际	计划	实际

培训效果评价	
参训讲师评价	签字： 日期：___年__月__日
培训讲师评价	签字： 日期：___年__月__日
培训部评价	签字： 日期：___年__月__日

培训改善建议
（1） （2）

第12条　培训纪律要求

参加培训的内部讲师有下列行为之一的，企业可根据情节严重程度予以处罚。

1. 不服从企业培训计划安排的。

2. 擅自不参加培训学习的。

3. 培训期间违反企业规定造成恶劣社会影响的。

第4章　附则

第13条　本办法由培训部制定，培训部保留对本办法的解释和修订权。

第14条　本办法自颁布之日起生效。

编制日期		审核日期		批准日期	
修改标记		修改处数		修改日期	

4.3 微课培训运营体系

4.3.1 微课培训运营的管理流程

1. 微课开发流程

微课培训设计流程				
实施阶段	总经理	培训部经理	培训部	相关部门
课程开发前期准备 / 制作课程 / 评价与定稿			开始 → 组建开发团队 → 分析需求确定选题 → 进行教学设计 → 制定教学策略 / 确定学习目标 / 设计课程结构 → 编写课件脚本 → 制作微课课件 → 设计教学活动 → 课程试运行并评价 → 课程修改定稿 → 实施课程 → 课程结果评估 → 结束	配合

审核（培训部经理）
审核（培训部经理）、审核（总经理）
配合（组建开发团队）、配合（进行教学设计）、配合（课程试运行并评价）

2. 微课培训评估流程

微课培训评估流程				
实施阶段	相关部门	培训部	培训部经理	学员
成立评估小组		开始 → 制定微课程评估方案 → 成立微课程评估小组 → 界定微课程评估范围 → 制定微课程评估指标	审核 / 审核	
评估实施	配合	组织进行评价 / 过程评价 结果评价 / 绩效对比评价 学员绩效评价		参与
综合评估		收集信息 → 进行综合评估 → 编写评估报告 → 结束		

4.3.2 微课培训运营的关键事项

1. 组建微课培训开发小组

由于微课培训一般采用网络授课的方式，学员可以利用碎片化的时间进行有针对性的学习。为了使课程能够随时为学员提供可用的知识，培训部门需要组建一支专业的团队进行微课培训课程的开发。微课培训课程开发团队成员的要求如表4-50所示。

表4-50 微课培训课程开发成员的要求

成员	职责
内容提供人员	主要负责为课程提供具体的教学所需的内容，是微课开发的知识源。内容提供者一般为岗位专家或与岗位相关的人员
素材设计人员	主要负责为课程开发提供制作素材，是微课的媒体设计专家
教学设计人员	主要负责设计微课的课程结构，使之形成科学的逻辑结构
技术人员	主要负责将所有的素材，按照教学设计使用各种软件编辑，使其形成标准化的微课
平台管理人员	主要负责为微课的发布提供最佳的应用平台
运营人员	主要负责微课发布后的后续运营工作

2. 基于ADDIE模型的微课培训设计与开发

微课培训课程开发有诸多模型，其中ADDIE模型是一套相对成熟的模型，其包含了从学习目标的制定、学习策略的运用、学习效果的评估等三方面内容。微课培训课程开发人员可借用这一模型来进行微课培训的设计与开发，具体如图4-18所示。

阶段	说明
① 分析	该阶段主要是对学习需求、学习者特征、学习内容、培训环境内容进行分析
② 设计	该阶段包括确定教学目标、制定教学策略、确定教学顺序、设计辅助资源、视频制作等五个步骤
③ 开发	开发阶段主要包括课程内容表现形式、教学活动设计、课程脚本编写、编制测试题、开发完整微课程等五个步骤
④ 实施	该阶段是将微课用于培训中，一般可将其置于相关的平台，供学员自主进行学习，并由相关的平台管理人员和后续运营人员对其实施过程进行记录
⑤ 评估	评价阶段包括在开发过程中的内部测试评价和正式用于培训后的跟踪评价

图4-18 基于ADDIE模型的微课培训开发过程

3. 微课课程设计

微课课程设计是微课培训的核心工作。对于微课课程的设计可从七个方面入手，具体如图 4-19 所示。

选取课程内容

1. 选题。根据工作中的重点、难点、热点选择课题，一个微课只讲授一个知识点
2. 收集相关资料。根据选题收集相关资料，主要由内容提供人员提供相关资料

分析目标受众

对学习需求、学员特征、学习内容、开发条件等进行分析，明确培训要求、受众的认知水平、培训的方式等

明确学习目标

明确学习目标，即学员在接受培训后对实际工作能带来何种改变，这种改变包括认知和行动两个层次的变化

制定教学策略

选择微课制作的类型，其类型可分为PPT类、动画类、视频类、电子白板类等，按教学方法分类，可分为讲授类、练习类、实验类、讨论类、启发、演示类等

设计课程结构

微课的课程结构由导入、主体内容、小结三个部分组成。导入主要是为了吸引学员的注意；主体内容是是对知识点的讲解，是主要部分；小结是对内容的回顾，与开头形成呼应

编写课件脚本

课件脚本是对课程内容的进一步设计，是进一步理清课程的思路、丰富课程内容的过程

制作微课课件

课件制作是课程制作的最后一步，一般由技术人员根据设定好的脚本与既定的教学策略，利用专业的制作工具软件，将课程内容做成标准化的微课课件

图 4-19　微课程设计步骤

在微课课程设计中，课程脚本的设计将决定微课以怎样的方式进行教学。微课脚本的设计一般包括画面、解说词、字幕、配乐等模块内容。具体的内容应以微课选题、所选择的培训策略、课程大纲为依据进行编写。脚本的设计一般有四种模式，具体如图 4-20 所示。

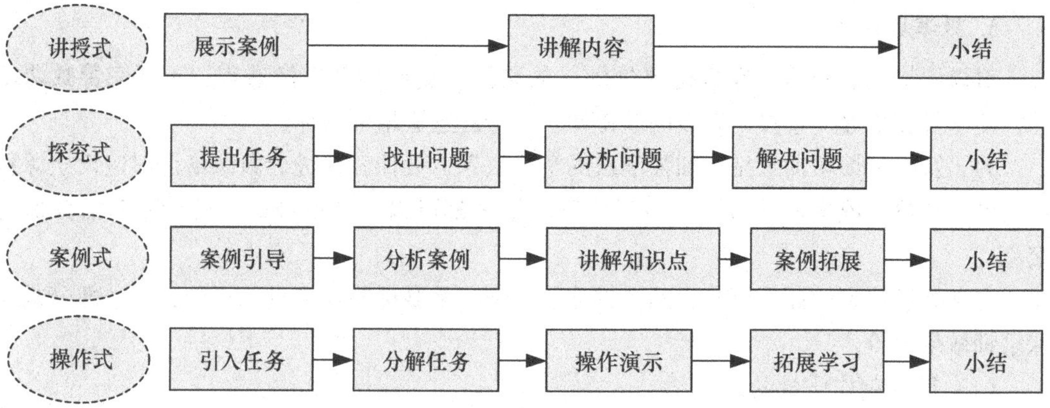

图 4-20 脚本设计模式

在进行脚本设计时应注意以下两个点。

第一，在编写脚本时应充分考虑时间问题，设置的内容应控制在 10 分钟以内，将重点、难点、易错点等有价值的知识点表达清楚即可。

第二，在设定媒体表现形式时，应选用最适合微课内容表达的媒体进行设计，比如对信息技术类的培训课程设计比较适合采用录屏的方式进行。

4. 微课培训的开展

随着互联网的发展，线上培训平台不断成熟与完善，微课因其短而精的多媒体教学方式受到了企业和学员的欢迎。这一培训模式的特点如图 4-21 所示。

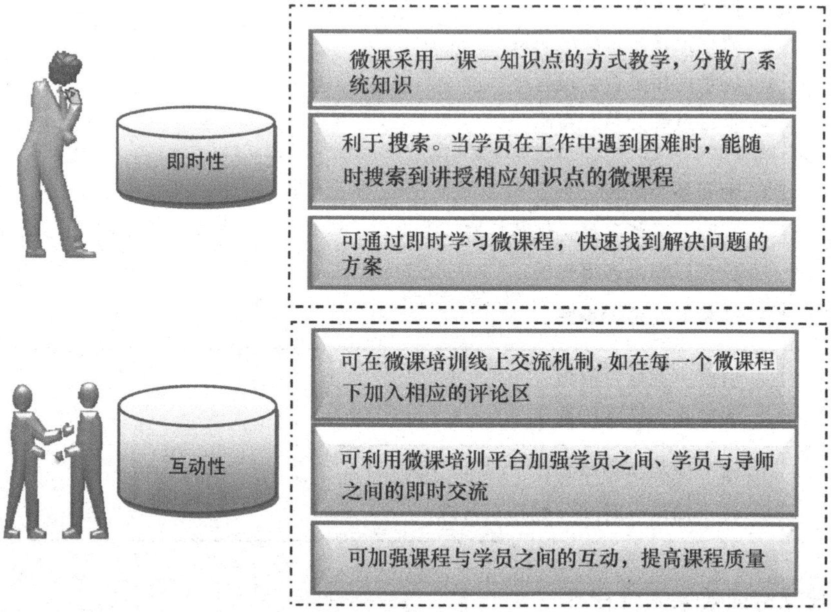

图 4-21 微课培训的特点

5. 微课培训评价

对微课培训这一项工作进行评价的目的是为了更好的开发微课程、不断完善微课培训，使学员能快速、直接、有效的获得知识，最终达成培训目标。

为了及时反馈培训意见，加强学员的学习效果，设计者在进行微课培训时应设立课程讨论区、评价区或虚拟学习圈，便于所有的学员都可以在学习微课后进行及时的评价与交流。

对于微课培训的评价可分为两个部分，一部分是微课制作质量的评价，另一部分是微课培训效果评价。

(1) 微课制作质量的评价

微课制作质量是影响微课培训的首要因素。知识脉络清晰、使用方法得当、表现效果好的微课程，对微课培训的顺利进行具有重要的意义。微课制作质量的标准分为五大类型，具体如表 4-51 所示。

表 4-51　微课制作质量标准

类型	具体标准
内容标准	1. 知识结构是否清晰 2. 课程重难点知识的提炼是否全面准确 3. 知识点和作业是否对应 4. 主次内容搭配是否合理
流程标准	1. 播放是否流畅 2. 流程设置是否简单明确 3. 场景衔接是否合理有序 4. 重难点部分是否突出
演示标准	1. 画面是否清晰 2. 实验、示范等是否规范标准 3. 处置详略是否得当 4. 互动形式是否多样
声音标准	1. 讲解声音是否清晰 2. 表述是否简练传神
时间标准	1. 整个课程是否控制在 10 分钟之内 2. 各个知识点时间分配是否合理

(2) 微课培训效果评价标准

对于微课培训的效果进行评价主要从用户体验效果和实际应用效果两个方面来进行。

具体如图4-22所示。

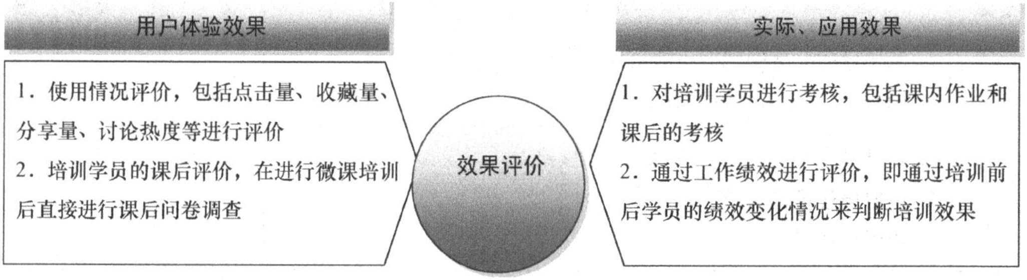

图 4-22　微课培训效果评价标准

4.3.3　微课培训运营的管理工具

1. 微课程设计模板

录制日期：　年　月　日　　　　　　　　　　　　　　　　　制作人员：

系列名称			
微课名称			
培训目标			
培训对象			
知识点			
教学类型			
设计思路			
教学过程设计			
	内容	画面	时间
导入部分			
正文部分			
小结部分			
培训评价			

2. 微课评估表

指标	说明	优	良	合格	差
选题设计	1. 选题简明，准确把握培训重点、难点 2. 明确培训目标，突出重点				
教学内容	1. 培训内容严谨，无常识性、科学性错误 2. 内容编排逻辑清晰 3. 内容结构完整				
技术规范	1. 画质清晰、图像稳定、声音清楚、声音与画面同步 2. 播放时间在 10 分钟以内				
培训效果	1. 培训过程形象生动，启发引导性强，能提升学员学习主动性 2. 学员通过课程的学习能获得知识，有助于解决工作中的问题				
网络评价	1. 学员评价 2. 互动效果				
总计					

第5章

在岗实践培训运营体系

5.1 轮岗培训运营体系

5.1.1 轮岗培训运营的管理流程

实施阶段	总经理	人力资源部	岗位轮换部门	员工
制订轮岗培训计划	审批	开始 → 明确轮岗培训目标 → 拟定岗位轮换培训计划	提供信息	
实施转岗培训		发出轮岗通知 → 办理岗位轮换手续 → 实施岗位轮换	信息接收 配合	信息接收 配合
实施培训考核		岗位轮换评估 → 结束		

5.1.2　轮岗培训实施的关键事项

1. 明确轮岗目标

在执行轮换岗位这项工作之前，首先应该确立一个的目标，即通过轮换岗位能够达到什么样的目的，完成什么样的目标。轮岗目标从三个方面体现出来，具体如图5-1所示。

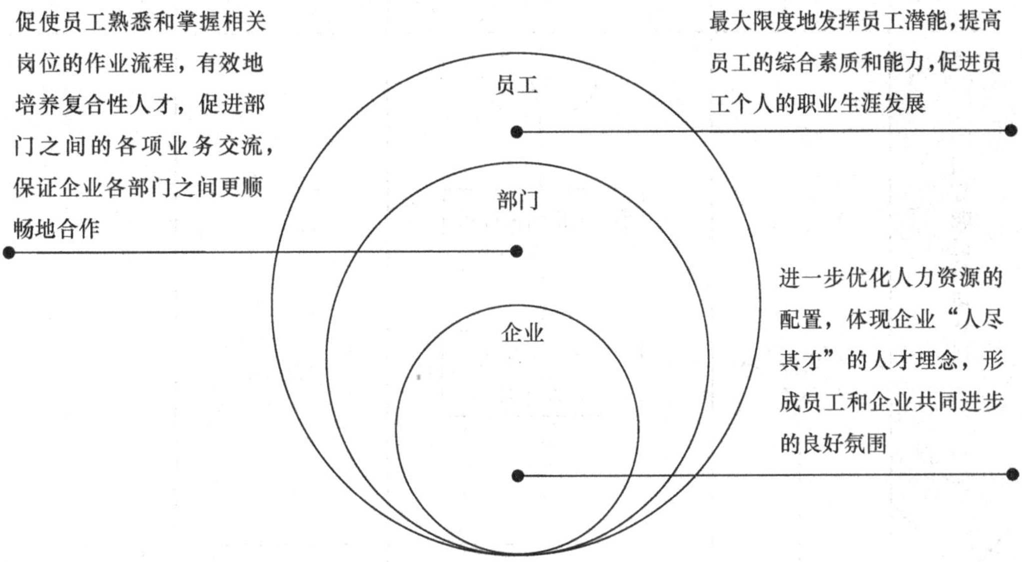

促使员工熟悉和掌握相关岗位的作业流程，有效地培养复合性人才，促进部门之间的各项业务交流，保证企业各部门之间更顺畅地合作

员工

部门

企业

最大限度地发挥员工潜能，提高员工的综合素质和能力，促进员工个人的职业生涯发展

进一步优化人力资源的配置，体现企业"人尽其才"的人才理念，形成员工和企业共同进步的良好氛围

图5-1　轮岗目标

2. 确定轮岗岗位

企业中并不是所有的岗位都适合轮岗。所以，应该按照一些标准去选择轮岗岗位。

（1）专业壁垒不强的岗位

即对专业的要求不高，通过一定的培训后，轮岗人员能够在短期内适应新工作，完成新任务的岗位。

（2）在具有相关性（如流程上下游）的岗位间进行轮岗。同时，要根据个人的素质和特长安置适合的岗位，也要保证轮岗跨度不要太大。

（3）有些工作性质完全不同的职位是无法轮换的，如人事、财务人员调到技术开发部门。有的职位因具有高机密性的特点，也不适合岗位轮换。

3. 向原部门交接工作

（1）工作交接的主要内容

轮岗人员与原部门的对接人员需要完成以下主要工作的交接，具体内容见表5-1。

表5-1 轮岗工作交接的内容

交接内容	内容说明
工作文件的交接	工作中用到的纸质文件和电子版文件
进展中的工作项目交接	主要包含项目的进展状况、目标结果、相关人员工作分配与职责等
工作资源的交接	如客户资料、技术资料等

（2）工作交接的过程中，需注意如下3点事项，具体内容见图5-2。

1	在工作交接的过程中，应该严格按照工作交接表逐项完成，避免遗漏
2	除了对接人员与轮岗人员的工作交接之外，部门领导也应该知晓工作交接的大致内容
3	需要交接的工作不仅是当前的工作任务，还包含那些为未来项目做准备的一些工作

图5-2 工作交接中的注意事项

4. 健全轮岗员工评估体系

强化轮岗过程中的效果评估，可以不断完善轮岗计划，最大化提升轮岗实施效果。

（1）课堂培训考核

人力资源部在对转岗人员进行课堂培训之后，需要对转岗人员进行一次测试，考查转岗人员对课堂培训内容的掌握情况，并将考核结果记录下来。

（2）在岗培训考核

转岗导师对转岗人员进行在岗培训时，随时记录转岗人员的工作表现，按照在岗培训考核的要求进行信息记录，并完成对轮岗人员在岗培训的考核工作。

5.1.3 轮岗培训运营的管理工具

1. 轮岗申请表

轮岗申请表

申请人		部门	
入职日期		申请日期	
现岗位		现职级	
轮换岗位		轮换岗位职级	

申请理由

所属部门意见
部门负责人： 年　　月　　日

用人部门意见
部门负责人： 年　　月　　日

人力资源部意见
部门负责人： 年　　月　　日

总经理意见
签字： 年　　月　　日

2. 轮岗工作交接表

轮岗工作交接表

轮岗人		入职日期	
原部门		轮岗部门	
原岗位		原职级	
轮换岗位		轮换岗位职级	
序号	**移交事项**	**数量**	**交接人**
1			
2			
3			
4			
5			
6			
7			
8			
9			

备注:

　1. 交接内容较多的可以另附清单说明,电子文档的移交可以在文字说明基础上增加文档截图作为依据。

　2. 本单一式三份,填写完毕后由交接人、交接部门、企业人力资源部各存一份。

　本人_____(姓名)已按照上述事项内容,将企业资料交接完毕,并保证不外泄在岗期间所了解的企业相关销售、采购、财务等商业秘密。

　本人承诺,不在岗期间,如有与企业相关的业务联系,必定及时知会相关工作对接人。

本人签字:　　　　　　　　　　　交接日期:

对接人签字:　　　　　　　　　　交接日期:

部门经理:　　　　　　　　　　　交接日期:

3. 轮岗培训考核记录表

轮岗工作交接表

轮岗人员			职级		工号	
轮岗岗位			轮岗岗位		考核时间	
考核维度	考核内容		考核标准	轮岗导师评分	部门负责人评分	备注
工作态度	积极性： 是否以高度的热忱认真努力地工作；是否能够主动地完成各项工作		很出色　5分 较强　　4分 一般　　3分 较差　　2分 很差　　1分			
	责任感： 能否自觉地尽职尽责工作；能否对自己的工作表现出负责的态度					
	合计					
工作能力	执行能力： 能否正确领会领导的工作意图；能否高效执行工作任务		很出色　5分 较强　　4分 一般　　3分 较差　　2分 很差　　1分			
	计划能力： 能否按时制订工作计划；工作计划能否有效促进工作的完成					
	沟通能力： 能否与上下级、同级以及外界人士保持良好的沟通协调，促进工作完成					
	合计					
工作业绩	KPI 指标一					
	KPI 指标二					
	KPI 指标三					
	KPI 指标四					
	合计					
合计	工作态度得分×权重+工作能力得分×权重+工作业绩得分×权重					
轮岗导师 签字	签字： 日期：		部门负责人 签字	签字： 日期：		

5.2 师带徒培训运营体系

5.2.1 师带徒培训运营流程

实施阶段	总经理	人力资源部	各职能部门	培训讲师	员工

制订师带徒培训计划

开始 → 培训需求分析 → 拟订师带徒培训计划

审批

提供信息

明确讲师选拔标准

实施培训

签订师带徒协议

在岗培训指导

实施培训考核

培训考核 → 调整培训方案 → 结束

5.2.2　师带徒培训实施的关键事项

师带徒机制是指人力资源部或部门负责人在部门内部选择一位资深的老员工作为"师傅"，对员工进行一对一的指导与培训。

1. 制定师傅筛选标准

师带徒计划的实施有助于新员工快速成长、促进新员工快速熟悉和认同企业文化与经营理念、加强对新员工、一线操作岗位员工的操作技能培养，也有助于岗位操作经验的总结与传承。

因此，师傅的选择在师带徒计划中占有举足轻重的地位，在制定师傅筛选标准前，应明确师傅的职责。

（1）师傅的职责

① 师傅负责向徒弟传授岗位操作技能，应从基本知识与技能抓起，言传身教。

② 师傅须以严谨的工作作风来教育徒弟，使其形成良好的工作态度。

③ 师傅须以宽广的胸怀真心对待徒弟，将自身操作技能、经验总结传授给徒弟，使其能够在短期内快速适应企业的岗位要求。

④ 师傅须认真履行"师带徒合同书"或"师带徒签约计划书"上规定的各项条款。

（2）师傅的筛选标准与原则

① 具有良好的思想道德品质，团结员工，态度端正，作风正派，廉洁奉公。

② 具有较强的创新意识，有锐意进取、开拓务实的精神，有良好的教练能力、独立工作能力，还应有较强的沟通能力。

③ 在本岗位工作两年以上，具备扎实的理论知识和丰富的实践经验，能够履行师傅的职责。

④ 本着"干什么学什么，缺什么补什么"的原则，能够同时进行专业技能传授、职业道德、生产安全、劳动纪律等培训。

2. 制定师傅评选标准与流程

师傅的评选应客观、公正地反映被评选人的能力、知识和品德，并增加评选工作的透明度，避免师傅评选流于形式，真正实现提高员工工作技能的目标。

（1）师傅基本素养

师傅筛选标准与原则的制定，从宏观上有助于把握师傅筛选的经验要求和能力要求。而师傅评选标准，应从微观角度着眼，明确师傅的基本素养，主要包括管理能力、职业素养、专业知识三个方面，具体如表5-2所示。

表5-2 师傅的基本素养及指标分级定义列表

选拔素质			指标分级定义
管理能力	创新能力	1级	机械完成上级布置的培训任务，无创新精神
		2级	有一定创新精神，对培训内容和培训方式等方面的思考创新性较差
		3级	能够从多角度对培训内容、培训方式等进行思考，敢于创新但不冒失
	人际交往能力	1级	对待徒弟的态度不真诚，不考虑徒弟的利益，徒弟对其缺乏信任
		2级	能够秉持真诚的态度对待徒弟，但无法时刻为徒弟考虑，徒弟对其信任度较低
		3级	对待徒弟真诚、友好，能够获得徒弟的信赖，在工作中与徒弟保持良好的关系，时刻为徒弟考虑
	激励能力	1级	无法为徒弟创造适宜的学习空间和发展空间，激励方式单一
		2级	能够为徒弟创造适宜的学习空间，但无法制定有针对性的激励方式，激励效果不明显
		3级	能够为徒弟创造合适的学习和发展空间，并针对徒弟自身特点制定有针对性的激励方式，实现培训效用的最大化
	应变能力	1级	应变能力较差，无法处理培训过程中的突发事件，培训方式单一
		2级	具有一定应变能力，能够应对培训过程中的突发事件，但培训方式死板
		3级	具有较强的应变能力，能够沉着、冷静应对师带徒培训过程中的突发事件，针对徒弟需求调整培训方式
	需求把握能力	1级	无法结合岗位需求制订徒弟的培训计划
		2级	能够结合部分岗位需求制订徒弟的培训计划，但培训内容与岗位需求不匹配
		3级	能够结合岗位需求制订徒弟的培训计划，且培训内容对徒弟今后的工作有指导性作用
职业素养	责任心	1级	在师带徒培训过程中推卸责任，不指导徒弟工作
		2级	一旦培训出现问题，只愿意承担小部分责任，对徒弟工作的监督缺乏自觉性
		3级	在师带徒培训过程中勇于承担责任，能够做到自觉监督、指导徒弟完成工作
	敬业精神	1级	无敬业精神，损害企业和徒弟的利益，不利于企业和谐发展
		2级	有一定的敬业精神，但不会主动调整侵害企业和徒弟利益的行为
		3级	以企业和徒弟的利益与整体和谐性作为标准，及时调整自身行为，大公无私

（续表）

选拔素质			指标分级定义
职业素养	纪律性	1级	不遵守企业各项规章制度，对徒弟违反制度的现象不主动制止
		2级	能够遵守企业各项规章制度，但不会主动制止徒弟违反企业管理制度的行为
		3级	能够自觉遵守企业各项规章制度，同时积极监督和引导徒弟遵守制度
专业知识	产品知识	1级	不了解企业产品
		2级	对企业产品有一定了解，但无法提出有效的产品设计和规划建议
		3级	精通企业产品的详细资料，并能对未来产品的规划与设计提出合理化建议
	生产管理知识	1级	熟练掌握10类生产管理知识中的0~4种
		2级	熟练掌握10类生产管理知识中的5~9种
		3级	熟练掌握10类生产管理知识，包括生产战略管理、生产流程管理、生产计划与调度、生产定额与工艺流程管理、生产现场管理、生产成本控制、工艺设备管理、生产安全管理、采购与供应管理、生产领域先进的管理理念与方法等

（2）师傅评选流程

师傅评选流程主要分为推荐上报、评审、公示及审批等三个阶段，如图5-3所示。

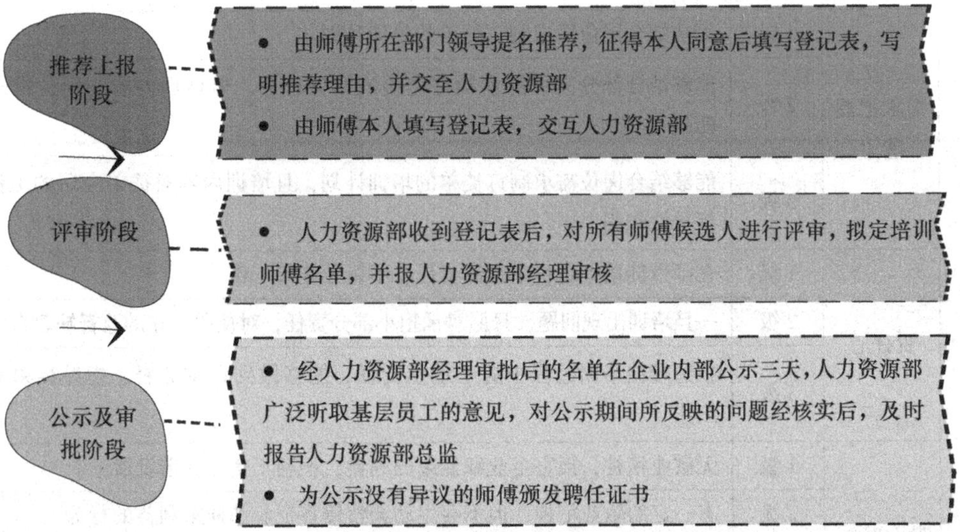

图 5-3 师傅评选流程

推荐上报阶段
- 由师傅所在部门领导提名推荐，征得本人同意后填写登记表，写明推荐理由，并交至人力资源部
- 由师傅本人填写登记表，交互人力资源部

评审阶段
- 人力资源部收到登记表后，对所有师傅候选人进行评审，拟定培训师傅名单，并报人力资源部经理审核

公示及审批阶段
- 经人力资源部经理审批后的名单在企业内部公示三天，人力资源部广泛听取基层员工的意见，对公示期间所反映的问题经核实后，及时报告人力资源部总监
- 为公示没有异议的师傅颁发聘任证书

3. 师带徒培训协议实施

（1）师带徒签约实施流程

师带徒培训是一项长期的系统工作，通过签订科学的签约计划书，加强师傅的培训约束机制，师带徒签约实施流程主要分为以下3个步骤，如图5-4所示，供读者参考。

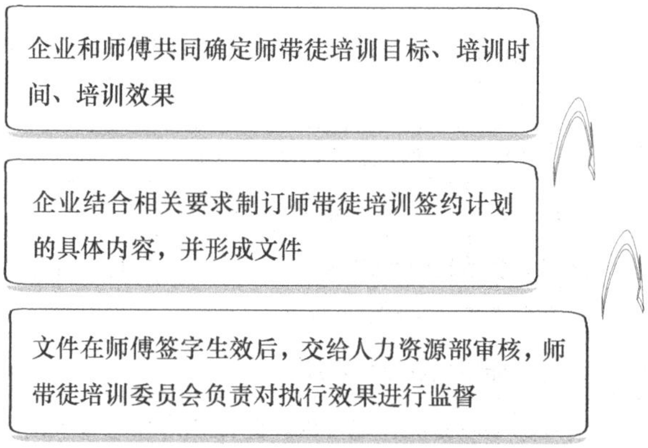

企业和师傅共同确定师带徒培训目标、培训时间、培训效果

企业结合相关要求制订师带徒培训签约计划的具体内容，并形成文件

文件在师傅签字生效后，交给人力资源部审核，师带徒培训委员会负责对执行效果进行监督

图5-4 师带徒签约实施流程

（2）师带徒签约计划书的内容

师带徒签约计划书可以有效解决师带徒过程中存在的问题，包括师带徒培训流于形式、师带徒培训缺乏延续性、缺乏明确的带徒目标、缺乏完善的带徒考核标准等问题。师带徒签约计划书的内容主要包括五个方面：签约师徒双方的姓名、权利、义务，培训时长，培训主题内容，培训考核标准，应达成的培训效果等。

4. 师带徒培训效果的考核

师带徒效果的考核既重视对师傅培训效果的考查，又重视对师傅培训过程的考查，这有助于充分激发师傅和徒弟的工作潜能，又可将考核结果作为奖励师傅的标准。该考核满分为100分，由人力资源部按照考核指标进行逐项打分，各项考核指标如表5-3所示。

表5-3 师带徒效果考核指标及分值说明表

评估指标		指标分级定义	分值
培训目标实现度	1级	大多数课程与培训目标存在很大差距	
	2级	部分课程无法实现培训预期目标	
	3级	能够实现甚至超过培训预期目标	
培训内容	1级	课程内容的针对性和实用性较差，内容安排不合理	
	2级	课程内容有一定针对性，但内容安排过于简单或复杂	
	3级	培训内容具有较强针对性，内容安排难易适中	

（续表）

评估指标	指标分级定义		分值
案例引用	1级	在培训课程中完全未使用案例	
	2级	在培训课程中仅使用了少量案例，无法满足课程需求，徒弟学习主动性较差	
	3级	在培训课程中充分使用案例，能够激发徒弟学习的积极性和主动性	
实操培训	1级	没有为徒弟提供实操培训	
	2级	为徒弟提供一定的实操培训，但实操培训的时间较短	
	3级	能够为徒弟提供和培训目标一致的实操培训，且实操培训内容能够巩固徒弟所学知识	
学习指导	1级	没有为徒弟提供教学帮助	
	2级	为徒弟学习提供一定帮助，但帮助内容与课程内容和课程目标不适应	
	3级	在培训中能够为徒弟进行学习指导，且与课程内容、课程目标紧密联系，能够解决徒弟学习过程中的困难	
培训成果评价	1级	没有对徒弟的培训成果进行评价	
	2级	对徒弟的培训成果进行一定程度的评价，但评价的可靠性和可信性较低	
	3级	能够及时对徒弟培训成果进行评价，且评价具有较高的可靠性和可信性	
理论知识培训	1级	没有对徒弟进行理论知识培训	
	2级	对徒弟进行理论知识培训，但培训内容对实践操作的指导性差，理论知识讲解不全面	
	3级	能够对徒弟进行了丰富的理论知识培训，且培训对实践操作具有较强指导性	
徒弟考核成绩	1级	徒弟成绩排名为前10%之后	
	2级	徒弟成绩排名为前5%~10%	
	3级	徒弟成绩排名为前5%	

5.2.3　师带徒培训运营的管理工具

1. 师带徒培训协议书

师傅：＿＿＿＿＿＿＿　　　　所属部门：＿＿＿＿＿＿

徒弟：＿＿＿＿＿＿＿　　　　所属部门：＿＿＿＿＿＿

　　为进一步提高本企业培训师的整体素质，充分激发师傅培训工作的积极性，提高员工学技术、学管理、学技能的热情，为企业培养高素质的技术人才和管理人才，特制订此师带徒培训协议。

　　经双方同意后，特聘＿＿＿＿＿部门＿＿＿＿＿为＿＿＿＿＿部门＿＿＿＿＿的师傅，师傅和徒弟在培训期过程中需遵守以下规定。

　　1. 师带徒培训的起止时间为＿＿年＿＿月＿＿日至＿＿年＿＿月＿＿日。

　　2. 师带徒培训的内容主要为：＿＿＿＿＿＿＿＿＿＿＿＿＿＿＿＿＿＿。

　　3. 师傅的具体职责如下。

　　（1）师傅在培训期须对徒弟的专业知识和实践能力进行系统督导，以实现预期培训目标，同时对徒弟的能力、态度和知识进行及时反馈。

　　（2）和徒弟共同学习和运用新技术、新知识，支持、鼓励徒弟的创新意识。

　　（3）认真制定培养目标，确定徒弟不同阶段的培训重点，将工作中积累的技术和知识传授给徒弟。

　　（4）师傅为徒弟树立良好的职业道德和工作作风。

　　（5）师傅为徒弟提供学习资料，包括操作手册、规章制度和工作流程等。

　　（6）耐心听取徒弟在技术改进和学习方面提出的建议，并及时作出指导。

　　（7）师傅在培训结束后，对徒弟进行考核，考核内容为理论知识水平考试和技能实操考试。理论知识考试应达到＿＿＿分以上，技能实操考试应达到＿＿＿分以上。

　　4. 徒弟须履行的职责如下。

　　（1）按照相关技术规定和师傅的指导工作，服从师傅和部门领导的管理。

　　（2）严格遵守企业各项规章制度，积极配合师傅的辅导安排，定期向师傅进行反馈，以达成学习目的。

　　5. 本协议经师徒双方签字后生效，有效期为＿＿年＿＿月＿＿日至＿＿年＿＿月＿＿日。

　　6. 本协议书一式三份，人力资源部、师傅和徒弟各一份。

師傅签字：＿＿＿＿＿＿＿

徒弟签字：＿＿＿＿＿＿＿

人力资源部盖章：

2. 优秀师傅奖励标准表

奖励标准	奖励形式	
	精神奖励	物质奖励
0~60分	星级培训师光荣榜	___元
60~90分	获得外出培训的机会	___元
90~100分	代表企业参加某些会议	___元，晋升涨薪优先权

第6章

体验式培训运营体系

6.1 户外拓展培训运营体系

6.1.1 户外拓展培训管理流程

1. 对户外拓展培训机构的调查流程如下

实施阶段	培训部经理	培训部	户外拓展培训机构

2. 对户外拓展培训机构的筛选流程如下

实施阶段	培训部经理	培训部	户外拓展培训机构
户外拓展培训机构调查		开始 → 确定户外拓展培训项目 → 组织进行户外拓展培训市场调查 → 向户外拓展培训机构发送询价函	接收询价函，并提供所需资料
组织进行分析评价	做出分析和评价 ←	对提交资料的培训机构进行初步筛选 → 确定户外拓展培训机构候选名单 → 依据分析和评价结果确定户外拓展培训机构	
签订培训合同		与选定的户外拓展培训机构进行沟通 ↔	沟通
		与户外拓展培训机构签订合同 ↔ → 结束	签订合同

3. 与户外拓展培训机构签订培训合同的流程如下

实施阶段	培训部经理	培训部	户外拓展培训机构
起草培训合同 商讨培训合同 签订培训合同	审批	开始 达成户外拓展培训合作意向 就培训时间及价格等事宜进行商谈 起草户外拓展培训合同 组织相关人员对合同进行商议 进一步完善户外拓展培训合同 与户外拓展培训机构签订合同 文件资料存档保管 结束	签订合同

4. 对户外拓展培训的效果评估流程如下

实施阶段	培训部经理	培训部	户外拓展培训机构

起草评估方案

组织进行培训评估

培训成果转化

开始

编写户外拓展培训效果评估实施方案

审批

明确评估事项与评估标准

收集培训过程中的相关资料

对受训学员进行评估

对培训讲师进行评估

撰写户外拓展培训效果评估报告

审批

组织进行培训成果转化

结束

6.1.2 户外拓展培训管理的关键事项

一、户外拓展训练前关键事项

1. 户外拓展训练前期调查

实施户外拓展训练前，培训部门须对受训人员进行初步调查，主要是为了了解受训人员的身体及心理方面是否适应这种培训方式，能否通过这种培训来解决工作中的问题，这样才能做到有的放矢，保证培训效果。表6-1为拓展训练前期调查表。

表6-1 拓展训练前期调查表

受训人员姓名		工作岗位		所在部门	
学历		性别		年龄	
预期培训日期	___年__月__日				
拓展项目简介					
身体及心理状况					
是否参加过户外拓展训练					
员工所关注的问题					
对本次培训的期望					

2. 确定户外拓展训练形式

户外拓展训练形式如图6-1所示。

场地训练	野外训练
破冰、信任背摔（信任跌）、电网、盲人运水、罐头鞋、合力蓄水等训练形式	定向越野、徒步拉练、攀岩、断桥、高空单杠、天梯、溯溪、求生墙、速降、滑雪等训练形式
水上训练	**空中训练**
扎筏、漂流、孤岛求渡、潜水、风帆冲浪等训练形式	空中跳伞、空中抓杠、空中断桥等训练形式

图6-1 户外拓展训练形式

（1）新员工的拓展训练形式选择

新员工拓展培训目的在于让新员工能够迅速融入企业，与企业建立信任感和归属感。针对新员工的培训需求，培训部可选择破冰、断桥、高空单杠、徒步拉练和野餐等训练项目。

① 破冰

破冰，即打破陌生人之间的隔阂，常被用来训练新员工，使其快速融入新团队。破冰行动实施方案如表6-2所示。

表6-2 破冰行动实施方案

活动介绍	针对新老员工关系融合、企业文化导入、角色认知，以及基本沟通技巧和工作方法等方面设计内容和动作
活动目的	①锻炼新员工迅速进入各自的工作角色、融入新团队，并能在新团队中精诚合作、初次体会到协作的重要性、产生强烈的集体荣誉感，为争得集体荣誉而充分发挥个人才能 ②让新、老员工快速了解对方 ③使组织能够尽快度过新人的磨合期，使新团队快速成长为成熟的团队
活动对象	大学毕业生、新入职员工
活动时间及地点	60分钟；野外或室内，最好是野外
组织人员 （至少五人）	主持人一人（兼规则讲解），发放、回收物品一人，负责抽签一人（兼分数统计），评委两人（以上三人也可兼做评委）
活动道具	签条（抽签分队用，每10～12人组成一队），每队需要的活动道具包括旗杆、旗帜、铅笔、卷笔刀、彩色不干胶纸及剪刀
活动规则	各队在35分钟内完成包括起队名、拟队歌、编队训、设计队徽及制作队旗等任务；35分钟后展示效果，由评委给各队评分，取平均值作为最终得分
活动过程	①抽签分队及活动规则讲解（5分钟） ②分队准备（5分钟） ③完成上述任务（35分钟） ④分队展示（10分钟） ⑤点评（5分钟）
点评要点 （点明活动意义、目的的为主）	考察队员能否迅速融入新团队，这是现代企业员工必备的素质；引导学员初步体验分工合作的重要性；培养队员角色意识，以饱满的激情加入新团队，并在其中发挥自己的作用。主要是针对各队的情况点评成功之处与不足之处，可穿插于以上三点作为参考
活动结果	确立团队培训目标，打破新团队成员之间的隔阂，加深相互间的了解和信任，并初步形成团队意识

② 高空单杠

高空单杠是户外拓展训练的重要课程，其目的是培养学员适应变化的能力，感知与认知能力的判断，以及自我突破、自我超越的能力提升。高空单杠实施方案如表6-3所示。

表6-3 高空单杠实施方案

活动介绍	要求每个学员站在约八米高的铁柱平台上，然后用力跃出，抓住前方的一根单杠。（两块木板架在八米高的空中，二者之间间隔0.8~1.5米，每位参训学员从其中一块跃向另一块，而后返回）
活动目的	使学员敢于挑战自我，勇于战胜困难，挖掘自己的潜能
活动道具	一根约八米高的铁柱，顶上有能够立脚的平台，前上方带有悬挂的单杠（门形结构器材，在八米处左右各延伸出一块木板，二者间距为0.8~1.5米）
注意事项	学员依次穿戴防护用具，依次爬上平台（木板）；这个项目具有一定的危险性，须由教练实施保护，并严格按相关规程操作
活动结果	让学员学会自我控制能力；挑战自我，重新认识自我；考察个人的应变能力和压力释放能力；勇于面对机遇和风险并存的挑战，勇于尝试未知的事情

③ 徒步拉练

徒步拉练被用于锻炼新员工的体能和意志力，挑战自己的身体极限。徒步拉练实施方案如表6-4所示。

表6-4 徒步拉练实施方案

活动目的	锻炼学员的体能和意志力，培养吃苦耐劳的精神；体验超越自我极限的乐趣
活动时间	4~6个小时；15千米行程，活动时间可根据天气情况和学员整体身体素质做出调整
活动地点	培训基地周围，以郊区为主的车辆较少的马路
组织人员	主持人一人（兼规则讲解），物品发放一人，路障维护一人（一般由教官担任），卫生员一人，评委一人
活动道具	企业标志性旗帜，学员挎包（每人一个，内装矿泉水、野餐用品）
活动规则	以团队为单位组织徒步行进，中途会经过若干个关卡，在关卡处等待全队队员到齐后进行答题，答对的队伍方能继续前行 评委以队员到达情况、答题情况、整体精神风貌、队员协作精神为依据进行评分

（续表）

活动过程	①集合队伍，讲解规则，指出注意事项，说明安全事项（10分钟） ②选旗手，发挎包（5分钟） ③徒步前行（4~6个小时） ④目的地集合，清点人数，分队休息（30分钟） ⑤队员谈体会，教官点评（20分钟）
活动结果	①培养新员工吃苦耐劳的精神，培养战胜困难的毅力与信心 ②让新员工在共同奋斗中体验相互合作、相互帮助的重要性，培养新员工的团队意识 ③培养新员工挑战极限、超越自我

④ 野餐

野餐被用于锻炼新员工的动手能力，培训团队成员间的分工合作意识。野餐训练实施方案如表6-5所示。

表6-5 野餐实施方案

活动目的	锻炼学员的动手能力，考察团队分工合作能力，增进学员间的相互了解和沟通，让学员在放松的环境中体验团队的力量
活动时间	90分钟
活动地点	野外（徒步拉练结束后）
组织人员	主持人一人（兼规则讲解），炊具准备和管理一人，食物准备一人，评委（品菜、整体情况比较）等至少三人
活动道具	餐具、食物、佐料、炊具、柴火（若条件允许，则可增加自筹柴火环节）、餐具（这些物品需在徒步拉练结束前按团队平均分配好，保证活动按时、有序地进行）
活动规则	各团队在领到必备物品后，在40分钟内做好饭菜
活动过程	①规则讲解及物品领取（10分钟） ②分队准备、做好饭菜（40分钟） ③评委品菜（10分钟） ④各队就餐，收拾（30分钟）（可穿插应景小故事） ⑤评委从时间把握、分工协作、饭菜质量、物品保管等方面给各团队评分（10分钟）
活动结果	①锻炼学员的动手能力，体验收获的喜悦 ②加强学员间的沟通与合作，增进彼此的了解 ③充分体验分工协作的必要性与重要性

（2）团队建设类拓展训练形式选择

团队建设类拓展训练可树立员工主动沟通的意识，学习有效地沟通技巧；增进学员相互间的认知和理解，提高团队的宽容度和凝聚力；发现团队中存在的问题，培养团队领导力，不断改善团队管理方法。

穿越电网、信任背摔与求生墙等拓展项目适用于团队建设类培训。

① 穿越电网

穿越电网是指要在规定的时间内从若干个大小不同的网孔中钻过去，身体不能碰到电网，且不能重复使用网孔的一种户外拓展形式。穿越电网实施方案如表6-6所示。

表6-6　穿越电网实施方案

活动介绍	要求每队队员在规定的时间内，从一张假设带电的网的一边穿至另一边
活动目的	使学员在团队中进行合理的人、事分配，每个队员都在团队中扮演不同的角色
活动道具	用细绳结成的一张网，根据每队人数来确定网眼数量
活动规则	队员之间应相互配合、互相帮助；在前行过程中，不得碰触网线；项目总分为100分，每触碰一次绳子，扣一分
活动结果	让学员体会团队中合理的人、事搭配；学会找准自己在团队中的位置，并致力于扮演好自己的角色；认识集体决策及其重要性

② 信任背摔

信任背摔被用于考验团队队员的相互信任的感情，增强团队凝聚力的一种户外拓展项目。信任背摔实施方案如表6-7所示。

表6-7　信任背摔实施方案

活动内容	队员依次从1.7米高的台上，身体基本无弯曲地向后倒下，本队其他队员在台下平伸双臂结成"网"形成保护，并合力接住这名队员，此活动一定要在确保安全的前提下开展，有专业人员指导，做好防护
活动目的	①克服心理障碍，增强自信心 ②增强团队凝聚力 ③体验团队队员相互信任和理解带来的心灵感触 ④学会换位思考
活动时间及地点	90分钟（大概预计时间）；野外或室内平整地方
组织人员	主持人一人（兼规则讲解），裁判三人（兼安全保证）

（续表）

活动道具	1.7米高台一个，棕垫一张，棉被两床，毛巾（绑手用）每人一条
活动规则	每位队员均须站在1.7米高的台上背向倒下，由本队其他队员用双臂组成的网接住。身体基本无弯曲倒下为标准。动作完成且标准计两分，动作完成但不标准计一分，全队得分由队员得分相加，弃权则每人次扣一分
活动过程	①活动讲解及道具准备（10分钟） ②各队准备时间（5分钟） ③按顺序依次进行（70分钟，活动时间取决于团队的数量及各队所花费的时间） ④各队总结，组织人员点评（10分钟）

③ 求生墙

求生墙是指要求所有队员在不借助外力（物品）的情况下全部攀登上四米高的围墙，是不断激励和强化队员顽强斗志的拓展项目。求生墙实施方案如表6-8所示。

表6-8　求生墙实施方案

活动内容	全队队员在规定的时间内，成功翻过一堵四米高且表面光滑的墙
活动目的	使学员体验与他人合作完成艰巨任务的快乐和成就感；学会取他人长处补自己短处；增强团队合作精神
活动道具	高四米且表面光滑的墙（一堵），棕垫（一块）
活动规则	队员之间应相互配合、互相帮助；在翻越过程中，不得借助任何外界工具，如衣服、绳子、皮带等
活动结果	让学员体会团队中合理的人、事搭配，体验团队氛围；体会集体利益与个人利益的关系——在团队合力完成任务时，常会需要团队成员牺牲个人的利益

3. 选择户外拓展培训机构

户外拓展培训机构选择标准如图6-2所示。

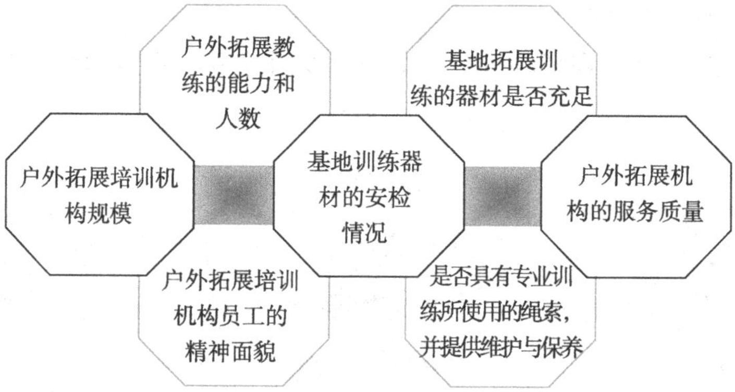

图 6-2　户外拓展培训机构选择标准

（1）选择拓展培训师

户外拓展培训师选择标准如图 6-3 所示。

丰富的实战经验	培训师须具备丰富的实践经验，能够预见并规避户外拓展过程中出现的各种突发事件
独立的课程开发能力	培训师须具有独立的课程开发能力，能够根据企业实际需求，开发出相适应的户外培训项目
相关领域的持续研究	培训师须持续关注相关领域的最新发展，并不断学习和研究，确保培训内容符合知识发展和培训对象的需要
较强的授课能力	培训师应具有优秀的表达能力和演绎能力，以及良好的问题解答和辅导能力，能够最大限度地吸引培训对象的注意力
良好的客户反馈	对接受过该讲师培训的组织进行调查，了解培训讲师所授课程的实用性、授课风格及培训效果

图 6-3　户外拓展培训师选择标准

（2）拓展训练安全保障

培训部门应与户外培训机构共同做好安全保障工作，拓展训练安全保障如图 6-4 所示。

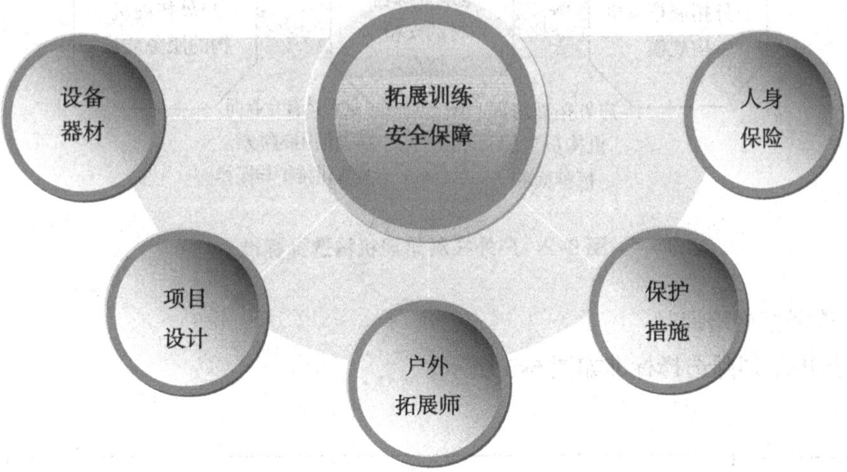

图6-4 拓展训练安全保障

① 设备器材

训练场地及设备须经过专门机构认证、检验并派专人定期维护。所有训练器材和设备都应达到或通过欧洲质量认证标准（CE）、国际攀登联合会质量认证（UIAA）所要求的标准，并严格遵守器材的检查和更新制度。

② 项目设计

所有拓展训练活动，尤其是野外高难度、高危险性的项目，均须经过精心的设计与实验，并被无数次操作验证是完全安全的。

③ 户外拓展师

户外拓展师应具有丰富的拓展培训经验，须严格按照安全程序指导、监控活动的全过程。

④ 保护措施

所有项目的保护措施都须采取双重保护，避免发生意外，造成不必要的损失。

⑤ 人身保险

培训机构应为参训学员每人上一份人身意外伤害险及意外医疗保险，最大限度地确保学员的利益。

二、拓展训练中关键事项

1. 拓展训练进程安排

拓展训练项目进程安排如表6-9所示。

表6-9　拓展训练项目进程安排

具体工作	负责人	完成时间
企业拓展训练需求的调查分析	项目经理/企业人力资源部经理	___年__月__日
根据需求分析结果，制定并提供培训方案	项目经理	___年__月__日
探讨、完善并确认培训方案	项目经理/企业培训部经理	___年__月__日
确认参训人数/签订培训协议/预付部分培训经费	项目经理/企业人力资源部经理、财务人员	___年__月__日
填写培训班预订单	项目经理	___年__月__日
根据参训人数安排培训师	培训基地中心	___年__月__日
安排住宿与餐饮	培训基地主任	___年__月__日
将学员房间号、路线图传真或 E-mail 给企业	客户服务中心	___年__月__日
下发《拓展培训通知》给每一位学员	企业培训部经理	___年__月__日
培训前的细节确认	项目经理/企业负责人	___年__月__日
为受训学员上保险	客户服务中心	___年__月__日
接待学员报到并安排住宿	培训基地负责人	___年__月__日
拓展训练实施	培训师	___年__月__日
确认培训班结算单	培训基地负责人/企业培训部经理	___年__月__日
学员对培训的评估	培训师/受训学员	___年__月__日
企业对方案设计、培训效果进行评估（《拓展训练评估报告》/电话）	客户服务中心/企业人力资源部经理	___年__月__日
付清培训经费	企业财务部经理	___年__月__日
备注：时间确定可根据企业的基本情况与户外培训机构的项目经理进行协调		

2. 户外拓展训练实施

户外拓展训练实施步骤如图6-5所示。

第1步：个人体验

个人体验是户外拓展训练过程的开始，也是整个过程的基础。

第2步：体验分享

受训学员有了个人体验后，就要与其他体验过或观察过相同活动的人员分享他们的感受或观察结果。

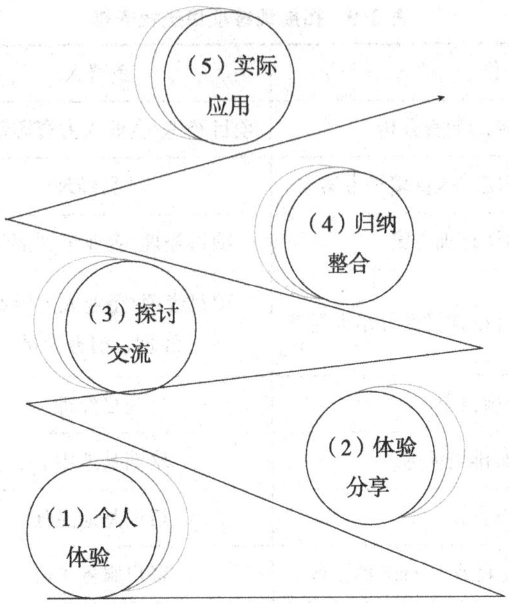

图6-5　户外拓展训练实施步骤

第3步：探讨交流

分享个人感受后，受训学员应把这些共同分享的内容整合在一起，然后与其他学员进行探讨与交流。

第4步：归纳整合

探讨交流后，受训学员应从个人经历中做出总结，并提取出精华，再利用某种方式进行整合，帮助受训学员进一步认识从体验中得出的成果。

第5步：实际应用

实际应用是指如何将这些体验成果应用于受训学员的实际工作和生活中。

3. 受训学员受伤处理

受训学员受伤处理方法如表6-10所示。

表6-10　受训学员损伤处理方法

类别	处理方法	类别	处理方法
擦伤	◆擦伤部位较浅，涂抹红药水或紫药水 ◆擦伤创面较脏或有渗血现象，应用生理盐水清洗后，再涂抹红药水或紫药水	肌肉拉伤	◆根据疼痛程度了解受伤的轻重，一旦出现痛感应立即停止运动，并在痛处敷上冰块或冷毛巾，保持30分钟 ◆切忌搓揉及热敷

（续表）

类别	处理方法	类别	处理方法
挫伤	◆轻度损伤，经冷敷处理24小时后可使用活血化瘀叮剂，局部可贴伤湿止痛膏，在伤后第一天冷敷，第二天热敷。约一周后可吸收消失 ◆较重的挫伤可使用云南白药加白酒敷伤处并包扎，隔日换药一次，每日2~3次，加理疗	扭伤	◆急性腰扭伤，可让患者仰卧在床上，腰下垫一个枕头，再在扭伤部位先冷敷，后热敷 ◆踝关节、膝关节或腕关节扭伤时，将扭伤部位垫高，先冷敷2~3日后再热敷。如扭伤部位肿胀、皮肤青紫和疼痛，可将陈醋半斤烧热后用毛巾蘸敷伤处，每日2~3次，每次10分钟
脱臼	◆脱臼部位在肩部，可把患者肘部弯成直角，再用三角巾把前臂和肘部托起，挂在颈上，再用一条绷带缠过颈部，并打结 ◆脱臼部位在髋部，则应立即让患者躺下送医院处理 ◆一旦发生脱臼，应嘱咐患者保持安静、不要活动，更不可揉搓脱臼部位	骨折	◆皮肤未有伤口，断骨不与外界相通，称为闭合性骨折 ◆骨头的尖端穿过皮肤，有伤口与外界相通，称为开放性骨折 ◆对开放性骨折，不可用手回纳，避免引起骨髓炎，应用消毒纱布对伤口做初步包扎、止血后，再用平木板固定送医院处理

三、拓展训练后关键事项

1. 发送联系表和感谢信

培训结束后，培训部门应及时给学员和培训讲师发送通讯录，方便学员之间、学员与培训讲师之间进行交流，并在培训结束后及时向培训讲师发送感谢信。表6-11与表6-12分别为户外拓展训练学员联系表和户外拓展培训讲师感谢信。

表6-11　户外拓展训练学员联系表

所在部门	照片	姓名	性别	职称	电子邮箱	联系方式	备注

表6-12 户外拓展培训讲师感谢信

感谢信

尊敬的_____讲师：

_____部门已于____年__月__日进行了_____培训课程，在您的积极努力和配合下，本次课程取得了圆满成功。

在此，再次感谢您对本次课程的大力支持，并祝您工作顺利，万事如意！

××企业培训部
____年__月__日

2. 学员培训效果评估

（1）拓展训练即时效果评估

拓展训练评分如表6-13所示。

表6-13 拓展训练评分表

项目　　姓名	破冰得分	高空单杠得分	徒步拉练得分	野餐得分	穿越电网得分	信任背摔得分	求生墙得分	总体情况	
								总分	名次
	__分	__分	__分	__分	__分	__分	__分	__分	
	__分	__分	__分	__分	__分	__分	__分	__分	
	__分	__分	__分	__分	__分	__分	__分	__分	
	__分	__分	__分	__分	__分	__分	__分	__分	

（2）学员自我评估

拓展训练学员自我评估如表6-14所示。

表6-14 拓展训练学员自我评估

您好！请您对参加本次拓展训练后，自身素质方面的变化用等级分数表示出来：5分表示很好；4分表示较好；3分表示一般；2分表示差；1分表示极差；请同时标注训练前的状态。

自评项目		训练前的状态	训练后的状态
基本素质	自信心方面		
	参加培训纪律性		
	承受压力的能力及积极进取精神		
	身体体能的耐力、身体的适应性与反应敏捷性		

（续表）

	自评项目	训练前的状态	训练后的状态
人际关系沟通能力	有效的沟通能力		
	获得他人信任、支持及尊重的能力		
	顾及别人并体谅他人的能力		
决策能力	发现、分析与解决问题的能力		
	制订计划与做出决策的能力		
领导与管理能力	有效授权的能力		
	监督执行与决策实施的能力		
团队合作意识	能认清自己在团队中的角色		
	在团队中积极发挥作用		
备注：请简单写出您参加本次培训取得的最大收获，以及对我们工作的改进建议。谢谢您的合作！			

3. 拓展培训师工作评估

拓展培训师工作评估如表 6-15 所示。

表 6-15　拓展培训师工作评估表

参训学员姓名		所在部门		填表日期		___年__月__日

规范要求 ＼ 评分标准	很好（5分）	好（4分）	一般（3分）	差（2分）	极差（1分）
1. 培训师的举止得体程度、着装规范性					
2. 培训师语言规范性、通俗易懂性及幽默风趣性					
3. 培训师是否平易近人					
4. 培训师对项目操作的娴熟性					
5. 培训师解决困难的主动性和及时性					
6. 培训师对学员思考问题的启发性					
7. 培训师阐述训练项目内容及目的的具体程度、明确程度和完整性					
8. 培训师对训练项目的总结与归纳能力					
9. 培训师对拓展训练主题的把握程度					
10. 培训师能否让学员保持对整个培训过程的热情					
11. 培训师准备各项目的充分性					
12. 培训师在整个项目过程中表现出的组织性					

4. 户外拓展培训成果转化

方案名称	户外拓展培训成果转化方案	版 本 号	
		编制日期	

本次户外拓展培训通过破冰、高空单杠、徒步拉练和野餐等培训项目，达成了以下四项培训成果。

1. 打破了员工之间的隔阂，加深了相互间的了解和信任，培养了团队意识和协作精神。

2. 锻炼了员工的动手能力，加强了团队成员之间的分工合作意识。

3. 培养了员工吃苦耐劳的精神，培养了员工战胜困难的毅力和信心。

4. 员工通过培训挑战自我，重新认识自我，锻炼了应变能力和压力释放能力。

针对本次培训成果，培训部制定了以下五种转化措施。

一、工作改进计划

1. 全体员工根据培训成果，并结合日常工作，编写书面工作改进计划交至培训部。

2. 工作改进计划一式三份，一份交至上级领导，一份交至培训部，一份自己保留，方便在今后工作中对照检查。

二、成果展示活动

1. 拓展训练结束后，培训部将拓展训练的图片、音像资料经整理后在企业内进行展示，以提高员工的工作激情，激发团队协作精神。

2. 培训部将拓展训练过程中的一些团队建设资料，如队旗、团队口号等以海报的形式张贴于企业白板上。帮助员工在工作场所回忆和重温训练现场的感受，引导员工把训练所得收获和日常工作联系在一起。

3. 在会议上鼓励参训员工分享培训感受和学习成果，通过展示的方式再次鼓舞参训学员，同时感染未参训的员工，使拓展培训的感染力和影响力进一步扩大。

三、宣传演讲活动

1. 开展征文活动，发表员工对拓展训练的感想和收获，并在企业内部刊物上刊发训练现场的精彩图片。

2. 开展以拓展培训为主题的演讲，鼓励员工积极参与，展现自我。

四、培训效果推广

1. 将拓展训练的活动方式带到企业的日常工作中。

2. 将拓展训练中的集体操作为晨操在企业范围内推广学习。

五、定期回顾强化

1. 在拓展培训结束后，培训部须每两个月组织学员集中观看拓展训练现场录像，强化拓展精神。

2. 培训部与拓展培训机构保持联系，在培训机构协助下对培训效果的转化情况进行跟进，并根据培训机构针对企业学员的实际情况所提供的建议促进拓展培训的效果转化。

培训部须定期对全体员工的工作改进计划的执行情况，以及培训成果转化情况进行检查，向各部门提交《拓展培训成果转化报告》，并汇报培训成果转化情况，对工作过程中存在的问题及改进措施提出合理化建议。

修改说明		修 改 人	
		修改日期	

6.1.3 户外拓展培训运营的管理工具

1. 户外拓展培训师签约协议书

文书名称	户外拓展培训师签约协议书	受控状态	
		编　　号	

甲　　方：＿＿＿＿＿＿＿＿。　　　　乙　　方：＿＿＿＿＿＿＿＿。

地　　址：＿＿＿＿＿＿＿＿。　　　　地　　址：＿＿＿＿＿＿＿＿。

联系方式：＿＿＿＿＿＿＿＿。　　　　联系方式：＿＿＿＿＿＿＿＿。

甲乙双方经友好协商，诚邀乙方作为甲方签约拓展培训师，双方沟通并达成如下合作意向。

一、甲方职责

1. 甲方在本协议书签订时向乙方呈递聘书。

2. 甲方将于每次课程一周前通知乙方学员的情况（包括参加人员的构成、人数、培训方案需做的修改和补充，课程的具体时间安排等内容）。

3. 甲方在本协议书有效期内，同意乙方在照会甲方的情况下，在其学术范围内使用甲方品牌，用以宣传、扩大自身的影响。

二、乙方职责

1. 乙方有义务协助甲方为受训学员制订培训计划，并承诺根据培训需要对课程进行相关调整。

2. 乙方有义务严格按照双方商定的培训安排，实施培训课程。

3. 乙方有义务协助甲方顺利的完成培训计划，如因乙方操作失误造成安全事故发生，则由乙方负全责；如因甲方失误造成安全事故发生，则由甲方负全责。

4. 乙方在培训过程中发现危险隐患，应告之甲方，如乙方未告之甲方，则视为乙方认可安全设施，培训过程中出现安全事故，将由乙方负全责。

5. 乙方不得泄露甲方的商业运作计划、信息、其他顾问和讲师的情况给第三方。

三、授课报酬支付

1. 乙方授课报酬以天为计算单位，为人民币（税后）＿＿＿元/天，在课程结束后，甲方当日以现金方式一次性支付给乙方，乙方出具收据。

2. 甲方承担乙方在培训当日的餐费，往返于培训场地的交通费。乙方须将交通费报销票据交至甲方财务部。

3. 每次课后学员反馈表的统计分数（平均分）低于＿＿＿分时，下次聘请费用降低＿＿＿%；低于＿＿＿分时，本协议书终止。高于＿＿＿分时，下次聘请费用增加＿＿＿%。

四、其他规定

1. 每次的课后评估表由甲乙双方课前共同确认。

2. 本协议书自签订之日起生效，有效期为一年。

3. 其他未尽事宜由甲乙双方再行商定，作为本协议书的补充。

（续）

4. 本意向书一式两份，甲乙双方各执一份，双方均不得将本协议书的条款泄露给第三方。
甲方（盖章）：　　　　　　　　　　　　　　　　　　　乙方（盖章）： 日期：___年__月__日　　　　　　　　　　　　　　　日期：___年__月__日

编制人员		审核人员		批准人员	
编制日期		审核日期		批准日期	

2. 户外拓展培训总结

文书名称	户外拓展培训总结	受控状态	
		编　号	

本次户外拓展训练主要针对新员工（工作一年以内），培训时间自____年__月__日至____年__月__日，共计____天。

一、培训目标

1. 增强员工之间的相互认识和深入了解，培养团队意识和协作精神。

2. 增强员工对企业的认同感和归属感，使员工明确自身的发展方向。

3. 挖掘员工潜能，培养员工积极向上的心态和良好的心理素质。

4. 培养员工的创造性思维，提高他们认识问题和解决问题的能力。

5. 改善企业的单向沟通模式，使员工在体验式学习中理解和认同组织目标和企业文化。

二、培训费用

培训费用支出明细如下表所示。

培训费用支出明细表

序号	支出项目	金额（元）	备注
1	拓展活动培训费		
2	餐饮费		
3	保险费		
4	交通费		
5	住宿费		
6	门票		
7	导游费		
8	文化衫		
9	小礼品		
10	食品饮料		
11	材料费		
12	优秀团队奖励		
	合计		

（续）

三、培训准备工作

（一）选择培训机构

培训部经过调研与考察，综合比较价格、知名度、培训场地设施等情况，最终选择了实力强、规模大、信誉度较高的××拓展培训公司作为本次活动的培训机构。

（二）确定活动地点

培训部本次拓展培训地点定在距离企业较近的××基地及××景区。

（三）确定培训项目

为体现团队合作、执行力第一、态度第一的意识，培训部综合考虑了本次参加培训人员的年龄结构和性别比例，经与培训机构沟通交流，确定了本次拓展培训活动的项目为破冰、高空单杠、徒步拉练和野餐。

四、培训实施内容

（一）破冰

1. 通过抽签将全体人员分成五个团队。

2. 各团队在30分钟内完成以下任务，包括起队名、拟队歌、编队训、设计队徽与制作队旗。

3. 分队展示任务的完成情况，评委给各队评分并点评。

（二）高空单杠

1. 两块木板架在八米高的空中，两者之间间隔为0.8~1.5米。

2. 每位学员穿戴好防护用具，依次爬上木板。

3. 每位学员从其中一块木板跃向另一块木板，而后返回。

（三）徒步拉练和野餐

1. 以队为单位组织徒步前行，中途会经过三个关卡，在关卡处等待全队队员到齐后答题，答对的队伍方能继续前行。

2. 评委以队员到达情况、答题情况、整体精神风貌与队员协作精神等作为依据进行评分。

3. 徒步拉练结束后，各队到工作人员处领取野餐餐具、食物、佐料、炊具等必备物品，要求在40分钟内做好饭菜。

五、培训成果

1. 打破了员工之间的隔阂，加深了相互间的了解和信任，培养了员工的团队意识和协作精神。

2. 锻炼了员工的动手能力，加深了员工之间的分工合作意识。

3. 培养了员工吃苦耐劳的精神和战胜困难的毅力与信心。

4. 员工通过培训挑战自我，重新认识自我，锻炼了应变能力和压力释放能力。

六、培训效果评价

（一）成功之处

1. 在本次培训过程中，员工培训态度端正，执行力强，勇于挑战自我，重视个人荣誉与集体荣誉。

2. 培训准备工作充分，安全保护措施到位，保证了员工的人身安全和培训的顺利开展。

（二）不足之处

1. 培训方案的确定、培训通知、未参加培训人员的处理方案等需要进行进一步的规划和控制。

2. 培训方案须进一步完善，对培训机构提供的方案应研讨是否符合企业的培训需求，并及时给出具体改进建议，优化方案。

3. 团队成员在遇到复杂问题时，在团队沟通与协作上还需要进一步加强。

编制人员		审核人员		批准人员	
编制日期		审核日期		批准日期	

6.2 沙盘模拟培训运营体系

6.2.1 沙盘模拟培训的管理流程

沙盘模拟培训流程			
实施阶段	培训部	学员	讲师

教学前准备

- 开始
- 准备场地教具
- 下达培训通知 → 收到通知

进行教学

- 参加沙盘模拟培训
- 角色认领 ← 介绍课程 成员分组
- 了解职能 明确规则 ← 讲解职能 制定规则
- 沙盘实现企业 信息再现 ← 指导
- 经营竞争模拟 ← 指导
- 点评过程 案例再现

课后整理

- 考核
- 评估
- 结束

6.2.2 沙盘模拟运营的关键事项

1. 沙盘模拟设计

（1）沙盘类型的选择

目前，用于模拟沙盘培训的沙盘主要有两大类型，一类是实物沙盘，一类电子虚拟沙盘。在教学选择上，可以二选一，也可以将两者相结合运用于培训中。两种沙盘的情况具体如表6-16所示。

表6-16　沙盘类型详解

类型	说明	要求
实物沙盘	一般由六张沙盘盘面组成，分别代表六个存在竞争关系的模拟企业，包括财务中心、生产中心、物流中心、营销与规划中心和信息中心，各职能中心覆盖了企业运营的关键环节，包括财务管理、生产组织、采购管理、库存管理、市场营销、战略管理等职能部门。学员通过使用代表货币或原材料的"筹码"，以移动的方式模拟企业经营	为方便讲师和学员进行讨论和操作，需要较大的桌子摆设盘面和教具
电子沙盘	使用模拟软件进行沙盘模拟，一般设置两个电子平台，分为讲师端和若干个学生端平台。讲师通过讲师端平台对课程参数配置、运营状态监控、教室班级管理、培训进程控制、数据查询分析和综合对比点评等内容进行控制和管理。学生通过学生端平台对生产制造、研发设计、市场营销和财务管理等模块进行操作	电子沙盘模拟需要计算机给予相应辅助，同时还需要一台服务器安装相应的数据库

（2）讲师选拔标准

由于沙盘模拟通过模拟企业整体运营流程来对学员进行培训，因而沙盘模拟的讲师必须要掌握公司整体的运营流程相关的知识，并能掌控沙盘模拟现场情况，所以沙盘模拟的讲师必须是复合型讲师。沙盘模拟讲师的选拔标准如图6-6所示。

2. 沙盘模拟的应用

（1）沙盘模拟教学流程

沙盘模拟的教学过程是培训的主体部分，又因为其注重实践、注重从全局考虑的特点，使其教学过程与其他培训体系的教学过程存在明显差别。

沙盘模拟的培训过程以学员为中心，其更注重集体决策、全局思考，也注重在实践和竞争中获得成长。充分将听、说、学、做、改等方式结合运用到教学过程中，让学员在沙盘模拟的过程中逐步掌握知识，逐渐学会应用，最终达成培训目标。在整个培训过程中，讲师要起到协调、控制、参与、引导、评价的作用。其教学过程如图6-7所示。

图6-6　沙盘模拟讲师选拔标准

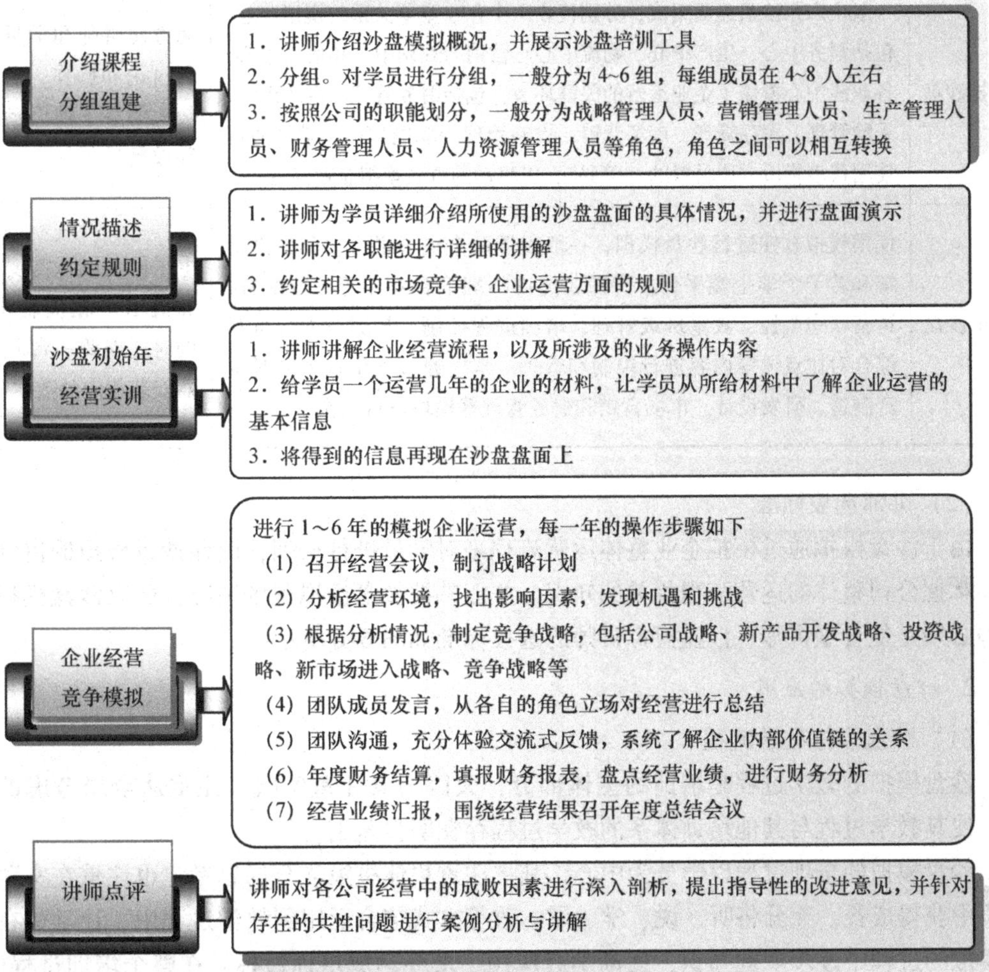

图6-7　沙盘模拟教学过程

（2）角色分配

在整个沙盘模拟的过程中，在不同的阶段，每个人扮演的角色都是不一样的。尤其是讲师，在不同的阶段，需要扮演不同的角色来配合学员完成沙盘模拟。具体的角色分配情况如图6-8所示。

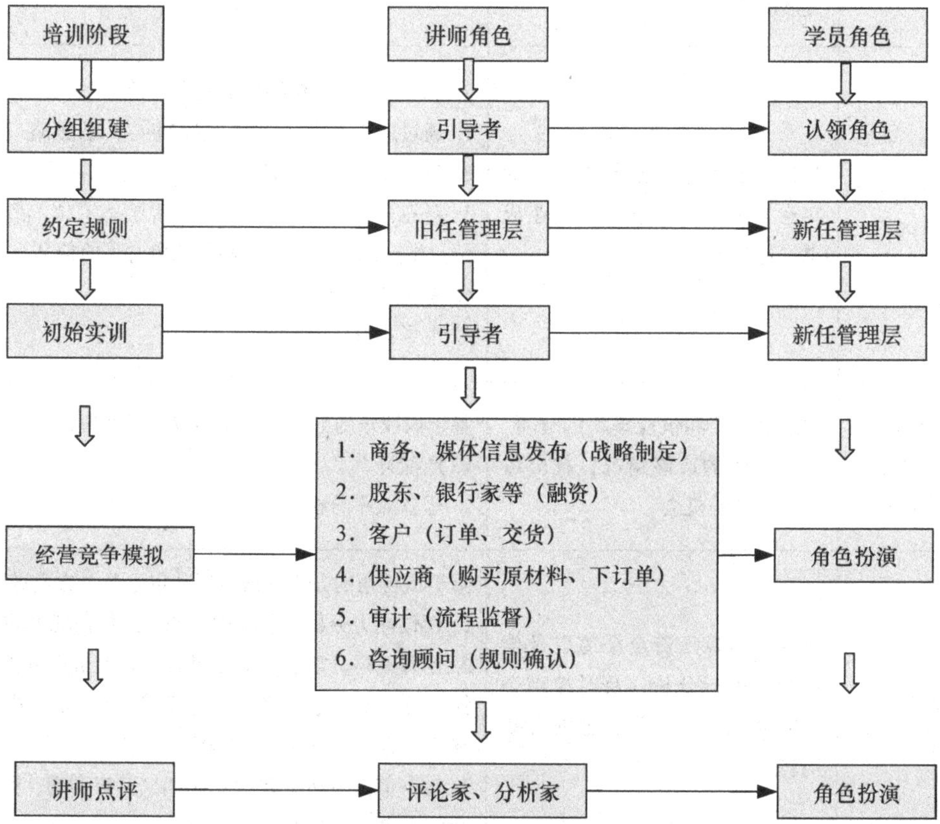

图6-8 角色分配情况

（3）企业经营的成果分析

在沙盘模拟经营过程中，6家左右的企业在经过几年的经营后，会出现一定的差异，有的甚至已经破产。为了找出造成这种不同结果的原因，需要对经营成果进行分析。只有通过合理的分析，才能从沙盘模拟中获得经验和教训，真正实现体验式学习。对于经营成果的分析可基于以下五个方面进行。具体如表6-17所示。

表 6-17　企业经营成果分析内容

分类	概述	具体说明
基于企业战略的分析	是指通过对行业和竞争策略进行分析，明确企业自身地位及应采取的竞争策略，以权衡收益与风险，了解和掌握企业的发展潜力	可以采用毛利率分析法，尽快采用的合适的竞争策略，主要的竞争策略包括低成本竞争策略和产品差异策略
基于营销视角的分析	是指通过考察企业营销策略的实施与企业运营情况对企业成果进行分析	具体的分析内容包括以下几个方面 1. 通过广告产出比分析，制定科学广告策略 2. 对市场需求进行预测 3. 对竞争状况进行分析，包括竞品定位、市场定位、生产能力、产品总额等竞争对手的信息 4. 单技巧分析 5. 市场占有率分析
基于生产、供应视角的分析	通过对生产和供应模块的分析，了解企业的产能情况，找出可运用资产的机会	基于该视角的分析主要包括以下两个方面。 1. 产能计算 2. 运营效率分析
基于筹资与盈利视角的分析	对企业的筹集资金渠道以及偿债能力进行分析，及时控制企业财务风险，实现资金的有效周转	基于该视角的分析一般可以从以下几个方面进行。 1. 偿债能力分析，包括短期和长期偿债能力的分析 2. 筹资策略分析，主要是对筹资渠道进行分析，包括对短期贷款、长期贷款、高利贷、应收账款变现、厂房出售等内容的分析 3. 盈利能力分析，包括对成本、销售利润、资产利润率、净资产等进行分析
综合财务分析	是指将有关的经营指标和财务报表结合起来，采用适当的标准对企业的财务状况与经营成果进行综合性分析	根据杜邦分析法，对于综合财务分析可从两方面进行。 1. 企业的内部管理因素 2. 资本结构和风险分析

（4）应用过程中的注意事项

在进行沙盘模拟培训过程中，应将理论与实践融为一体，将角色扮演与岗位体验集于一身，使学员在参与中学习，在体验中完成知识向技能的转化。为此，在进行沙盘模拟设计与教学时应该把握住以下三个关键事项。具体内容如图 6-9 所示。

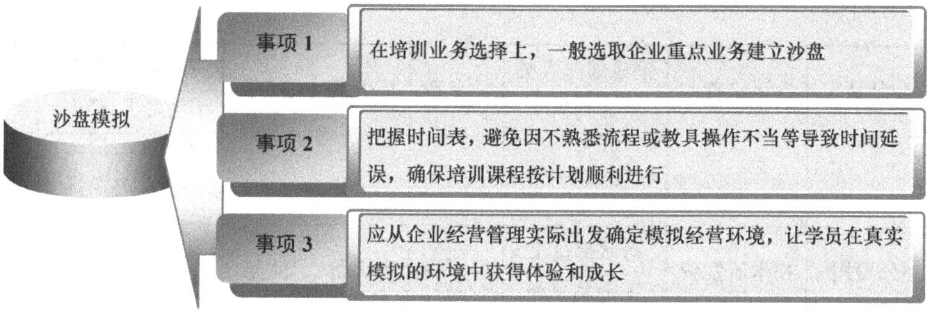

图 6-9　沙盘模拟培训关键事项

3. 沙盘模拟评估

沙盘模拟评估一般可以从两个方面进行。一是对培训讲师进行评价，二是对课程的整体效果进行评价。具体如图 6-10 所示。

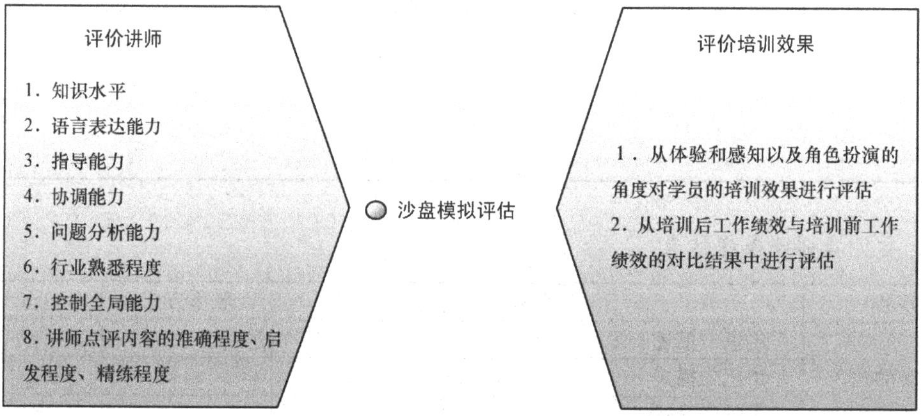

图 6-10　沙盘模拟培训关键事项

6.2.3　沙盘模拟培训的管理工具

1. 沙盘模拟课程学习用表

××年度成本费用统计表

公司名称：

生产成本	生产材料费用	场地租金	生产员工工资及福利	库存费用	维修费	折旧费	修理费	其他费用	合计

（续表）

销售费用	包装费	运输费	销售部门人员工资及福利	业务费	广告费	差旅费	物料消耗费	其他经费	合计
管理费用	办公费用	技术研发费	行政部员工工资及福利	工会经费	咨询费	税金	其他经费		合计
财务费用	利息支出	汇兑损益	手续费	现金折扣					合计
营业成本									

2. 学员培训效果评估表

姓名		职务		联系方式	
所扮演的角色	角色一描述				
	角色二描述				
	角色三描述				
你对本课程最大的感受是什么	1. 2. 3.				
从本课程中你学到了什么	1. 2. 3.				
你认为本课程对实践有什么指导意义	1. 2. 3.				
你对企业组织这种培训有何看法和意见	1. 2. 3.				

第7章

E-learning培训运营体系

7.1 E-learning 培训运营的管理流程

7.1.1 E-learning 培训运营的费用管理流程

实施阶段	总经理	财务部	培训部经理	培训部
编制培训费用预算				开始 收集与在线培训相关的各类数据 确定课程设计与开发费用 确定培训课程实施费用 确定培训管理和维护费用
审核培训费用预算	审核	根据企业年度预算费用审核并调整	编制E-learning培训费用预算表	汇总各项实施费用
培训费用预算执行		下达企业培训费用预算		按照培训费用预算标准执行 结束

7.1.2 E-learning 培训体系的构建流程

实施阶段	总经理	培训部	相关部门

培
训
体
系
构
建
分
析

培
训
体
系
构
建
与
试
用

调
整
推
广
培
训
体
系

开始

组织进行E-learning培
训体系构建条件分析

选择E-learning学习
平台与软硬件设施

设计与平台相匹配的
E-learning培训课程

审批 ← 在企业内部
选择试点项目

进行试用（选择课
程进行在线学习）

测定E-learning
培训实施效果

调整和完善
E-learning培训体系

推广E-learning
学习模式

结束

7.1.3 E-learning 培训课程的开发制作流程

实施阶段	总经理	培训部经理	培训部	相关部门
课程开发前期准备 制作课程 评价并定稿			开始 → 确定培训需求 → 确定E-learning培训课程设计目标 → 收集E-learning培训课程资料 → 开发并制作E-learning培训课程 → 将课程嵌入平台 → 组织进行在线课程效果评价 → 课程修改定稿 → 课程实施 → 结束	各部门沟通 / 提供信息 / 配合 / 课程试运行

审核（培训部经理，对应"确定E-learning培训课程设计目标"）

审核（培训部经理，对应"开发并制作E-learning培训课程"）

审核（培训部经理）→ 审批（总经理）（对应"课程修改定稿"）

7.1.4 E-learning 培训课程的外购流程

实施阶段	总经理	培训部经理	培训部
必要性分析			开始 → 外购E-learning培训课程必要性分析 → 制定外购E-learning培训课程选择标准
		审核	
筛选与评估			评估市面上的E-learning培训课程 → 确定所有符合标准的E-learning培训课程 → 找出所有符合E-learning培训课程标准的提供商 → 评估符合E-learning培训课程选择标准的提供商 → 报审选定的E-learning培训课程提供商
	审批	审核	
选定与谈判			进行E-learning培训课程采购谈判 → 签订E-learning培训课程采购合同 → 结束

7.1.5 E-learning 培训课程的评估流程

实施阶段	培训部经理	培训部	相关部门

成立评估小组

评估实施

撰写评估报告

开始

确定E-learning培训课程评估目的

成立E-learning培训课程评估小组

审核

确定E-learning培训课程评估范围

制定E-learning培训课程评估指标

审核

收集相关信息，进行课程评估

对E-learning培训课程评估提出建议

编写E-learning培训课程评估报告

资料存档保管

结束

7.1.6 E-learning 培训课程的评比流程

实施阶段	总经理	培训部经理	培训部	相关部门

制定评比方案

进行课程评比

公布名单

开始

成立E-learning培训课程评比委员会

审批 ← 审核 ← 制定E-learning培训课程评比方案 ← 各部门沟通

实施E-learning培训课程评比 ← 提供信息

审核 ← 整理E-learning培训课程评比结果 ← 配合

公布优秀E-learning培训课程名单

资料存档保管

结束

7.2 E-learning 培训管理的关键事项

7.2.1 E-learning 培训前的关键事项

一、E-learning 培训体系的构建

1. E-learning 培训体系构建原则

企业 E-learning 培训体系的构建，应遵循以下五项原则，具体内容如图 7-1 所示。

- （1） 应根据企业自身的特点和对E-Learning培训的需求
- （2） 应明确本企业E-Learning培训的定位，遵循长远规划、分步实施的原则
- （3） 体系的构建应充分考虑学员学习的便捷性、针对性和互动性
- （4） 应具有企业内部营销和推广意识，让员工认可和欢迎E-Learning培训
- （5） 应具有营运意识，不断建立和完善各项学习和管理制度

图 7-1 E-learning 培训体系的构建原则

2. E-learning 培训体系构建内容

企业 E-learning 培训体系是企业培训和员工学习的重要保证，它包括 E-learning 技术平台搭建、E-learning 内容体系建设和 E-learning 运营体系建设三个部分。

（1） E-learning 技术平台搭建

E-learning 技术平台是指企业 E-learning 系统所涉及的软硬件系统，包括 E-learning 平台系统和硬件环境系统。E-learning 技术平台搭建是建设企业 E-learning 体系的第一步，也是企业 E-learning 得以实施的技术保证。

（2） E-learning 内容体系建设

E-learning 内容体系建设是指企业 E-learning 系统的规划与建设，即课件库、媒体素材库、题库、案例库和网络课程等学习资源的规划与建设。E-learning 内容体系建设是企业 E-learning 体系的第二步。

构建 E-learning 内容体系模式如图 7-2 所示。

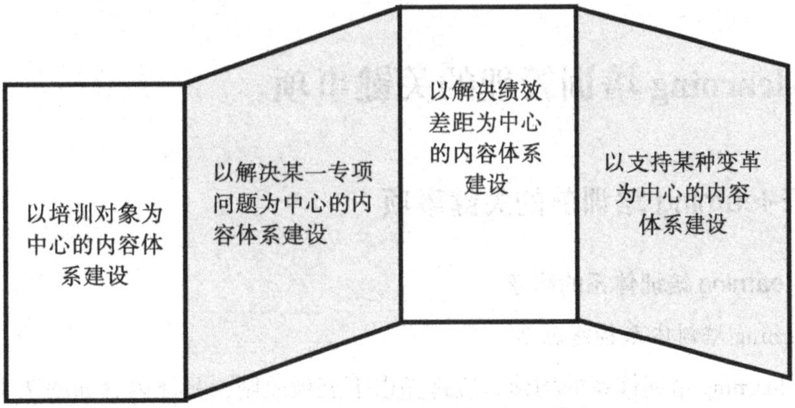

图 7-2　构建 E-learning 内容体系模式

（3）E-learning 运营体系建设

E-learning 运营体系建设是指对企业中负责 E-learning 系统运营和管理的人员或组织机构进行管理与协调。运营和管理的组织机构通常为企业的培训部或者是企业独立的网络学院、企业商学院等。

随着 E-learning 应用的深入开展，企业中的各级业务部门将成为 E-learning 应用的直接推动者和使用者，培训部的职责将转化为提供应用方法和支持服务，从培训职能向学习服务职能转变。E-learning 运营中相关部门的参与管理要点，如表 7-1 所示。

表 7-1　E-learning 运营中相关部门的参与管理要点

相关部门	参与管理要点
培训部	① 日常业务运营管理 ② 课程内容开发 ③ 项目运作及整体推动
技术部	① E-learning 系统运营、维护及升级 ② 提供人员技术支持
人力资源部	① 绩效管理接口 ② 监督管理
业务部	① 管理部门内部在线学习项目运作 ② 管理团队学习

二、E-learning 技术平台的搭建

E-learning 技术是指企业 E-learning 系统所涉及的软硬件系统，包括硬件环境（网络、服务器及其他硬件设备）和软件环境（LMS、KMS、VCS、OES）的架构设计、系统选型、系统安装、测试及试运行等。

1. 硬件系统建设

硬件环境建设是企业 E-learning 实施的前提，是指企业 E-learning 正常运行所需要的设备，包括服务器系统、多媒体系统及网络系统等。

服务器主要用于安装学习管理系统、数据库系统及存放各种学习资源。多媒体系统主要用于学习内容的制作和传输。

2. 软件系统建设

软件环境建设是指企业 E-learning 系统中的各类软件系统的建设，包括以下四项。

（1）操作系统软件和数据库软件。

（2）媒体服务软件和课件开发工具软件。

（3）学习管理系统软件 LMS。

（4）知识管理系统 KMS、虚拟教室系统 VCS、在线考试系统 OES、学习资源库及学习社区等软件系统。

3. 平台系统的组成

E-learning 平台系统的组成如图 7-3 所示。

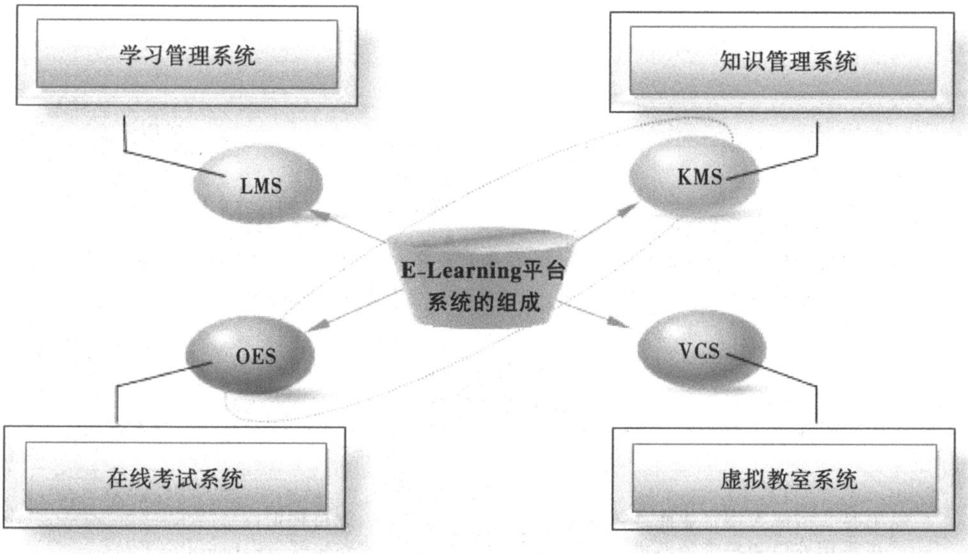

图 7-3　E-learning 平台系统的组成

（1）学习管理系统（LMS）

学习管理系统 LMS（Learning Management System），又称在线学习系统，是 E-learning 学习的基础管理系统。LMS 包括以下主要功能：管理教育培训流程；计划教育培训项目；管理资源、用户和学习内容；跟踪用户注册课程和学习过程数据管理；支持 SCORM 及

AICC 课件标准。

（2）知识管理系统（KMS）

知识管理系统 KMS（Knowledge Management System）是一套对知识管理活动的各个过程进行管理的软件系统。为提升企业的发展和竞争能力，KMS 通过建立技术和组织体系，对组织内外部的个人、团队进行以知识为核心的一系列管理活动，包括对知识的定义、获取、储存、学习、共享、转移和创新等。

（3）虚拟教室系统（VCS）

虚拟教室系统 VCS（Virtual Classroom System）是以建构主义理论为基础，基于互联网的同步教育模式。它能实现实时视频点播教学、视频广播教学、教学监控、多媒体备课与授课、多媒体个别化交互式网络学习、同步辅导、同步测试、疑难解析、BBS 讨论、远距离教学等功能。

（4）在线考试系统（OES）

在线考试系统 OES（Online Exam System），又称考试管理平台，是用来进行在线考试管理的一套软件系统。它利用计算机及相关网络技术，实现智能出题、智能组卷、智能考务、智能阅卷和智能统计等功能。

E-learning 平台建设的模式如图 7-4 所示。

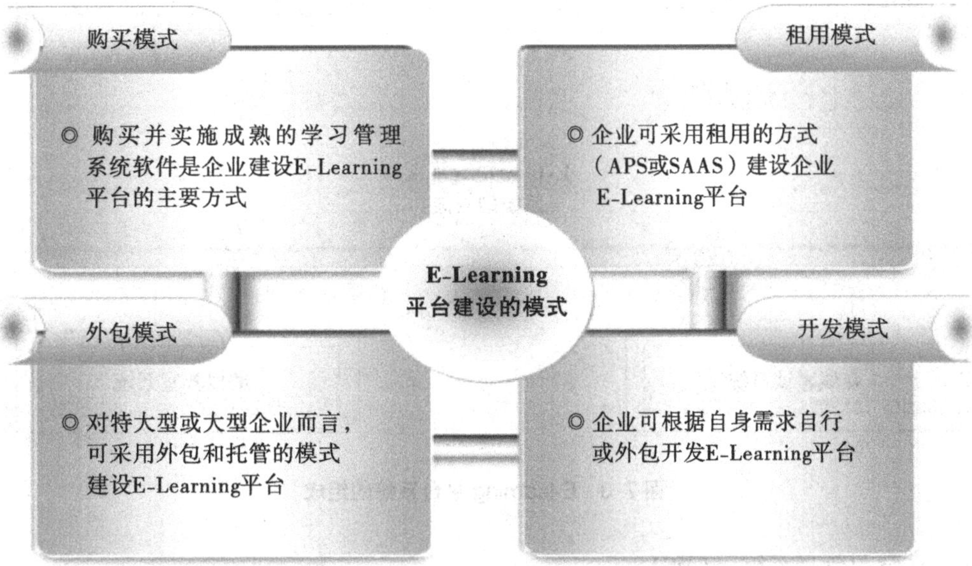

购买模式
◎ 购买并实施成熟的学习管理系统软件是企业建设E-Learning平台的主要方式

租用模式
◎ 企业可采用租用的方式（APS或SAAS）建设企业E-Learning平台

E-Learning 平台建设的模式

外包模式
◎ 对特大型或大型企业而言，可采用外包和托管的模式建设E-Learning平台

开发模式
◎ 企业可根据自身需求自行或外包开发E-Learning平台

图 7-4　E-learning 平台建设的模式

三、E-learning 系统的技术标准

1. AICC 标准

AICC（The Aviation Industry CBT Committee）即航空工业 CBT（计算机辅助培训）委员会，它是一个国际性的培训技术专业性组织。AICC 为航空业的发展、传送和 CBT 评价以及相关培训技术制定指导方针。AICC 最重要的贡献是制定出了许多通用的技术规范——AGRs（AICC Guidelines and Recommendations）系列规范。虽然 AICC 侧重于航空工业，但它多年来制定的标准与在教育方面的经验都可供其他领域借鉴。

目前，AICC 标准涉及教育技术的九个主要领域，从学习物件到学习管理系统，主要围绕 CMI（Computer Managed Instruction）系统的交互操作性提供了整体的规划，现已提交到 IEEE/LTSC 作为规范草案，并影响到各行业。

2. SCORM 标准

SCORM（Sharable Content Object Reference Model），即可共享内容参考模型或共享元件参照模式。

SCORM 定义了一个网络化学习的"内容聚合模型"（Content Aggregation Model）和学习对象的"运行环境"（Run- time Environment）。简单地说，它是为了满足对网络化学习内容的高水平要求而设计的。其目的是能够使课程从一个平台迁移到另一个平台，创建可供不同课程共享的、可重复使用的构件，并能够快速、准确地寻找课程素材。

SCORM 的演进由 SCORM 1.0、SCORM 1.1、SCORM 1.2 到 SCORM 2004。目前，最常见的是 SCORM 1.2 标准，其次是 SCORM 2004 标准。

SCORM 标准的四项功能如图 7-5 所示。

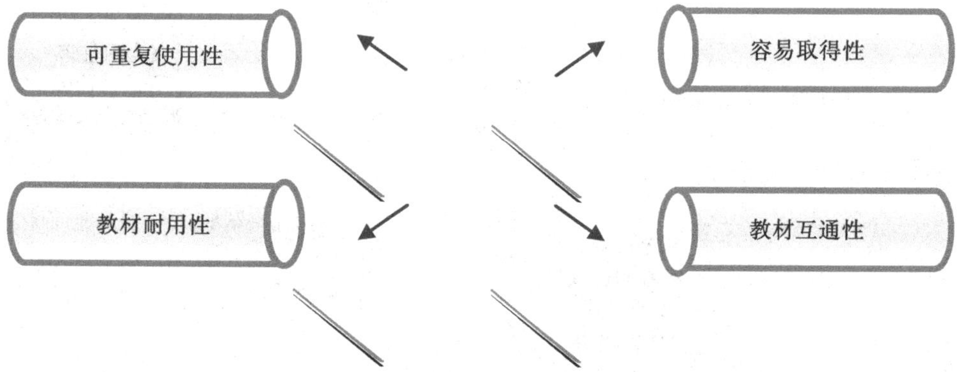

图 7-5　SCORM 标准的四项功能

（1）可重复使用性（Reusability）：同样的教材可以不去修改或经过稍微修改，即可在不同地方重复使用这份符合标准的教材，也可以轻易地合并教材用于其他系统，或其他

的教学内容。

（2）容易取得性（Accessibility）：学习人员可以很容易地通过 Internet 网络或局域网络存取教材，不受时间及空间的限制，能够轻易在本地或是远程端设备上读取课程的资讯或内容，以达到学习的目的。

（3）教材耐用性（Durability）：教材不会因为科技进步或标准异动而无法使用，它具有良好的耐用性。

（4）教材互通性（Interoperability）：由于设计 SCORM 教材时，都遵循了一个共同的标准，因此教材可在不同平台上使用，也可通过不同的工具重新编排。

四、E-learning 内容体系的建设

1. E-learning 内容体系设计

E-learning 内容体系设计包括课程库、资源库和知识库三部分内容。课程库包括按多种分类管理的在线课程资源；资源库包括测试题、案例故事、视频与音频、专题讨论区等学习资源，这些资源与课程库存在紧密的联系，既可作为资源或素材用于在线课程之中，也可与在线课程一同用于混合式培训项目之中；知识库包括数字化资源库、E 化图书馆、开放讨论区部门或个人博客等资源。

E-learning 内容体系设计如图 7-6 所示。

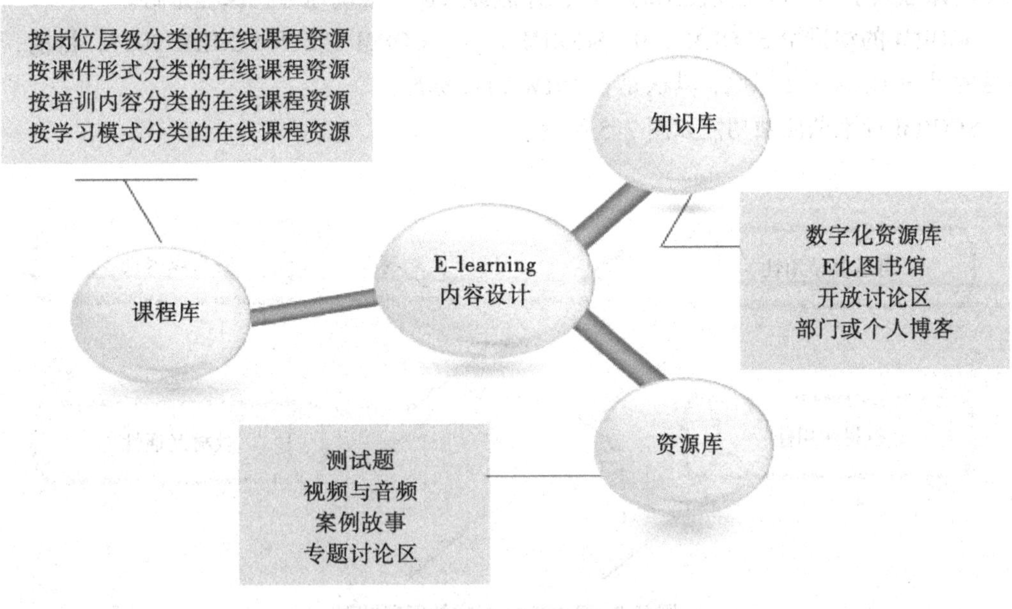

图 7-6 E-learning 内容体系设计

2. 正式学习内容的规划和创建

企业 E-learning 内容可分为正式学习内容和非正式学习内容两类。

正式学习内容的规划和建设，可称之为课程体系的创建。主要内容包括课程体系目录结构的创建和课程来源方式的确定。

（1）课程体系目录结构的分类方式

企业课程体系目录结构的创建方式可采用多种灵活的分类方式，一般的平台系统都支持多级的子类划分与按类别的全文检索。课程体系目录结构分类依据如图7-7所示。

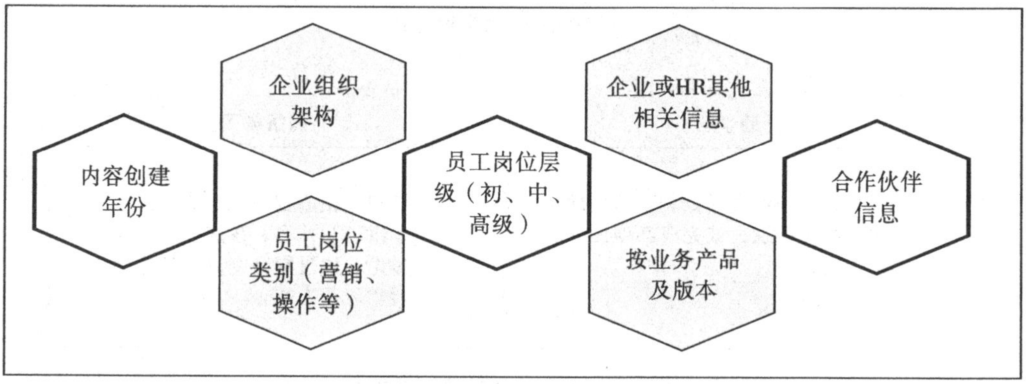

图7-7 课程体系目录结构分类依据

（2）确定课程主要来源

企业 E-learning 课件可分为标准化课程和个性化课程两类。标准化课程通常采用外购，如礼仪形象、办公技巧、沟通技巧、营销技巧、情绪管理、时间管理等职业素养类课程。E-learning 培训课件来源如图7-8所示。

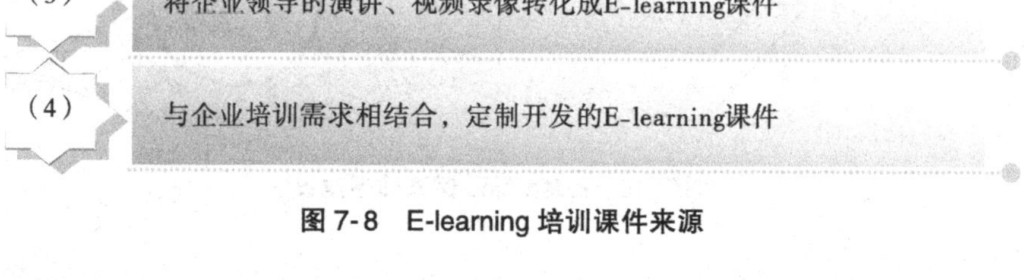

图7-8 E-learning 培训课件来源

3. 非正式学习内容的规划和创建

正式的学习内容仅能满足员工 20% 的知识和技能需求，剩下的 80% 的内容需要通过非正式学习方式获得。因此，企业应重视非正式学习内容的规划和创建。

非正式学习的实现方式如图 7-9 所示。

非正式学习的实现方式	
行动学习	**网络学习**
◎ 是指通过小组成员的相互帮助解决实践中的问题，或完成某项任务的学习方式	◎ 通过网络查找信息、参加兴趣小组、写博客、参加虚拟社区讨论、通过网络交流工具等进行学习的方式

图 7-9　非正式学习的实现方式

五、E-learning 运营体系的建设

E-learning 运营体系建设如图 7-10 所示。

第3阶段
巩固加强

第2阶段
在线学习

第1阶段
导入宣传

图 7-10　E-learning 运营体系建设

1. 导入宣传阶段

E-learning 培训是一种新型培训手段，员工从传统培训到 E-learning 培训的思想转变需要一个过程。在 E-learning 的导入宣传阶段，需要获得企业高层领导的支持，在高层领导的支持下大力宣传 E-learning 的优势，激发员工的学习热情。

2. 在线学习阶段

经过前期的宣传导入，E-learning 项目负责人指导员工按照培训需求设计 E-learning 课程模块和培训时间安排就某一模块进行学习。员工在线学习的同时需要彼此进行研讨，通过团队讨论、角色扮演、基于岗位的实践活动和反馈等方式，有针对性地将学习内容与实际问题相结合，找出解决问题的方案。

3. 巩固加强阶段

E-learning 的巩固加强阶段包括课程内容和技术两方面内容。

通过员工学习与实践的反馈，E-learning 项目负责人需要组织相关人员对原有课程进行改进，并根据现实需要，持续不断地开发新课程。

7.2.2　E-learning 培训中的关键事项

一、E-learning 培训课程的开发

1. 组建 E-learning 课程开发团队

课程开发是 E-learning 中最为核心的工作。E-learning 课程开发团队的组成人员如图 7-11 所示。

图 7-11　E-learning 课程开发团队的组成人员

（1）项目策划人员

项目策划人员是整个网络课程开发的总负责人，负责整个课程开发项目组的运行和管理。具体负责拟制整个项目组的开发计划、编制项目预算、协调授课专家与其他人员的关系、对网络课程整体策划进行汇总、提出网络课程基本样式、拟制网络课程策划书、跟踪

网络课程开发进度，并予以督促。

（2）美术设计人员

美术设计人员是网络课程中视觉效果的策划人和执行人，负责网络课程静态视觉效果和动态视觉效果的策划。

（3）数字内容工程师

数字内容工程师是把网络课程素材制作成课程的人员，也是网络课程的主要技术环节负责人。其负责参与网络课程策划、对网络课程样式的技术实现提出建议、完成网络课程的技术实现及维护网络课程。

（4）技术人员

技术人员负责后台技术支持工作、为网络课程的技术实现提供解决方案，开发网络课程相关工具、开发教育数据库与解决网络课程中新发现的技术问题。

（5）音像制作人员

音像制作人员负责对图形、图像进行剪辑处理、录入文字与进行摄像。

（6）授课专家

授课专家负责拟制内容教授计划、设计内容表现方法、撰写教学文档（包括教学内容、辅助学习材料、练习题、试题库等）、审定网络课程成品。

2. E-learning 培训课程体系设计

企业在设计 E-learning 培训课程体系时，应考虑以下五个方面的因素，具体内容如图 7- 12 所示。

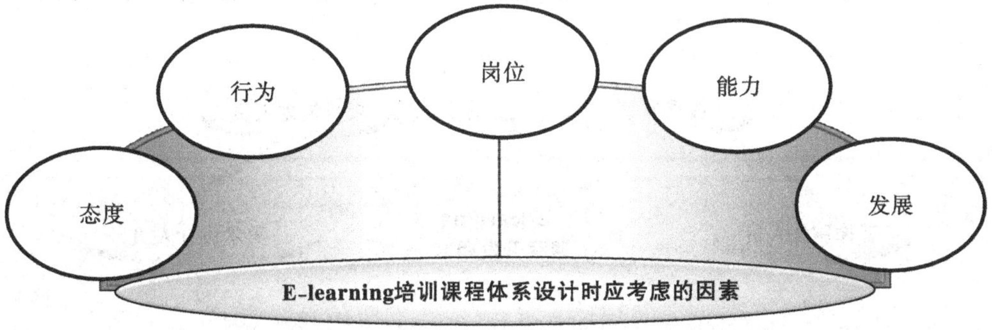

图 7- 12　E-learning 培训课程体系设计时应考虑的因素

态度：指员工的内心想法，并由此表现出来的行为。

行为：包括个人行为和组织行为两方面。个人行为指日常工作是否符合标准；组织行为指企业日常的行为准则，企业在设计课程时可从这两方面的角度进行设计。

岗位：指工作岗位所需要的知识、经验与技巧等。

能力：指员工所需要的学习、管理、沟通、协调等能力。

发展：包括个人职业发展和组织发展。个人职业发展指个人职业生涯规划需要对员工进行哪些培训；组织发展指组织的壮大需要对员工进行哪些培训。

3. E-learning 课程开发原则

E-learning 课程开发原则如图 7-13 所示。

"三要"
- ◎ 要结合员工需求
- ◎ 要搞好创意构思
- ◎ 要重视页面设计

"三不要"
- ◎ 不要只从教学的角度出发
- ◎ 不要过分追求形式而忽略内容
- ◎ 不要过于庞杂而缺少逻辑

图 7-13　E-learning 课程开发原则

4. 选择 E-learning 课程开发模型

（1）ISD 模型（教学系统设计模型）

ISD（Instructional System Design）模型是指以传播理论、学习理论、教学理论为基础，运用系统理论的观点和知识分析教学过程中存在的问题和需求，从而找出最佳答案的一种理论和方法，ISD 模型操作步骤如图 7-14 所示。

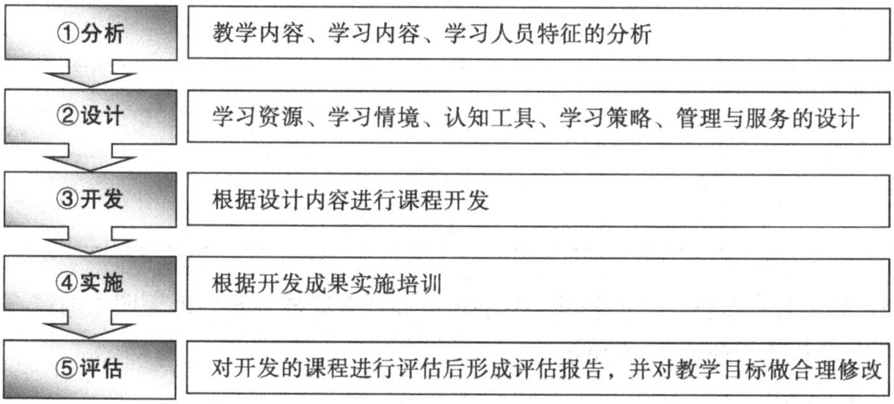

①分析	教学内容、学习内容、学习人员特征的分析
②设计	学习资源、学习情境、认知工具、学习策略、管理与服务的设计
③开发	根据设计内容进行课程开发
④实施	根据开发成果实施培训
⑤评估	对开发的课程进行评估后形成评估报告，并对教学目标做合理修改

图 7-14　ISD 模型操作步骤

（2）HPT 模型（绩效技术模型）

HPT（Human Performance Technology）模型是通过确定绩效差距设计出有效益和效率的干预措施，以获得所希望的人员绩效，是绩效改进的一种策略。

HPT 模型操作步骤如图 7-15 所示。

①绩效分析	是基于现状的分析，包括组织分析、岗位分析、环境分析等内容，通过对比实际工作绩效和期望工作绩效得出绩效差距
②原因分析	对产生绩效差距的原因进行具体分析，包括缺少的环境支持及缺少的行为
③设计和开发	是指提供绩效支持，包括职位分析、员工发展、组织交流、人力资源开发与财政系统等内容
④执行	包括管理改革、过程咨询、员工发展、通信、网络等建设内容
⑤评价	包括撰写评价和可行性评估等内容

图 7-15　HPT 模型操作步骤

（3）DACUM 模型（课程开发模型）

DACUM（Develop A Curriculum）模型是通过对任务或职业的分析来确定某一职业所要求的各种综合能力与相应专项技能的系统方法。

DACUM 表是由某一职业所要求的各种综合能力（任务领域）与相应的专业技能（单项任务）所组成的二维图表，它描述了专业课程开发的目标和从事该项职业必须满足的各项要求。其中，横向代表专项技能，纵向代表综合能力，具体内容如表 7-2 所示。

表 7-2　DACUM 表

A	A1	A2	A3	A4	……
B	B1	B2	B3	B4	……
C	C1	C2	C3	C4	……
D	D1	D2	D3	D4	……

DACUM 表包括名称、任务领域、单项任务和任务完成评定标准等四项内容。DACUM 法工作任务分析流程如图 7-16 所示。

（4）ADDIE 模型

ADDIE 模型是一套系统性的培训教学方法。其核心包含要学习什么（学习目标的制定）、如何去学（学习策略的运用）、如何判断学习人员的学习成效（学习评估的实施）等三方面内容。ADDIE 模型操作步骤如图 7-17 所示。

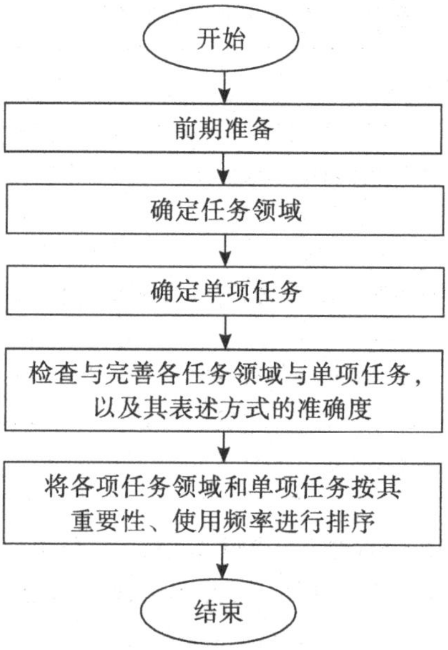
开始
前期准备
确定任务领域
确定单项任务
检查与完善各任务领域与单项任务，以及其表述方式的准确度
将各项任务领域和单项任务按其重要性、使用频率进行排序
结束

图 7-16　DACUM 法工作任务分析流程图

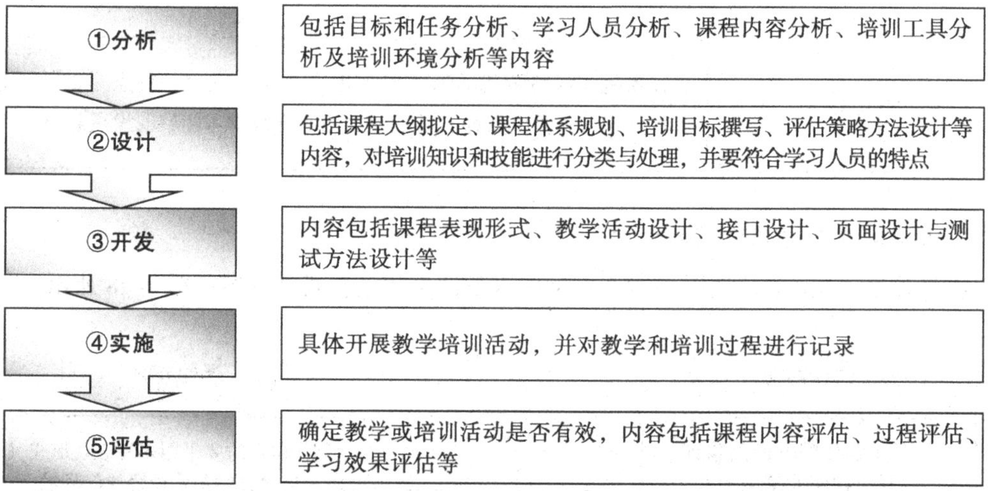
①分析
包括目标和任务分析、学习人员分析、课程内容分析、培训工具分析及培训环境分析等内容
②设计
包括课程大纲拟定、课程体系规划、培训目标撰写、评估策略方法设计等内容，对培训知识和技能进行分类与处理，并要符合学习人员的特点
③开发
内容包括课程表现形式、教学活动设计、接口设计、页面设计与测试方法设计等
④实施
具体开展教学培训活动，并对教学和培训过程进行记录
⑤评估
确定教学或培训活动是否有效，内容包括课程内容评估、过程评估、学习效果评估等

图 7-17　ADDIE 模型操作步骤

二、E-learning 培训课件的制作

1. 选择 E-learning 培训课件表现形式

E-learning 课件表现形式如表 7-3 所示。

表 7-3　E-learning 课件表现形式

课件表现形式	具体说明
HTML 多媒体类	基于 Web 浏览器学习的超文本形式课件，课件由以 HTML/XML 为标记语言的多种类型素材构成，如文本、图片、声音、动画等形式
音、视频类	适合网络传输的音、视频为课件主要表现形式。音、视频课件是将传统课堂、讲座等内容移植到网络上的最简单和有效的方式
三分屏类	三分屏课件是指将视频窗口、PPT 白板和章节导航同时出现在屏幕上的课件形式。三分屏课件较音、视频课件表现内容更丰富，是主流的课件模式
Flash 动画类	以 Flash 技术为表现形式的多媒体课件，内容呈现上多以动画形式为主。Flash 课件具有表现形式好、占用带宽小的特点，但开发成本较高
3D 仿真模拟类	3D 仿真模拟类课件用于讲解、展示复杂结构，以及仿真模拟各种操作类的培训，如机械构造、建筑构造讲解，或汽车、飞机的模拟驾驶等培训
游戏类	是以单机或网络游戏的形式表现出来的学习内容，特点是寓教于乐，可提升学习人员的兴趣，游戏化学习是在线学习领域的发展趋势

2. 培训课件制作需考虑的因素

在制作 E-learning 培训课件时，应考虑以下四个因素，具体内容如图 7-18 所示。

培训需求
即员工需要哪方面的培训就制作相应的培训内容

课件界面
制作课件时要采用多种表现形式，方便给学员营造轻松的环境

制作规范性
制作课件时须严格遵守课件制作的要求

技术规范
制作的课件须符合E-learning运营的技术要求，否则难以实施

图 7-18　制作 E-learning 培训课件需考虑的因素

3. 确定 E-learning 培训课件制作程序

E-learning 培训课件制作程序如图 7-19 所示。

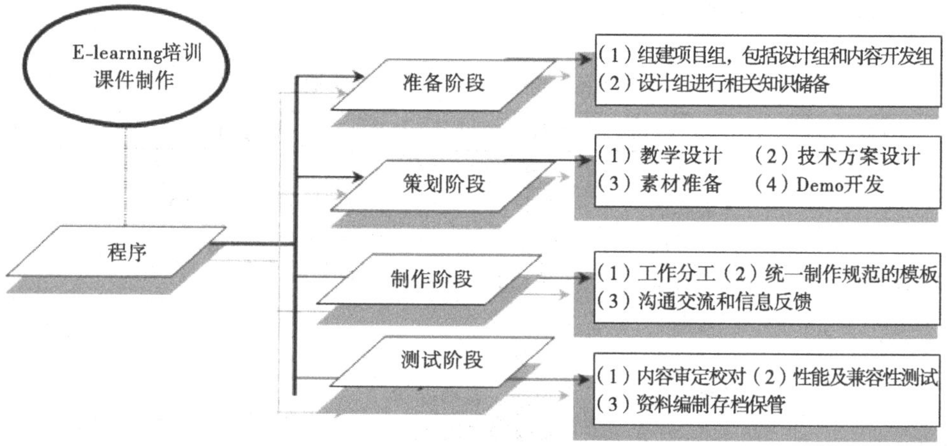

图 7-19 E-learning 培训课件制作程序

（1）准备阶段

E-learning 课件项目组包括设计开发组和内容开发组。设计开发组负责课程的教学设计、资源管理、美术设计，并提供技术支持；内容开发组负责课程素材的整理和提供，并指导、协助技术人员进行课程开发。

（2）策划阶段

教学设计是以获得优化的教学效果为目的，包括学习需求分析、内容框架设计及功能模块设计。

技术方案设计的基本依据是学习需求分析，在符合教学要求的前提下，技术方案应力求简单、有效，并具备一定的可扩展性，以应对在开发过程中不断出现的新要求。

在前期策划阶段应为课件准备初始素材，如开发职业礼仪的课件时，须收集有关着装、仪容仪表、待人接物等相关图片和资料。

（3）制作阶段

在课件开发制作阶段，须进行人员分工。确定项目经理人选，明确教学设计人员、设计制作人员和程序开发人员的任务和要求，并制定详细的开发进度表。

在开发制作阶段，项目组成员之间的交流和信息反馈是非常重要的，因为每一个课件的制作都需要经过方案设计、制作、反馈、方案修改、制作、定型等整个过程。

（4）测试阶段

在课件开发基本完成后，应编制完整的技术文档，如安装说明、用户使用帮助等资料，指导学员能够正确使用。此外，所有在课件开发过程中使用过的原始素材、中间文件、源程序、中间程序等都应存档保管，方便以后进行便捷、高效的修改或升级。

4. 制定 E-learning 课件制作模板

在进行 E-learning 课程制作模板设计时，应考虑学员的认知规律，实现课程内容模块化和课程制作规范化，确保达到动态交互性强、点面结合、重点难点突出的效果。

E-learning 课程制作模板如表 7-4 所示。

表 7-4 E-learning 课程制作模板

课程名称		课程编号		课程时间	__时__分~__时__分
课程制作细化					
课程总体背景制作	课程配色	突显商务风格，提倡使用深蓝色或白色			
	课程界面	简洁、友好，实现界面可点击控制			
	课程背景	采用简单的动画设计			
	其他				
课程内容制作	制作课程分支内容	文字内容制作			
		视频、音频添加			
		动画效果实现			
	制作课程导航系统	导航按钮设置			
		导航效果呈现			
	其他				
后期完善	课程调试	色彩、动画效果、音视频播放			
	课程分析	课程时间控制、课程播放流畅性控制、课程内容正确性控制			
	其他				

三、E-learning 培训课程的外购

1. 进行外购 E-learning 必要性分析

企业在制定外购 E-learning 课程决策时，须对外购 E-learning 课程进行必要性分析，力求节约 E-learning 课程采购成本。外购 E-learning 课程必要性分析如图 7-20 所示。

图 7-20 外购 E-learning 课程必要性分析

（1）采购成本分析

采购成本分析是指培训部自主开发 E-learning 课程成本与外购 E-learning 课程成本进行对比。若在满足企业培训需求的条件下，自主开发 E-learning 课程成本低于外购 E-learning 课程成本，则培训部门可自行开发 E-learning 课程；反之，则选择外购 E-learning 课程。

（2）培训效果分析

培训效果分析是指培训部门自主开发的 E-learning 课程与外购 E-learning 课程在员工培训效果上进行对比。若企业自主开发的 E-learning 课程能够满足员工的培训需求，且比外购 E-learning 课程更能提高员工的工作效率，则培训部门可自行开发 E-learning 课程；反之，则选择外购 E-learning 课程。

（3）时间要求分析

时间要求分析是指培训部门自主开发 E-learning 课程所用的时间与外购 E-learning 课程在满足培训时间要求上进行对比。若员工在某方面的技能迫切需要提高，而自主开发的 E-learning课程不能满足培训的时间要求时，一般会考虑外购 E-learning 课程。

（4）培训内容性质分析

培训内容性质分析是指培训的课程内容是否属于与企业生产经营有密切关系的知识或专有技术，若培训的 E-learning 课程内容属于与企业生产经营有密切关系的知识或专有技术的内容，则培训部门应组织企业内部相关部门自行开发 E-learning 课程；反之，则选择外购 E-learning 课程。

2. 制定 E-learning 课程选择标准

在制定 E-learning 课程选择时，应遵循以下五个标准，具体内容如图 7-21 所示。

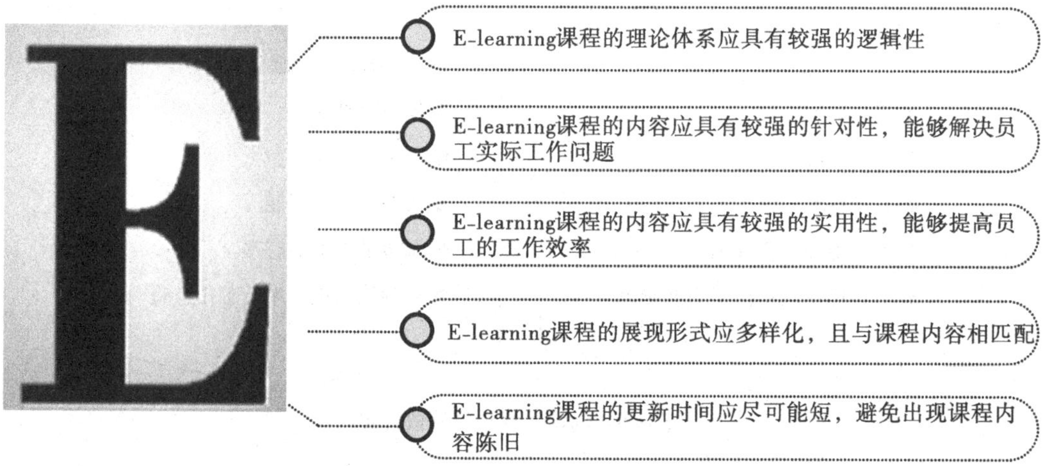

E-learning课程的理论体系应具有较强的逻辑性

E-learning课程的内容应具有较强的针对性，能够解决员工实际工作问题

E-learning课程的内容应具有较强的实用性，能够提高员工的工作效率

E-learning课程的展现形式应多样化，且与课程内容相匹配

E-learning课程的更新时间应尽可能短，避免出现课程内容陈旧

图 7-21　制定 E-learning 课程的五个标准

3. 评估市面上 E-learning 课程

在制定完成外购 E-learning 课程选择标准后，须收集市面上与企业外购课程类似或

相同的课程，并按照所制定的外购 E-learning 课程选择标准进行评估。企业在评估外购 E-learning 课程时，通常采用加权平均法，评估分值采用百分制，具体内容如表 7-5 所示。

表 7-5　外购 E-learning 课程评估表

课程名称		课程提供商名称	
指标名称	**所占权重**	**评估得分（分）**	
理论体系逻辑性	15%		
内容针对性	25%		
内容实用性	25%		
课程更新时间	15%		
课程展现形式	20%		
合计	100%		

　　确定出符合 E-learning 课程选择标准的课程提供商后，企业培训部门须对这些课程提供商进行详细的评估，保证所选择的 E-learning 课程提供商能够符合企业的各项要求，具体内容如图 7-22 所示。

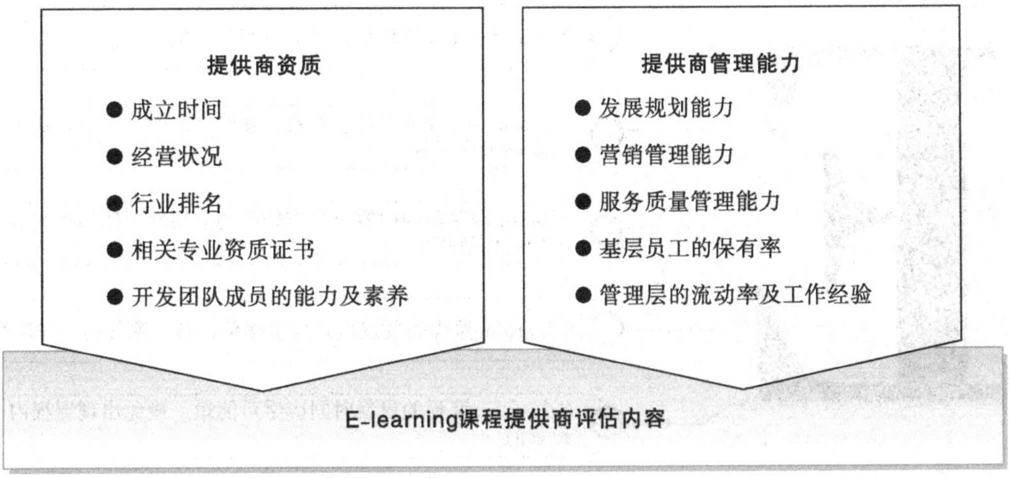

提供商资质

● 成立时间

● 经营状况

● 行业排名

● 相关专业资质证书

● 开发团队成员的能力及素养

提供商管理能力

● 发展规划能力

● 营销管理能力

● 服务质量管理能力

● 基层员工的保有率

● 管理层的流动率及工作经验

E-learning课程提供商评估内容

图 7-22　对 E-learning 课程提供商的评估内容

四、E-learning 培训的具体实施

1. 明确 E-learning 培训制约因素

E-learning 培训制约因素如图 7-23 所示。

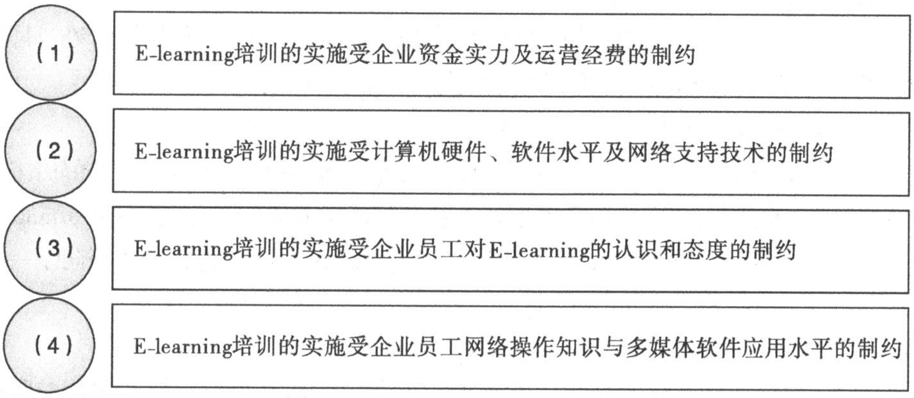

图 7-23　E-learning 培训制约因素

2. E-learning 培训认识误区

E-learning 培训容易陷入的认识误区如图 7-24 所示。

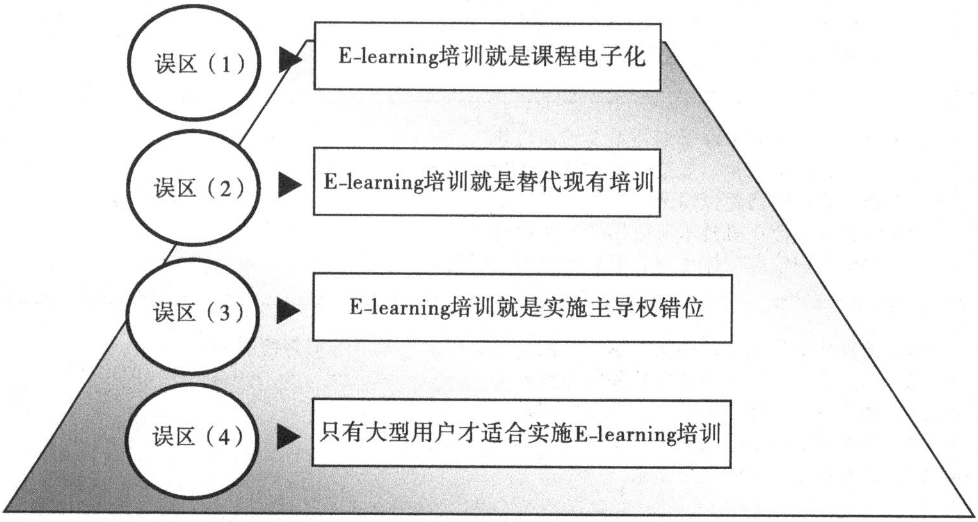

图 7-24　E-learning 培训容易陷入的认识误区

（1）E-learning 培训就是课程电子化

E-learning 并非简单地将课程电子化，它不是简单地将培训内容转化为电子版，学习管理平台也不是简单地安装系统和发布课程。无论是课程还是平台，都应以学员为导向，应充分考虑运用各种手段去满足学员的要求。

（2）E-learning 培训就是替代现有培训

E-learning 培训并不能完全取代面授培训，E-learning 与面授各有各的优势，只有将二者有机结合，才能产生更好的学习和培训效果。

（3）E-learning 培训就是实施主导权错位

企业的 E-learning 培训实施不是由需求部门主导，而是由 IT 或信息技术部门主导，导致了 E-learning 培训实施过于强调技术指标，从而忽略了其真正的目的。E-learning 是一个学习平台，也是一个学习体系，更是一种学习方式，因此，绝不能简单地等同于一个系统或技术。

（4）只有大型用户才适合实施 E-learning 培训

虽然 E-learning 培训实施主要集中在金融、石化、电信等用户，但在知识与网络经济时代，E-learning 培训必将成为一种流行的学习趋势。

3. 进行 E-learning 培训需求分析

E-learning 培训需求分析如图 7-25 所示。

可行性分析	（1）分析企业规模、资金实力，分析将来改变经营方向的可能性，分析企业可能的经营领域 （2）调查分析实施E-learning所需的资金，并考虑后期的成本问题 （3）计算建设或引进E-learning所需的费用 （4）计算组织E-learning的行政管理费用
内外部环境分析	（1）调查企业人力资源规划体系及培训现状 （2）分析企业标准化、规范化程度及整体管理水平 （3）调查企业网络建设情况 （4）调查企业计算机技术及应用的普及程度 （5）对员工职位发展体系与薪酬激励政策进行调查
员工个人分析	（1）调查分析员工年龄结构、学历结构、职能层次与学习习惯等情况 （2）调查员工计算机及应用软件的操作能力 （3）调查员工参加E-learning培训的态度 （4）调查分析员工个人的工作绩效 （5）调查员工个人的发展需求

图 7-25　E-learning 培训需求分析

4. 做好 E-learning 培训实施准备

企业实施 E-learning 培训前，应做好以下五项准备工作。

（1）根据学员规模、课程特点分析数据流量，选择购买合适的服务器；根据稳定性、可靠性的要求选择不同档次的计算机硬件设备，并考虑数据存储与备份的必要性。

（2）搭建网络学习平台，购买网络通讯设施，联系网络运营商。

（3）选择购买合适的应用软件，并考虑软件的兼容性。

（4）充分利用现有的课件资源。

（5）上述软硬件条件具备之后，须聘用专业的网络技术人员。

5. 实施 E-learning 培训

（1）学员提交培训申请

学员提出相关项目的培训申请，由服务器处理接收到的信息，再通过显示器向培训讲师和学员提供所需要的培训内容。

（2）选择 E-learning 培训模式

E-learning 培训模式包括直接交互授课和网上自主学习两类，两者各自的优缺点比较如表7-6所示。

表7-6　直接交互授课和网上自主学习的比较

E-learning 培训模式	内容	优点	缺点
直接交互授课	授课与学习可异地同步进行	现场感强，师生可通过网络进行交流，并可及时解决学习过程中存在的问题	成本高，对设备、通讯线路的稳定性及技术服务要求较高
网上自主学习	通过 Internet 或企业专网点播网上课程，可实现异地培训	非常灵活，是企业网络学习的主要方式	解决问题具有滞后性

（3）生成试卷、自动评分及网上评估

学员每次参加完在线课程培训后，培训部门应对学员的培训效果进行即时评价。

（4）建立学员的培训成绩档案与培训历史记录

学员答完题后，若考试合格，则可进入下一阶段的培训；若考试不合格，则需要重新接受相同课程的培训，直到考试合格为止。同时，E-learning 系统应对每一位学员的培训成绩与培训历史都做详细的记录。

7.2.3 E-learning 培训后的关键事项

一、E-learning 培训效果评估

E-learning 培训效果评估指标如表 7-7 所示。

表 7-7 E-learning 培训效果评估指标

目标层	评估层级	评估事项	评估指标
E-learning 培训效果评估	反应层评估	课程内容	课程内容的丰富性
			课程内容的准确性
			表现形式的多样性
			资料难易程度和逻辑性
		操作友好性	网上系统功能是否齐全
			网上系统操作是否简便
			上网方便程度；网络宽带速度
		LMS 系统	课程是否包含讨论和回馈的问题
			学员上线及离线的合作互动情况
			在课程中组织研究小组进行互动的情况
			是否能够实现网上成绩查询和答案公布
	学习层评估	知识与技能提升	是否能学到的系统性知识
			是否有利于学员技能提升
	行为层评估	与传统培训相比	是否能学到比传统培训更多的知识
	结果层评估	是否能够提高学员的工作效率	
		是否能够解决学员实际工作中的问题	
		培训成本相比传统培训降低的程度	
		学员在一定时期内取得的生产经营或技术管理方面的业绩情况	

二、E-learning 培训课程评估

1. 确定培训课程评估内容

E-learning 培训课程评估内容如表 7-8 所示。

表 7-8　E-learning 培训课程评估内容

评估内容	具体说明
课程目标	课程目标应表述确切，并符合员工的现实需求与未来发展需求导向，且可以通过该课程目标提出课程考核标准和考核方式
课程内容	课程内容应从广度和深度上紧密围绕课程目标进行设计，并符合员工的实际工作环境和工作任务的需要
引起注意和兴趣的维持	课程教学中使用的相关策略与所教授的内容要相关，且能有效地引导和维持员工的注意和学习兴趣
引出相关知识	课程教学中应使用适合于引出员工的有关知识的策略，以帮助员工回忆相关知识
案例应用	在课程教学中，应充分恰当地应用案例，以提高课程质量
课后练习	课后练习是指与课程目标紧密相关的实践活动，且这些实践活动能够帮助员工整合他们所学到的内容
媒体运用	课程教学中持续使用的媒体与学习内容要相关，并可提高学习效果和课程的互动性
提供教学帮助	课程应提供适当的教学帮助和指导，且与课程内容紧密相连
学习评价	课程中应包含学习评价，且评价可靠、真实

2. 编制培训课程评估方案

以下为 E-learning 培训课程评估方案的案例，供读者参考。

方案名称	E-learning 培训课程评估方案	版 本 号	
		编制日期	

为提高企业 E-learning 培训课程的评估效率、降低 E-learning 培训课程评估成本，特制定本方案。
本方案适用于企业 E-learning 培训课程的评估，包括外购 E-learning 课程和自主开发的 E-learning 课程。

一、成立评估小组

在进行 E-learning 课程评估时，企业须成立专门的评估小组，该小组成员的组成及其主要职责如下所示。

1. 成员组成

E-learning 课程评估小组成员由培训总监、培训部经理、培训主管、外部专家、培训专员与企业各职能部门的负责人组成，由培训总监担任该小组组长。

2. 主要职责

E-learning 课程评估小组主要职责有以下五个方面。

（1）制定 E-learning 课程评估指标。

（2）收集员工对 E-learning 课程的意见。

（3）具体实施 E-learning 课程评估。

（4）撰写 E-learning 课程评估报告。

（5）提出 E-learning 课程调整和完善建议。

（续）

二、制定 E-learning 课程评估指标

E-learning 课程评估指标如下表所示。

E-learning 课程评估指标

评估 指标名称	指标标准及分值				得分
	1分	2分	3分	4分	
课程目标 实现程度	少数课程目标得以实现，但多数课程目标未达到课程要求，实施效果与课程目标有较大差异	勉强完成课程大纲所设定的课程目标，但实施效果与课程目标存在一定的差异	基本达成了课程目标，部分目标根据实际情况有所调整，课程目标总体达成，且质量较高	完全达成了课程大纲所设定的课程目标，部分课程目标甚至超过了预期课程目标	__分
课程内容	大部分课程内容的针对性和实用性较差，且课程内容难度不适宜	大部分课程内容具有一定的针对性和实用性，但课程内容难度不适宜	课程内容的针对性和实用性较高，但课程内容难度适宜性一般	课程内容的针对性和实用性都较强，且课程内容难度适宜	__分
引起注意和兴趣的维持	课程教学设计中未使用任何策略，未起到引起员工的注意和维持其学习兴趣的作用	课程教学设计中使用了相关策略，但这些策略与课程内容无关，分散了员工的注意力	课程教学设计中使用的策略与所教授的内容相关，但无法引起或维持员工的注意力和学习兴趣	课程教学设计中使用的策略与所教授的内容相关，且可以引起并维持员工的注意力和学习兴趣	__分
引出 相关知识	课程未使用引起员工对有关知识的回忆或提供给员工相关的策略	在课程中虽然使用了引起员工对有关知识的回忆或提供相关经验与策略，但在某些情况下，这些策略可能不适合员工	课程中使用了很少的策略以引起员工对有关知识的回忆，或者提供给员工很少的相关工作经验，但其中部分工作经验不适合员工	课程中使用了能够引起员工对有关知识的回忆或提供与学习相关的经验与策略，且这些策略非常适合员工	__分

(续)

(续表)

评估指标名称	指标标准及分值				得分
	1分	2分	3分	4分	
案例应用	很少使用案例或完全未使用案例	使用了少量案例，但难以满足课程需要	在需要使用案例的地方才使用案例	在整个课程过程中，充分使用了案例	__分
课后练习	未提供任何课后实践练习	提供的课后实践练习与课程目标，或课程内容不相关	提供了与课程目标和课程内容相关的课后实践练习，但这些实践练习有部分与课程目标和内容不一致	提供了与课程目标和内容一致的课后实践练习，这些实践练习能够较好地巩固所学内容	__分
媒体运用	在课程中未使用任何媒体	在课程中使用了媒体，但媒体要素与课程内容无关。	在课程中使用了某些有用的媒体要素，但使用不协调	在课程中持续使用的媒体与课程内容紧密相关，并可提高学习效果	__分
提供学习指导	在课程中未提供任何学习指导	在课程中提供的学习指导不适合课程目标和内容	在课程中提供了适当的学习指导，大多数与课程内容联系紧密，且在一定程度上能够减少员工的学习困难	在课程中提供了适当的学习指导，且与课程目标和内容紧密联系，能够排除员工的学习困难	__分
学习评价	课程没有任何学习评价	课程有学习评价，但这些学习评价缺少有效性和可靠性	课程有学习评价，虽然这些学习评价具有可靠性，但缺少有效性	课程有学习评价，且这些学习评价具有有效性和可靠性	__分

（续）

（续表）

评估指标名称	指标标准及分值				得分
	1分	2分	3分	4分	
员工满意度	员工调查问卷表明，员工对课程非常满意和比较满意的比例低于50%，且非常不满意的比例高于10%	员工调查问卷表明，50%以上的员工对课程非常满意和比较满意，非常不满意的比例不高于10%	员工调查问卷表明，75%以上的员工对课程非常满意和比较满意，非常不满意的比例不高于5%	员工调查问卷表明，90%以上的员工对课程非常满意和比较满意，非常不满意的比例不高于2%	__分
合计					
备注	课程合计得分达到35分（含35分）及其以上的为优秀 课程合计得分高于30分，且低于35分（含30分、不含35分）的为良好 课程合计得分高于25分，且低于30分（含25分、不含30分）的为合格 课程合计得分低于25分（不含25分）的为不合格				

三、进行 E-learning 课程评估

1. 收集员工信息

评估小组根据 E-learning 课程评估指标编写 E-learning 课程调查问卷，并收集员工对企业 E-learning 课程的评价信息与课程满意度，方便辅助 E-learning 课程评估。

2. E-learning 课程评估实施

评估小组须对每门 E-learning 课程进行评估打分，评估小组成员打分的平均值为所评估课程的得分。

四、E-learning 课程评估报告

在评估工作完成后，评估小组组长须编写 E-learning 课程评估报告，并报总经理审批。E-learning 课程评估报告内容包括以下五个方面。

1. E-learning 课程开发评估的目的与范围界定。

2. E-learning 课程开发评估实施组织与相关职责。

3. E-learning 课程评估结果概述。

4. E-learning 课程存在的问题。

5. E-learning 课程的调整与改善建议。

五、相关文件与记录

1. E-learning 课程学员意见如下表所示。

（续）

E-learning 课程学员意见表

E-learning 课程编号		E-learning 课程名称	
员工姓名		工作岗位	

学员对课程内容的意见
（1）E-learning 课程内容能否满足现实工作需要？
（2）E-learning 课程内容编排的合理性和逻辑性如何？
（3）E-learning 课程内容的广度和深度如何？
（4）E-learning 课程案例丰富的程度，以及与课程内容结合的紧密程度如何？

学员对 E-learning 课程的展现形式和互动性的意见
（1）E-learning 课程展现形式与课程内容的相符程度？
（2）E-learning 课程培训的互动性如何？

学员对 E-learning 课程课时的意见
1. E-learning 课程的讲授进度是否适宜？
2. E-learning 课程课时时间是否适宜？

学员对 E-learning 课程的其他意见
1. 您认为本次 E-learning 课程中哪部分内容讲解得比较透彻，哪部分内容仍需补充或细化？
2. 您认为本次 E-learning 课程中哪部分内容您最受启发，最能引起兴趣和思考？
3. 通过本次 E-learning 课程，您对哪些问题获得了答案，同时又产生了哪些疑惑？
4. 对本次 E-learning 课程，您有什么好的建议和意见？

　2. E-learning 课程评估报告（略）。

修改说明		修改人	
		修改日期	

7.3 E-learning 培训运营的管理工具

7.3.1 E-learning 培训预算编制办法

办法名称	E-learning 培训预算编制办法		编　号	
			受控状态	
执行部门		监督部门	编修部门	

第1章　总则

第1条　目的

为规范 E-learning 培训预算的管理、提高 E-learning 培训预算的使用率，特制定本办法。

第2条　适用范围

本办法适用于企业 E-learning 培训预算的编制工作。

第3条　管理职责

1. 培训部负责 E-learning 培训费用预算管理工作。

2. 财务部负责审核并监督 E-learning 培训费用的使用。

第2章　E-learning 培训预算管理

第4条　收集与培训相关的各类数据

培训部负责收集与培训相关的各类数据，包括培训有效期、学员数量、学员进行 E-learning 培训所需要的学习时间、学员的平均日工资等信息。

1. E-learning 培训费用预算是在培训有效期内进行计算的。任何一项培训都不可能永远地持续下去，培训总有一定的有效期，有效期是由技术发展、课程内容，以及商业需求等因素决定的。

2. 在 E-learning 培训过程中，课程开发费用不会受到学员数量的影响。

3. 确定学员进行 E-learning 培训所需要的学习时间时，一般按照面授培训所需时间的 50% 来估算平均值。

4. 计算学员平均日工资时要考虑各种福利和假期。

第5条　确定课程设计与开发费用

1. E-learning 课程设计与开发费用和学员数量无关，一门课程开发出来后可供多人学习。

2. 课程设计与开发费用=总课时数×每课时的开发费用。每课时的课程设计与开发平均费用要根据课程内容的设计开发难度与使用者的要求而定。总课时数一般按面授时间的 50% 估算。

第6条　确定培训实施费用

1. E-learning 培训减少了传统培训中的差旅费、食宿费与场地费，在一定程度上也减少了学习资料费。

2. 在实施 E-learning 培训过程中，所产生的费用主要是学员在培训期间的工资和机会成本两部分。

3. 培训期间的工资总额=学员日平均工资×培训天数。

（续）

4. 机会成本是指由于培训而导致机会丧失从而失去的收入或增加的成本。

第7条 确定培训管理和维护费用

1. 与传统培训相比，E-learning 培训为企业节省了大量的人力、物力与时间成本。

2. E-learning 培训管理和维护费用包括硬件和软件的购买与升级维护费用、对学员进行技术支持的费用，以及课程更新和维护费用。

第8条 编制 E-learning 培训费用预算

E-learning 培训费用=培训课程的设计与开发费用+培训课程的实施费用+培训课程的管理和维护费用。E-learning培训费用预算如下表所示。

E-learning 培训费用预算表

费用项目	费用明细	费用预算	备注
培训课程的设计与开发	设计与开发课程的费用	元	
培训课程的实施	学员在培训期间的工资	元	
	机会成本	元	
培训课程的管理和维护	购买和维护设备的费用	元	
	课程更新和维护的费用	元	
	对学员进行技术支持的费用	元	
合计			

第3章 附则

第9条 本办法由培训部制定，培训部保留对本办法的解释和修订权。

第10条 本办法自颁布之日起生效。

编制日期		审核日期		批准日期	
修改标记		修改处数		修改日期	

7.3.2 E-learning 课程制作说明书

文书名称	E-learning 课程制作说明书	受控状态	
		编　号	

一、课程制作基本信息

课程名称：在线学习指导。

制作人员：任××。

制作日期：2017 年 11 月 20 日。

（续）

二、课程开发目的和效果预期

1. 课程开发目的

企业在线学习平台即将开放，让学习人员掌握在线学习平台的使用流程，以最大限度地发挥在线学习平台的作用。

2. 课程实施预期效果

（1）减少因不会使用而导致在线学习无法顺利实施的发生次数。

（2）学习人员能够熟练掌握在线学习平台的使用方法。

三、课程学习目标和对象

1. 课程学习目标

（1）学习人员掌握课程的申请与取消的方法。

（2）学习人员掌握课程进度管理的操作方法。

（3）学习人员掌握课程资源查找和使用的方法。

2. 课程学习对象

企业内所有正式员工。

四、课程学习时间

课程学习时间为 75 分钟，学习人员可根据自己的需要选择学习内容。

五、课程学习内容

本课程学习内容概要如下表所示。

课程学习内容概要

学习内容	学习内容细化说明
在线学习平台简介	平台构建目的 平台服务项目 平台提供课程的类型
如何使用本学习平台	学习如何登录 学习如何申请课程和取消课程 学习如何顺利学习完一门课程 学习怎样利用平台的"讨论天地"进行课程内容讨论 学习怎样利用平台资料库查找自己所需的内容 学习怎样进行课程学习的测试和结业认证 学习怎样处理课程学习过程中遇到的问题

六、课程学习内容设计

1. 课程开发流程。（略）

2. 课程开发内容要求。

（续）

课程开发内容阐述应简单、易懂、有趣，并增加互动环节。					

七、课程评价

课程上线三个月后进行问卷调查，若调查问卷满意度评分达到 85 分以上（满分为 100 分），则认为本课程开发成功。

八、课程宣传

1. 通过企业向正式员工发送电子邮件，推荐其登录在线学习平台时点击查看本课程。

2. 在在线学习平台的显著位置建立本课程的链接。

3. 在在线学习平台的界面中通过放大、动画等形式吸引在线学习人员学习本课程。

九、附录

本课程的主要画面。（略）

编制人员		审核人员		批准人员	
编制日期		审核日期		批准日期	

7.3.3　E-learning 培训课程运行管理办法

办法名称	E-learning 培训课程运行管理办法		编　　号	
			受控状态	
执行部门		监督部门	编修部门	

第1章　总则

第1条　目的

为有效管理企业的 E-learning 课程，提高 E-learning 课程的培训效果，特制定本办法。

第2条　适用范围

本办法适用于企业 E-learning 培训课程运行的管理工作。

第3条　术语解释

本办法中所指的 E-learning 课程包括外购的 E-learning 课程、自行开发的 E-learning 课程、合作开发的 E-learning 课程，以及委托开发的 E-learning 课程。

第4条　管理职责

1. 培训部职责

（1）负责外购 E-learning 课程及外购 E-learning 课程课件的上传工作。

（2）开发企业所需要的特殊 E-learning 课程，并对所开发的课程进行报审和课件上传工作。

（3）为员工分配学习账号、密码，并通知学员按时参加培训。

（4）及时更新和完善 E-learning 课程课件与相应的题库。

（5）指导学员进行在线学习和考试考评工作。

（续）

2. 学员职责

（1）在规定时间内学习完毕所分配的课程，并充分掌握课程内容。

（2）课程学习结束后，及时登录 E-learning 课程题库进行综合练习。

（3）按时参加必修课考试，并及时提交学习心得。

第 2 章　E-learning 课程外购管理

第 5 条　E-learning 课程外购条件

E-learning 课程外购条件有以下两个。

1. 自行开发成本高于外购成本，且自行开发的课程培训效果与外购培训课程没有较大差异时，可外购 E-learning 课程。

2. 员工在某方面的技能需要迫切提高，而培训部自行开发的 E-learning 课程不能满足培训时间要求时，则可考虑外购 E-learning 课程。

第 6 条　E-learning 课程外购申请与审批。

培训部将符合外购的 E-learning 课程条件的课程名单列举出来，并及时（两个工作日内）投报总监审核、总经理审批。

第 7 条　E-learning 课程外购实施

培训部根据外购 E-learning 课程名称选择合适的 E-learning 课程提供商，并向其发送课程询价函。

根据询价函的反馈信息，选择出符合企业报价要求的 E-learning 课程提供商，并与之进行合同谈判，双方就购买条件达成一致，签订 E-learning 课程购买合同。

第 3 章　E-learning 课程开发管理

第 8 条　E-learning 课程自行开发条件

E-learning 课程自行开发条件有以下两个。

1. 自行开发的 E-learning 课程能够满足员工的培训需求，且比外购 E-learning 课程更能提高员工工作效率时，培训部可自行开发 E-learning 课程。

2. 培训的 E-learning 课程内容属于与企业生产经营有密切关系的知识或专有技术的内容，培训部须组织企业内部相关部门自行开发 E-learning 课程。

第 9 条　E-learning 课程开发方式

培训部根据课程内容决定 E-learning 课程开发方式，具体规定有以下两项。

1. 自行开发

若 E-learning 课程内容涉及企业文化或与企业生产经营有密切关系的知识或专有技术，则培训部须自行开发 E-learning 课程。

2. 合作开发或委托开发

若 E-learning 课程内容未涉及企业文化或与企业生产经营无密切关系的知识或专有技术，则培训部可根据与外部培训机构和高校进行合作开发，或直接委托其开发，在达成合作意向后，培训部经理代表企业与其签订合作开发合同或委托开发合同。

第 10 条　E-learning 课程开发控制

1. E-learning 课程自行开发和合作开发控制

（续）

在自行开发与合作开发 E-learning 课程的过程中，培训部须组织企业相关人员和外部专家定期对所开发的课程进行评估，避免出现问题，从而影响课程质量。

2. E-learning 课程委托开发控制

在 E-learning 课程的委托开发过程中，培训部应指定专人对委托开发机构进行监控和跟踪，避免其所开发的课程出现问题。在必要时，培训部也可以聘请外部专家对委托开发课程进行控制和跟踪。

第 4 章　E-learning 课程上传与更新管理

第 11 条　E-learning 课程上传管理

1. E-learning 课程上传时间管理

（1）外购 E-learning 课程上传时间

培训部应按照 E-learning 课程采购合同规定的时间，及时向 E-learning 课程提供商催要培训课程教材和课件。对验收合格的外购 E-learning 课程课件，培训部应在两个工作日内上传到企业的学习管理平台，并及时通过 OA 发布上传通知。

（2）开发 E-learning 课程上传时间

对企业组织开发的 E-learning 课程（包括自行开发 E-learning 课程、合作开发 E-learning 课程和委托开发 E-learning 课程），开发完毕后，培训部应组织相关人员进行验收。验收合格后，培训部须在三个工作日内将所开发 E-learning 课程课件上传至企业学习管理平台，并及时通过 OA 发布上传通知。

2. 上传权限管理

企业所有的 E-learning 课程课件上传权限归培训主管和培训部经理指定的培训专员所有，其他人员一律没有 E-learning 课程课件上传权限。培训主管负责编写 E-learning 课程课件上传要求与其他注意事项，培训专员辅助培训主管上传 E-learning 课程课件与其他相关资料。

第 12 条　E-learning 课程更新管理

1. 外购 E-learning 课程更新管理

对外购 E-learning 课程的更新管理，应根据企业与课程提供商签订的 E-learning 课程采购合同的规定，培训部要求其定期提供更新的 E-learning 课程。

2. 自行开发 E-learning 课程更新管理

企业规定自行开发的 E-learning 课程更新时间为六个月，其开始时间从 E-learning 课程上传至企业学习管理平台日开始计算。

3. 合作开发和委托开发 E-learning 课程更新管理

对合作开发和委托开发 E-learning 课程的更新管理，应根据企业与外部培训计划和高校签订的合作开发合同或委托开发合同的规定，培训部要求其定期提供更新的 E-learning 课程。

第 5 章　E-learning 课程实施效果管理

第 13 条　培训部与各部门经理共同设定必修课程，所有参加必修课培训的员工在学习期限内必须完成学习，并须通过考试。考试合格的员工将获得该课程的全部学分；考试不合格的员工可进行一次补考，补考通过后获得一半学分。

第 14 条　员工可根据个人兴趣和岗位工作需要自行选择选修课程，选修课程不进行统一考试，员工在学完选修课程后，只需向培训部提交一篇学习心得即可，培训部择优在企业 E-learning 学习管

（续）

理平台上发表。

第 15 条　员工须定期参加培训部或本部门组织的学习经验分享活动。

第 16 条　培训部须每月查询并公布培训学习进度，并根据实际情况反馈至员工本人，以保证正常的培训进度。

第 17 条　每季度学习结束后，培训部按照批次评选优秀学员，以获得学分为基准，学习经验分享表现为参考，给予优秀学员奖励。

第 18 条　若员工在学习期限内必修课程的补考未通过，将取消其全年培训资格。

第 6 章　附则

第 19 条　本办法由培训部制定，培训部保留对本办法的解释和修订权。

第 20 条　本办法自颁布之日起生效。

编制日期		审核日期		批准日期	
修改标记		修改处数		修改日期	

7.3.4　E-learning 培训课程质量评估办法

办法名称	E-learning 培训课程质量评估办法		编　号	
			受控状态	
执行部门		监督部门	编修部门	

第 1 章　总则

第 1 条　目的

为验证培训课程质量、及时找出培训课程中存在的不足，并采取针对性的改进措施，以保证培训效果，特制定本办法。

第 2 条　适用范围

本办法适用于企业 E-learning 课程质量评估的管理工作。

第 2 章　E-learning 课程质量评估管理

第 3 条　评估组织管理

1. 培训课程质量评估专家组。企业组织成立由培训部经理、培训对象代表，以及具有丰富授课经验的内外部专家等相关人员组成的培训课程质量评估专家组负责培训课程质量验收工作。培训课程质量评估专家组成员的基本要求有以下两点。

（1）工作要严肃认真，一丝不苟，坚持实事求是，秉公办事。

（2）能够按时参加评议活动，完成课程质量检查任务，对各自负责的检查项目可提出自己的看法，并提交书面材料。

（续）

2. 培训部负责完成培训课程质量评估所需资料的收集、评估工作的组织实施，以及与培训课程开发单位的沟通与协调等工作。

第4条 评估对象

通过招标方式委托外部培训课程开发单位所开发的培训课程。

第5条 培训课程质量评估内容

培训课程质量评估内容如下表所示。

培训课程质量评估内容

评估内容	分值	评分标准			
		目标标准	完全达到	基本达到	未达到
课程目标定位	10分	目标定位合理，准确地体现了培养目标	10分	6分	0分
课程内容框架	15分	课程内容框架的层次清晰，内容突出重点	15分	9分	0分
课程涵盖知识点	15分	课程所涉及的知识点全面，包含的内容丰富	15分	9分	0分
课程内容符合客观需求情况	20分	课程内容具有系统性、先进性与科学性，能够将理论与实际有机结合	20分	12分	0分
培训教材的选用	10分	选用优秀的培训教材或具有高水平的自编教材，能够满足教学需要	10分	6分	0分
授课方法	5分	能够采用具有启发性的、行之有效的教学方法，使讲师与学员之间能够实现良好的互动	5分	3分	0分
教学方法	5分	能够配合教学需要，充分运用多媒体、网络教学等现代化手段进行培训	5分	3分	0分
课堂测试	5分	测试命题符合大纲要求，具有很强的思考性与启发性，难度适宜	5分	3分	0分
课程试讲效果	15分	完全达到课程开发目标，学员对培训课程的评价较高	15分	9分	0分

第6条 评估工作程序

1. 培训课程质量评估专家组须明确课程质量评估的指导思想、目的、要求和任务，讨论并制订课程测评工作计划。

2. 培训课程质量评估专家组须审阅课程开发单位提供的课程评估自评报告与相关开发资料。

3. 培训课程开发单位须做课程开发工作汇报。

4. 培训课程质量评估专家组对课程质量进行评议，按照培训课程的评估内容逐项打分，得出评

（续）

估结论，并提出课程质量改进的建议。

5. 培训部负责与培训课程开发单位交换意见，培训课程开发单位依据评估专家组的意见对培训课程进行修改或调整。

第 7 条　评估等级划分

培训课程质量评估可分为优秀、良好、合格、不合格四个等级，具体内容如下表所示。

培训课程质量评估等级表

序号	等级	分数
1	优秀	评估得分＞90 分
2	良好	75 分＜评估得分≤90 分
3	合格	60 分＜评估得分≤75 分
4	不合格	评估得分≤60 分

第 8 条　评估结果应用

1. 培训课程评估结果为优秀的，企业将评估结果记入培训课程开发单位的档案，作为企业委托开发培训课程的优先选择单位。

2. 培训课程评估结果不合格的，由企业培训课程质量评估专家组提出修改建议，培训课程开发单位依照建议进行修改和完善，直至培训课程评估结果合格为止。

第 3 章　附则

第 9 条　本办法由培训部制定，培训部保留对本办法的解释和修订权。

第 10 条　本办法自颁布之日起生效。

编制日期		审核日期		批准日期	
修改标记		修改处数		修改日期	

第8章

脱岗外派培训运营体系

8.1 脱岗外派培训运营的管理流程

8.1.1 员工脱岗的培训流程

实施阶段	总经理	培训部经理	培训部	受训员工	培训机构

8.1.2　员工外派的培训流程

实施阶段	总经理	培训部	财务部	相关部门负责人

员工外派培训申请 · 员工外派培训安排 · 培训总结与内化

开始

根据企业经营状况及各部门业务需要，提出员工外派申请

接受申请并根据企业相关制度及全年培训费用进行审核

通过　否 → 与当事人进行沟通

是

根据实际情况编写员工外派培训方案 → 审批

联系外派学习地点，并了解相关费用

编制员工外派培训费用预算表　｜　接到培训费用支付通知后按时付款

与当事人签订培训协议　｜　通知当事人签订培训协议

对员工培训过程进行监督　｜　安排当事人培训后的日常工作

对员工外派培训效果进行评估，并进行内化跟踪

结束

8.1.3 员工出国的培训流程

实施阶段	培训部	行政部	财务部	出国受训员工

出国前培训准备

开始

确定出国培训人员名单

与培训渠道签订协议

与出国培训人员签订协议 → 为出国培训人员办理护照、签证，并订机票 ┄┄ 配合

组织安排国内预培训 → 参加培训

出国培训

办理资助手续 → 换汇 → 员工出国培训

监督 ┄┄ 完成培训

回国总结

培训总结

审批 ← 提交员工出国培训总结报告

办理核销手续

结束

8.1.4 培训机构的选择流程

实施阶段	总经理	培训部经理	培训部	培训机构
进行询价			开始 ↓ 收集培训机构信息 ↓ 向培训机构发送询价函	接收询价函 ↓ 提交培训课程方案及价格
选择候选培训机构	审批	审核 审核	选择候选机构 综合评价候选机构 确定候选机构 接洽、谈判 确定培训机构	接洽、谈判
确定培训机构			签订培训服务合同 ↓ 监督、评价 ↓ 结束	培训服务

8.2 脱岗外派培训前的关键事项与工具

8.2.1 培训申请审批

1. 培训申请

（1）个人培训申请

企业员工可根据个人培训需求或自身工作需要，向企业提出个人外派培训申请，须填写"个人外派培训申请表"，具体内容如表8-1所示。

表8-1 个人外派培训申请表

个人情况	申请人		工作岗位		职称	
	学历		专业		入职日期	___年__月_日
申请理由						
培训情况	培训名称					
	主办单位					
	培训课程					
	培训日期	___年__月__日~___年__月__日，总计___课时				
	培训地点					
经费预算	差旅费	___元				
	餐饮费	___元				
	住宿费	___元				
	课程费	___元				
	合计	___元				
培训期工作安排						
其他说明						
会审意见	部门意见			签字： 日期：___年__月__日		
	培训部意见			签字： 日期：___年__月__日		

会审意见	财务部意见		签字： 日期：___年__月__日
	总经理意见		签字： 日期：___年__月__日

（2）外派培训推荐

企业可根据自身发展需求，推荐专业技能或其他方面表现出色的员工参加外派培训项目。外派培训推荐表如表8-2所示。

表8-2 外派培训推荐表

推荐情况	推荐部门		推荐人选		职称	
	学历		专业		入职日期	___年_月_日
推荐理由						
培训情况	培训项目					
	培训机构					
	主要课程					
	培训日期	___年_月_日~___年_月_日，总计___课时				
	培训地点					
培训期工作安排						
培训经费说明						
其他说明						
审核	部门经理意见			签字： 日期：___年_月_日		
	培训部经理意见			签字： 日期：___年_月_日		
	财务部经理意见			签字： 日期：___年_月_日		
	总经理意见			签字： 日期：___年_月_日		

（3）学历教育申请

学历教育申请表如表8-3所示。

表8-3 学历教育申请表

编号：　　　　　　　　　　　　　　　　　　　　　填表日期：___年__月__日

申请人		所属部门		工作岗位	
原学历		原专业		毕业院校	
申请学历		申请专业		申请院校	
学历形式	□自考学历　　□成考学历　　□函授学历　　□远程学历　　□其他				
学习起止日期	___年__月__日至___年__月__日				
费用预算	① 学费：___元 ② 杂费：___元（包含：交通费___元，住宿费___元，其他费用___元）				
申请理由					
部门经理意见				签字： 日期：___年__月__日	
人力资源部意见				签字： 日期：___年__月__日	
总经理意见				签字： 日期：___年__月__日	

（4）出国培训申请

出国培训申请表如表8-4所示。

表8-4 出国培训申请表

申请人：　　　　　　　　　职称：　　　　　　　　填表日期：___年__月__日

培训日期	培训自___年__月__日~___年__月__日		备注	
	往返大约需要___天			
	本次培训总共需要___天			
培训地点	国别		城市	备注
	具体地点			
培训内容				

（续表）

培训费用	机票费	___元	住宿费	___元	培训费	___元
	餐饮费	___元	交通费	___元	其他费用	___元
	合计	___元		预支费用	___元	

主管部门意见	上级领导	签字： 日期：___年__月__日
	人力资源部	签字： 日期：___年__月__日
	财务部	签字： 日期：___年__月__日
	总经理	签字： 日期：___年__月__日

2. 培训申请审核

企业培训部根据外派培训申请材料，对申请人员的个人资料、培训项目情况、培训经费进行调查，并确定培训申请的必要性和有效性。表8-5为外派培训申请审核标准。

表8-5　外派培训申请审核标准

甄选项目	因素	标准	是	否
候选人员个人资料	个人资历	相关资料是否真实可靠		
		是否满足企业规定的工作年限		
		有无重大过失、不良记录		
	个人品质	是否具有较强的工作责任心、对企业是否忠诚		
	语言能力	是否具有学习新语言、理解外国语言文化的能力		
	环境适应能力	对新的人际关系、外国文化是否敏感		
	工作技能	是否具有人际交往的能力		
		是否熟悉外国经营方式和经营理念		
企业人才需求		所申请的培训是否符合企业的培训原则		
		企业是否需要进一步开发此类人才		
培训项目	项目类型	与候选人员的培训需求是否相符		
	培训内容	是否符合候选人员的自身条件		
		与候选人员现有技术水平的差距是否很大		

（续表）

甄选项目	因素	标准	是	否
培训经费	实施此类培训所需费用总和	所需培训费用是否在企业培训预算范围内		

8.2.2　签订培训协议

1. 培训合同

培训合同范例如表8-6所示。

表8-6　培训合同范例

姓名		职称		所在部门	
入职日期	___年__月__日		申请日期	___年__月__日	
培训课程			培训机构		
培训日期	___年__月__日		培训地点		
培训内容		培训讲师		交通方式	
工作年限					

　　为提高岗位技能，本人自愿申请参加上述机构举办的培训。本人愿遵守企业的《员工脱岗外派培训管理制度》，如因个人原因未完成培训或培训不合格，同意赔偿企业所支付的培训相关费用；培训结束后，本人愿意为企业继续服务；本人愿将培训资料交至培训部，并愿意在企业内部对相关人员进行再培训。

申请人：　　　　　　　　　　　　　　　　　申请日期：___年__月__日

培训费用			
项目支出	预算费用	实际支出费用	备注
培训费			
资料费			
住宿费			
餐饮费			
交通费			
其他费用			
合计			

（续表）

审核审批			
项目	部门经理	培训部	总经理
初核			
复核			
培训结果			
项目	已提交	未提交	备注
培训资料			
评估报告			
心得体会			
证书			
分享再培训			
本内容由培训部根据培训实际情况填写			

备注：
(1) 受训人员须遵守企业的《员工脱岗外派培训管理制度》
(2) 培训实际发生费用由培训部根据受训人员提交的票据填写
(3) 本合同由培训部存档保管，作为受训人员报销财务费用的凭证

2. 培训协议

文书名称	培训协议	受控状态	
		编　号	

文件编号：
甲方（企业）：＿＿＿＿＿＿＿＿＿＿＿＿＿＿＿＿＿＿＿。
乙方（受训员工）：＿＿＿＿＿＿＿＿＿＿＿＿＿＿＿＿＿。
经乙方本人申请，甲方审核同意，由甲方出资，选派乙方到＿＿（本市、非本市）参加＿＿培训，自＿＿年＿月＿日至＿＿年＿月＿日止，学习期限为＿＿年（天）。
培训性质：□脱岗学习　□半脱岗学习　□非学历培训　□学历培训
甲乙双方协商一致、平等自愿签订本协议，内容如下。
一、培训缴费类型（两项只选其一）
1. 培训费由乙方先行支付，培训结束后，按甲方的《培训管理制度》和本协议约定，凭相关证书或证件与发票按比例报销培训费，乙方应按约定的规定期限继续为甲方服务。
2. 培训费由甲方统一支付，培训结束后，按甲方的《培训管理制度》和本协议约定，乙方应为甲方服务满规定期限。

（续）

二、工作安排、工资及福利待遇

乙方在培训期间的工作安排、工资及福利待遇按《培训管理制度》相关规定执行。

三、学习要求

乙方在培训期间，应严格保守企业机密，遵纪守法，虚心学习先进经验和技术，圆满完成培训任务。

四、纪律要求

乙方在培训期间，除应遵守培训单位的各项规章制度外，还应遵守甲方的所有规定。

五、垫付费用处理

由乙方先行支付培训费的，培训期间无论因何原因使双方解除劳动合同，甲方不再有报销乙方学成之后培训费的义务。

六、培训总结

乙方培训学习结束返回工作岗位后的两周内，须向甲方提交培训报告作为企业内部培训材料，并有义务对本部门相关岗位的其他员工进行培训。

七、乙方完成学业后

1. 乙方应取得_____证书。

2. 若乙方未能取得证书，由乙方先行支付培训费的，甲方不予报销；由甲方统一支付培训费的，甲方有权从乙方工资中扣除。乙方因培训所占的工作时间按企业的《培训管理制度》的相关规定执行。

八、服务期限约定

1. 由甲方统一支付非学历培训费的，乙方应为甲方服务满____月，自____年__月__日至____年__月__日。

2. 乙方完成学历培训后由甲方报销培训费的，按学位证书记录的取得学位之日起计算为甲方服务年限。按企业的《培训管理制度》约定，乙方应为甲方服务满____年，自____年__月__日至____年__月__日。

九、培训费报销、费用递减约定

1. 非学历培训

由甲方统一支付培训费的，培训费用按乙方服务期限月数分摊，服务期限每满一个月递减一个月费用。

2. 学历培训

（1）乙方完成学业后凭____学位证书、毕业论文、学费发票及本协议到甲方备案后，甲方一次性为乙方报销培训费。

（2）报销比例为培训费的：□60%；□80%；□××%。

（3）报销金额为____元。

（4）乙方服务期限满一年递减所报培训费的____%；乙方服务期限满两年递减所报培训费的____%；乙方服务期限满三年递减所报培训费的____%。

3. 其他需要双方约定的相关事项。

十、违约责任

甲方为乙方支付或报销培训费后，无论因何原因乙方未能为甲方工作达到本协议约定期限的，按下列规定执行。

（续）

1. 由于乙方原因提前解除劳动合同的，从乙方离职之日起计算，乙方须支付未满服务期应所应支付的违约金。

2. 乙方因违反甲方管理规章制度被辞退、开除的，或在合同期内擅自离职的，除应支付未满服务期限之违约金额为补偿外，还应赔偿未满服务期给甲方造成的经济损失，每月为____元。

3. 除上述两条所列原因外，其他原因使乙方未能为甲方工作达到约定期限而提前与甲方解除劳动合同的，从解除劳动合同之日起计算乙方未满服务期应支付的违约金。

注："培训费用"是指报销凭证所列项目的相关金额。

十一、其他事项

本协议为劳动合同附件。本协议未尽事宜，甲乙双方应友好协商解决，若不能达成共识，则可到当地劳动仲裁委员会申请仲裁。

本协议自甲乙双方签字之日起生效。本协议一式两份，甲乙双方各持一份。

甲方：   乙方：

盖章：   盖章：

日期：____年__月__日   日期：____年__月__日

编制人员		审核人员		批准人员	
编制日期		审核日期		批准日期	

3. 外派培训服务协议

文书名称	外派培训服务协议	受控状态	
		编　号	

甲方（企业）：_____。

乙方（受训员工）：_____。

为进一步提高员工素质，促进企业持续发展和员工个人职业生涯发展，甲方选派乙方到____培训地点参加____培训，经甲乙双方协商一致，达成如下协议。

一、学习期限

1. 自____年__月__日至____年__月__日，共计____天。

2. 乙方在培训期间算作出勤。

二、培训性质

本次培训为（□ 公派培训　□ 个人申请外派培训）。

三、培训纪律要求

乙方在培训期间应严格保守企业机密，遵守培训机构相关规章制度和纪律，刻苦学习，努力达成培训目标，并在培训结束后在本企业举办汇报讲座。

（续）

四、培训费

1. 培训费包括：乙方在培训期间的报名费、课程费、签证费、食宿费和交通费。培训费由甲方统一支付，培训结束后，乙方应为甲方服务满规定期限。

2. 培训期间，乙方工资按原工资标准的____%发放。

3. 预计外费用，甲方承担____%，乙方承担____%。

五、培训成果

1. 乙方在培训结束时，要保证达到以下水平与要求。

（1）取得培训机构颁发的成绩单、相关证书及证明材料。

（2）达到甲方提出的其他学习目标与要求。

2. 若乙方在培训结束后，未能达到上述培训要求，则甲方有权按一定比例从乙方工资中扣除所支付的培训费。

六、服务期限及违约赔偿标准

1. 培训费在____元以上的，乙方应为甲方服务满____年；乙方未为甲方服务满____年的，乙方按服务期等分出资金额，乙方须按已履行的服务期限递减支付。

2. 培训费在____元以下的，乙方应为甲方服务满____年；乙方未为甲方服务满____年的，乙方按服务期等分出资金额，乙方须按已履行的服务期限递减支付。

七、违约责任

甲方为乙方支付培训费后，无论因何原因乙方未能为甲方工作达到本协议约定期限，应按以下标准执行。

1. 因乙方原因提前解除劳动合同，从乙方须支付从离职之日起计算未满服务期所应支付的违约金。

2. 因违反甲方管理规章制度被辞退、开除的，或乙方在合同期内擅自离职的，除应支付未满服务期的违约金额作为补偿外，还应赔偿乙方因未满服务期给甲方造成的经济损失，每月为____元。

3. 培训过程中，乙方自行提出中止培训、解除劳动合同或擅自更改培训内容的，乙方须向甲方赔偿全部培训费的____%。

八、其他约定

1. 有下列情形之一的，甲方有权要求乙方退还由甲方承担的相关费用与银行同期贷款利息。

（1）因乙方违反有关规定被参训机构或学校除名的。

（2）乙方严重违反国家法律法规或违反甲方相关规定，在培训期满之前被甲方辞退或开除的。

（3）因乙方违反法律规定或违反双方所签劳动合同约定而解除劳动关系的。

（4）未经甲方核准，乙方擅自中途退出培训的。

2. 本协议为劳动合同附件。本协议未尽事宜，甲乙双方应友好协商解决，若不能达成共识，则可到当地仲裁委员会申请仲裁。

甲方（盖章）：_____　　　　　乙方（签字）：_____

法定代表人签字：_____

日期：____年__月__日　　　　　　　　　　日期：____年__月__日

编制人员		审核人员		批准人员	
编制日期		审核日期		批准日期	

4. 学历教育培训协议

文书名称	学历教育培训协议	受控状态	
		编　号	

根据工作需要，_____企业（以下简称甲方）同意____同志（以下简称乙方）在_____（学校专业）参加后续学历教育，经双方友好协商签订本协议，并作为劳动合同附件，双方共同遵照执行。

第1条　基本约定

1. 参加学历教育的员工应以自学为主，不得影响正常的工作。

2. 参加学历教育的员工不得中途自行转学或转专业，不得中途退学，否则不予报销学费。

3. 学费完全由员工个人承担的，不受本协议限制。

第2条　学历教育培训考勤管理

1. 员工经企业批准后参加有关学校的面授学习可视为正常出勤；若面授期间遇节假日，则可视为休息。

2. 员工在正常工作时间未经批准参加有关学校的面授学习，按旷工处理，并不予报销住宿费和交通费。

第3条　学历教育资料归档

员工学历教育毕业（结业）后，应持以下两种资料原件到培训部备案。

1. 招生报名登记表、入学通知书、毕业生登记表、毕业生学习成绩单与毕业证书。

2. 取得学位的包括：申请学位评定书、论文题目、答辩委员会名单、学位委员会推荐资料与学校委员会所授予的学位证书。

第4条　学费报销规定

1. 参加国家教育部统考的员工（包括大专、专升本、硕士、博士），学历教育毕业后凭学历证书或学位证书，以及有效发票一次性申报费用，具体报销额度如下表所示。

学费报销比例

序号	证书取得情况	报销比例
（1）	学历证书与学位证书齐全	70%
（2）	只有学位证书，无学历证书	40%
（3）	只有学历证书，无学位证书	30%
（4）	无学历证书和学位证书	不予报销

2. 参加自学考试，凭学历证书或单科结业证书，以及有效发票全额报销学习费用，学习期间享受在职员工的各项福利待遇。

第5条　杂费报销规定

1. 员工到本市以外有关学校参加面授学习的，企业只管报销乘坐火车硬座和普通客车的车票；市内只报销往返公交车费。在学习期间确需住宿的，每天报销××元住宿费。

2. 员工学习期间参加有关学校面授的住宿费和交通费的报销，凭发放的毕业证为准，一次性按以上标准报销。

（续）

第6条　服务年限及违约规定

员工取得学位证书，企业给予报销费用时，须与企业签订培训协议，明确其在企业的服务年限，具体内容如下表所示。

服务年限及违约赔偿

学历	服务年限	违约赔偿规定
大学专科	2年	提前办理离职手续者，全额退还企业所报销费用
大学本科	3年	（1）服务两年以上不足三年离职者，退还企业所报销费用的50% （2）不足两年离职者，全额退还企业所报销费用
硕士研究生	4年	（1）服务三年以上不足四年离职者，退还企业所报销费用的50% （2）不足三年离职者，全额退还企业所报销费用
博士研究生	5年	（1）服务三年以上不足五年离职者，退还企业所报销费用的50% （2）不足三年离职者，全额退还企业所报销费用

第7条　本协议一式两份，经甲乙双方签字之日起生效。

甲方（盖章）：_____　　　　　乙方（签字）：

法定代表人签字：_____

日期：____年__月__日　　　　　　　　　日期：____年__月__日

编制人员		审核人员		批准人员	
编制日期		审核日期		批准日期	

8.2.3　选择培训机构

1. 培训机构资质评估

培训机构资质评估如表8-7所示。

表 8-7　培训机构资质评估表

培训机构名称			所在地区		
主营业务			成立日期	___年__月__日	
评估事项					
序号	评估事项	具体说明		分值	得分
1	师资情况	是否有固定的师资队伍		10分	__分
		讲师的经历背景和业务能力		10分	__分
		讲师是否稳定		10分	__分
		是否具备丰富的教学经验和扎实的专业知识		10分	__分
2	教材和课程设置	教材是否标准化		10分	__分
		课程内容是否能够与时俱进		10分	__分
		课程设置是否灵活、科学		10分	__分
		课程内容是否具有可操作性		10分	__分
3	机构规模	是否是品牌培训机构		5分	__分
4	教学条件	教学设施是否配套齐全		5分	__分
5	后续服务	培训结束后是否具有针对性的后续服务		5分	__分
6	客户反馈	该培训机构是否具有良好的口碑		5分	__分
合计					__分
结论					
是否选择该培训机构？如选择，请简要说明原因： 　　　　　　　　　　　　　　　　　　　　　建议人签字： 　　　　　　　　　　　　　　　　　　　　　日期：___年__月__日					
审批					
是否同意参加该培训机构主办的课程，并说明原因： 　　　　　　　　　　　　　　　　　　　　　培训部签字： 　　　　　　　　　　　　　　　　　　　　　日期：___年__月__日					

2. 培训机构评比

培训机构评比如表 8-8 所示。

表8-8 培训机构评比表

评比项目	培训机构 A					培训机构 B					培训机构 C					培训机构 D				
	5	4	3	2	1	5	4	3	2	1	5	4	3	2	1	5	4	3	2	1
师资力量																				
授课方式																				
授课时间																				
教学服务																				
教学质量																				
优惠措施																				

备注："5"表示非常满意；"4"表示满意；"3"表示基本满意；"2"表示不满意；"1"表示"很不满意"。

3. 培训机构选择方案

方案名称	培训机构选择方案	版 本 号	
		编制日期	

一、制定培训机构选择标准

本企业选择培训机构的标准有以下八点。

1. 具有良好的企业信誉。

2. 具有足够的培训资源。

3. 具有不低于六年的培训经验。

4. 专注于本行业。

5. 具有完善的课程运作体系。

6. 具有完善的讲师管理体系。

7. 在曾经服务过的企业中具有良好的口碑。

8. 近三年的年平均营业收入不少于 300 万元。

二、收集培训机构信息

培训部负责收集各培训机构的资料，并进行分类、汇总，建立培训机构档案。具体的信息收集事项和说明如下表所示。

培训机构信息收集事项和说明

事项	事项说明
信息收集对象	包括管理咨询公司、大学、培训公司和管理顾问等
信息收集渠道	包括专业报纸、杂志、网络和他人推荐等
信息收集内容	包括培训机构简介、培训机构信誉、培训课程种类、培训师构成、收费标准、已接受过该培训机构服务的客户评价等

（续）

三、发送询价函	

三、发送询价函

1. 培训部根据企业年度培训计划确定培训机构，并形成外购课程汇总表。

2. 培训部负责向培训机构发送询价函，并要求培训机构提供培训课程实施方案和大纲。

四、确定候选培训机构

培训部负责对培训机构进行资格评审，从中选择2~3家候选培训机构。培训部在选择候选培训机构时，须了解的事项有以下六项。

1. 检查培训机构教材的资料来源、版权、语言水平、教材内容是否符合企业培训的要求。

2. 了解授课培训师的情况，包括教育背景、工作经历和培训授课经验等，其是否具有培训资格证书。

3. 了解培训机构是否有详细的课程管理时间安排表，包括课程准备、培训材料撰写、培训课程实施与课后总结等。

4. 了解培训地点、食宿、交通、教学设备等是否符合企业的培训要求。

5. 了解培训费用及其支付方式。

6. 了解培训机构的课程种类与教学水平，分析本课程能否最终提升员工的工作表现。

五、评估培训机构综合能力

培训部组织成立培训机构评审小组，小组成员包括培训部人员、受训部门相关人员与内部讲师。评审小组负责对候选机构进行综合能力评估，评估内容包括培训机构的规模、企业文化、师资能力与培训服务能力等。

六、选定培训合作机构

培训部根据综合能力评估结果确定最终的合作培训机构，报总经理审批通过后，同该培训机构就具体合作细节进行商谈，最终签订培训合同。

修改说明		修改人	
		修改日期	

8.2.4 外派培训通知

外派培训通知如表8-9所示。

表8-9 外派培训通知

外派培训通知

尊敬的____先生/女士：

　　培训部已为您报名参加____（时间）____（课程）。请注意如下安排。

　　1. 举办单位：_____。

　　2. 培训地点：_____。

　　3. 住宿地点：_____。

　　4. 注意事项

　　（1）请持培训方确认函到场参加培训。

　　（2）请尽量在现场拿回发票，方便报销。

　　（3）请在财务报销时，附上企业批准的文件原件。

　　（4）请在培训后一周内将培训资料原件交至培训部存档。

　　（5）请在培训后一周内将培训课程评估表填写好后交至培训部存档。

谢谢您的合作！

培训部

____年__月__日

8.3 脱岗外派培训中的关键事项与工具

8.3.1 外派培训期间的考勤监督

　　培训签到如表8-10所示。

表8-10 培训签到表

培训内容			主办单位		培训日期	____年__月__日
企业名称	员工姓名	日期	企业名称	员工姓名		日期
		____年__月__日				____年__月__日
		____年__月__日				____年__月__日
		____年__月__日				____年__月__日

8.3.2 外派培训考评管理

　　外派培训考评表如表8-11所示。

表 8-11　外派培训考评表

培训项目		培训日期	___年__月__日
受训人员姓名		所在部门	
培训地点		培训课程	
培训目标			
培训内容及其方式（详细说明）			
对受训人员的考评	受训人员是否有迟到、早退、中途离场的情况	□是　　□否	
	受训人员是否存在课堂内接听手机电话的情况	□是　　□否	
	受训人员是否认真听讲、积极参与讨论	□是　　□否	
	受训人员培训笔记抽查情况		
	总体评价		
	签字：　　　　　日期：___年__月__日　　　　　联系方式：		

8.3.3　学习成果定期跟踪

培训部可要求员工在外派培训期间定期上交学习心得，培训部根据员工的学习心得来检查和监督员工的受训情况。表 8-12、表 8-13 分别为学习心得报告与外派培训汇报表。

表 8-12　学习心得报告

姓名		所在部门		职称	
培训项目		主办单位		培训地点	
培训日期	___年__月__日至___年__月__日			填表日期	___年__月__日
课程概况	课程名称	培训内容简介		培训讲师简介	
培训感受					
自我改进计划					
培训建议					

表8-13 外派培训汇报表

汇报人		职称		所在部门	
培训地点		培训日期	___年__月__日	培训机构	
培训内容					
与目标的差距					
人力资源部意见				签字： 日期：___年__月__日	
备注					

8.4 脱岗外派培训后的关键事项与工具

8.4.1 培训费用报销

1. 培训费用报销额度的规定

培训费用报销额度如表8-14所示。

表8-14 培训费用报销额度

培训分类		职称			
		部门总监及以上	部门经理	部门主管	普通员工
本岗位专业/素质与技能培训	2 000元以内	100%	90%	80%	70%
	2 001~5 000元	90%	80%	70%	60%
	5 001~9 999元	80%	70%	60%	50%
	1~2万元（含）	70%	60%	50%	/
	2万元以上	60%	50%	40%	/

备注：报销范围包括入学报名费、学费、书杂费、实习费、资料费，以及培训部认可的其他费用。

2. 学历教育费用报销申请

学历教育费用报销申请如表8-15所示。

表 8-15　学历教育费用报销申请

编号：　　　　　　　　　　　　　　　　　　　　　　填表日期：___年__月__日

申请人		所在部门		工作岗位	
学习形式		原学历		原专业	
申请院校		申请学历		申请专业	
学习起止日期		___年__月__日至___年__月__日			

报销费用	培训费用明细	支出日期	项目	金额（元）	用途说明
		___年__月__日			
		___年__月__日			
		___年__月__日			
	培训杂费明细	支出日期	项目	金额（元）	用途说明
		___年__月__日			
		___年__月__日			
		___年__月__日			
	合计				
部门经理意见				签字： 日期：___年__月__日	
培训部意见				签字： 日期：___年__月__日	
总经理意见				签字： 日期：___年__月__日	

8.4.2　培训机构评估

1. 培训机构评估报告如表 8-16 所示。

表 8-16　培训机构评估报告

培训项目		培训机构	
培训日期	___年__月__日	培训地点	
培训过程回顾			

存在 问题	培训场地	
	培训设备	
	讲师选择	
	过程控制	
突发事件处理办法		
针对此类培训的建议		
备注		

2. 由参训人员根据所学到的知识与工作实际情况撰写一篇研究论文，企业可根据其研究论文的水平和质量评价外派培训效果。

3. 培训内化跟踪表如表8-17所示。

表8-17 培训内化跟踪表

培训主题		培训机构	
参训人员		培训日期	___年__月__日
可转化的内容和方法 实施记录	培训内容和方法		
	实施记录		
培训传播计划与 实施记录	传播计划		
	实施记录		
受训人员 应用过程 与成果	工作习惯形成情况		
	工作能力提升情况		
	工作改善情况		
	个人业绩提升情况		

8.4.3 脱岗（外派）培训评估报告

脱岗（外派）培训评估报告如表8-18所示。

表8-18　脱岗（外派）培训评估报告

培训项目名称		参训时间		自＿＿年＿月＿日至＿＿年＿月＿日		
参加培训人员名单	姓名	所在部门	职称	姓名	所在部门	职称
培训机构简介						
脱岗（外派）培训目标						
培训讲师评估						
培训课程评估						
培训实施过程	（相关资料可由培训实施机构提供）					
突发事件及应对措施	（相关资料可由培训实施机构提供）					
受训人员对培训的评价						
受训人员获得的收益	（附测试成绩表和证书列表）					
本次培训对受训人员工作的指导意义	（可从受训人员提交的《培训心得报告》中得出结论）					
本次培训是否有引入企业实施内部培训的必要	（可从受训人员提交的《培训心得报告》中得出结论）					
通过本次培训，对企业提出的建设性建议或意见						
对企业下次脱岗培训的建议						
部门经理意见	签字： ＿＿年＿月＿日	培训部经理意见	签字： ＿＿年＿月＿日	总经理意见	签字： ＿＿年＿月＿日	

8.4.4　培训内化跟踪

1. 转化与应用

培训结束后，受训人员应结合企业的实际情况，持续不断地将所学到的知识和技能应用于工作中，并不断提升个人的工作能力、养成良好的工作习惯，最终实现提升企业经营管理水平的目标。

2. 传播

培训结束后，受训人员应将培训内容以研讨会或授课的形式传授给其他员工，包括本部门人员或从事类似工作的其他人员，以及与其工作流程相关的人员。

第9章

培训外包运营体系

9.1 培训外包运营的管理流程

9.1.1 培训外包的管理流程

实施阶段	总经理	培训部经理	培训部	培训外包商
确定培训外包项目		审核	开始 → 确定培训外包方式 / 决定培训外包项目	
	审批	审核	起草培训外包项目计划书	
选择培训外包商			收集培训外包商相关资料	
		审核	确定候选培训外包商	
			寄送培训外包项目计划书	接收培训外包项目计划书
	审批	审核	接洽、谈判	接洽、谈判
培训外包监督评价			确定培训外包商	
			签订培训外包服务合同	提供培训服务
			监督、评价 → 结束	

9.1.2 培训外包的招标流程

实施阶段	总经理	培训部	培训外包商
招标阶段		开始 → 编制培训外包招标文件 → 对投标申请人进行资格预审 → 确定投标人名单	根据招标公告，编制培训外包投标文件
评审阶段	评审招标文件 ← 确定中标培训外包商 ← 现场公布中标结果，并受理申诉	对培训外包投标文件进行密封、保管	报送投标文件
落实阶段		向社会公示中标培训外包商 → 向中标培训外包商发送中标通知 → 签订培训外包合同 → 结束	签订合同

9.1.3 外包商的选择流程

实施阶段	总经理	培训部经理	培训部	培训外包商
组织进行培训外包询价			开始 ↓ 收集培训外包商相关信息 ↓ 向培训外包商发送询价函	接收询价函
选择培训外包商		审核	根据实际情况筛选培训外包商 ↓ 选择候选培训外包商	提交培训方案及价格
确定培训外包商	审批	审核	对候选培训外包商进行综合评价 ↓ 确定候选培训外包商 ↓ 与候选培训外包商进行谈判 ↓ 签订培训外包合同 ↓ 结束	谈判

9.1.4 外包合同的执行流程

实施阶段	培训部	相关部门	培训外包商
组织开发课程	开始 → 与培训外包商签订合同 → 督导培训课程开发工作		组织开展培训课程开发工作 → 向培训部提交已开发的课程
进行培训课程评估	组织相关部门进行评估 → 课程	配合完成课程评估工作	
	没问题 → 办理付款手续	有问题 →	协商解决
	办理付款手续	拨付合同款	收款
根据合同约定付款	接收发票 → 文件资料存档 → 结束		开具发票

9.1.5 外包培训项目的评估流程

实施阶段	总经理	培训部经理	培训部	培训外包商

成立外包培训项目评估小组

```
                                    开始

                              明确外包项目评估
                              工作原则与目标

                              成立外包培训
                              项目评估小组
```

外包培训项目过程评估

```
        审批  ◄──  审核  ◄──  编制外包培训项
                              目评估工作方案

                              培训过程记录    ◄--  配合
                              与资料收集

                              外包培训项目    ──►  参与评估
                              过程评估

        审核  ◄──              编制外包培训项
                              目过程评估报告
```

外包培训效果评估

```
        提出修改意见          外包培训       ──►  培训改进实施
                              项目调整

        审批  ◄──  审核  ◄──  培训效果评估  ◄──

                              培训效果跟踪
                              与转化

                                    结束
```

9.2 培训外包前的关键事项与工具

9.2.1 组织进行可行性分析

以下为培训外包可行性分析报告书范例，供读者参考。

文书名称	培训外包可行性分析报告书	受控状态	
		编　号	

　　目前，企业处于高速发展阶段，企业内部的各项经营管理需要进一步加强，员工素质技能需要大幅度提升，因此，企业需要给员工开展一系列关于能力与素质提高的培训项目。

　　鉴于目前企业在培训方面的资源不能完全满足培训项目的需求，可考虑将专业较强与技术难度较高的培训项目以外包的形式承包给外部培训服务商，从而提高培训效果，满足企业快速发展的需要。

一、责任部门

培训部负责企业培训外包工作的办理，具体有以下五个方面。

1. 培训外包商的选择与后期合作跟进的工作。

2. 与培训外包商进行合同谈判，并拟定培训外包合同。

3. 代表企业与培训外包商签订培训外包合同。

4. 向培训外包商提供必要的工作支持。

5. 参与对培训外包商的合作评估，并撰写培训效果评估报告。

二、培训外包项目类别

培训部应根据企业培训需求调查结果与经营发展的需要，并结合企业培训资源状况与培训预算，对以下三个项目考虑外包。

1. 员工户外拓展训练项目。

2. 高层管理人员决策能力提升项目。

3. 中层管理人员执行力提升项目。

三、培训外包可行性分析

培训部根据已确定好的培训项目，分析其特点，并结合企业的培训预算，有针对性地选择培训外包商。培训部在选择培训外包商时，应对以下三个问题进行可行性分析。

1. 培训外包商的选择

培训部在选择培训外包商时，可参照以下六项标准执行。培训外包机构选择标准如下表所示。

培训外包机构选择标准

序号	选择标准	评价		
（培训部根据企业现有资源对培训外包机构进行全面考评）		优良	一般	较差
（1）	培训外包商的经营信誉	□	□	□
（2）	培训外包商的培训资源	□	□	□

（续）

（续表）

序号	选择标准	评价		
（3）	培训外包商对本行业的专注性	☐	☐	☐
（4）	培训外包商课程运作体系的完善性	☐	☐	☐
（5）	培训外包商讲师管理体系的完善性	☐	☐	☐
（6）	培训外包商在曾经服务过的公司中的口碑	☐	☐	☐
综合评价				

2. 培训外包机构选择流程

培训部可根据培训外包机构选择标准、各项评价和综合评价对其进行排名，按优胜劣汰制的原则选择培训外包商。培训部在选择培训外包商时，应遵循以下八项流程。

（1）收集培训外包机构相关资料。

（2）调查了解培训外包机构的信誉。

（3）分析、判断培训外包机构信息，并根据分析结果筛选培训外包机构。

（4）确定培训外包机构候选名单。

（5）与培训外包机构洽谈业务。

（6）对候选培训外包机构进行对比、评估。

（7）向候选培训外包机构索要培训评估方案。

（8）确定合作培训外包机构，并签订合同。

3. 培训外包费用

根据初步了解，在企业外包培训项目经验比较丰富的培训外包商中，此类培训项目的服务费用基本在____万~____万元，基本符合企业的培训费用预算标准，可与其进一步洽谈，确保在企业预算范围内与培训外包商展开合作。

四、培训外包评估

企业对培训外包的评估可从以下三个方面进行。

1. 培训过程评估

包括对外包培训的培训方案评估、培训课程评估与培训讲师评估。

2. 培训效果评估

对外包培训的效果评估主要从以下四个方面进行。

（1）反应评估，即观察受训人员的反应，采用问卷调查结合评估访谈来进行。

（2）学习评估，即检查受训人员的学习成果，采用笔试和绩效考核相结合的方式来进行。

（3）行为评估，即衡量受训人员培训前后的工作表现，通过绩效考核并结合观察法来进行。

（4）成果评估，即衡量企业的经营业绩变化，通过市场扩展、客户关系维护来进行。

3. 培训外包商服务评估

（1）对讲师授课技巧评估。

（2）对课程内容的针对性评估。

（续）

（3）对课程培训组织评估。					
五、培训外包风险分析与防控（略）					
六、培训外包项目可行性分析的结论与建议					
1. 可行性分析的结论与建议（略）。					
2. 附件与附表（略）。					
编制人员		**审核人员**		**批准人员**	
编制日期		**审核日期**		**批准日期**	

9.2.2 选择培训外包商

1. 培训外包商选择标准

培训外包商选择标准如表9-1所示。

表9-1 培训外包商选择标准

选择标准	具体说明
资质与经验	是否具有足够的业界资源和较高的职业道德 是否具有足够的业界培训经验 是否专注于本行业
专业程度和业务水平	能否按照本企业培训项目计划书的要求提出合理的方案 能否提供与此培训项目相关的信息与数据 能否提供该机构长期以来持续、稳健的经营业绩资料
财务情况	能否提供信用证明
人员招聘与培训能力	是否拥有完善的招聘与培训员工的体系
共同的价值观	能否理解本企业的价值观和企业文化 能否按照本企业的价值观实施培训计划
客户口碑	在曾经服务过的客户中是否具有良好的口碑

2. 培训外包商选择步骤

培训外包商选择步骤如图9-1所示。

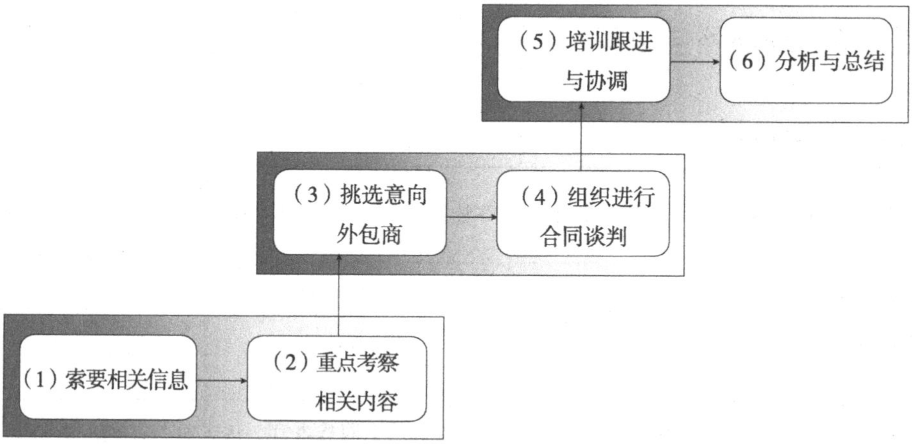

图9-1 培训外包商选择步骤

（1）培训部向不同的培训机构索要培训课程、培训方式与收费情况等资料。

（2）培训部对资料进行分析后，应重点考察以下七项内容。

①考察培训机构的信誉，了解已接受过该培训机构服务的公司的评价，判断该机构能否提供本企业所需要的培训服务。

②查阅该培训机构的教学资料来源与版权情况。

③考察培训项目所针对的技能目标与企业是否相匹配。

④考察培训机构的课程开发能力，能否根据本企业的实际需要设计相应的课程。

⑤考察培训机构相关课程的培训能力。

⑥考察培训机构是否具有专职讲师，并了解培训讲师的教育背景、语言水平、工作经历和培训经验，评价培训讲师的授课能力。

⑦了解培训机构在培训结束后是否提供了科学的评估和跟进服务。

（3）培训部通过对比与分析，挑选出候选培训机构，并向该培训机构发送询价函。培训部初步制订出培训计划，并确定培训价格。

（4）培训部确定候选培训机构并与其进行合同谈判，明确培训相关事宜。

（5）由培训机构组织实施培训，培训部负责培训跟进与协调。

（6）培训项目实施过程中，培训部应定期召开会议，并与培训外包商保持密切联系，协助外包方及时根据培训情况不断做出改进。培训结束后，培训部应及时收集受训人员提出的意见，了解培训课程情况，并做出评估结论，为企业选择其他培训项目外包商提供参考依据。

9.2.3 签订培训外包合同

1. 培训外包合同书

文书名称	培训外包合同书	受控状态	
		编　　号	

委托方（以下简称甲方）：_____。　　培训外包方（以下简称乙方）：_____。

联系方式：_____。　　　　　　联系方式：_____。

地址：_____。　　　　　地址：_____。

甲乙双方经友好协商，就乙方向甲方提供企业内部培训服务事宜，达成如下协议。

一、合作宗旨

甲方就本企业内部培训事宜，邀请乙方为甲方相关人员提供××技能提升课程培训，乙方根据甲方的要求提供培训服务。

二、合作双方义务

1. 甲方负责安排培训场地与培训所需的设备。

2. 乙方负责提供培训讲师。

3. 乙方为甲方提供培训教材 50 本。

三、培训时间安排

培训日期：____年__月__日，14：00～15：30。

四、收费标准及付款方式

1. 经甲乙双方协商，培训费总额为人民币____元。

2. 培训课程实施后，甲方须将本次课程的费用在三个工作日内支付给乙方。

3. 企业账户信息如下：

开户名称：_____。

账　　号：_____。

开 户 行：_____。

五、培训讲师

_____。

六、其他

1. 乙方在整个培训课程中所得的数据和资料归甲方所有，只能用于甲方认可的培训课程方案，乙方须做好保密工作。

2. 乙方拥有培训课程的所有版权，在培训过程中，不允许录像与录音。

七、其他未尽事宜，由甲乙双方协商解决

（续）

八、本合同一式两份，甲乙双方各执一份，自签字之日起生效					
甲方（盖章）： 甲方代表（签字）： 日期：___年_月_日			乙方（盖章）： 乙方代表（签字）： 日期：___年_月_日		
编制人员		**审核人员**		**批准人员**	
编制日期		**审核日期**		**批准日期**	

下面是某企业培训外包合同书范例，供读者参考。

文书名称	××企业培训外包合同书	受控状态	
		编　　号	

甲方（委托方）：_____。

乙方（受托方）：_____。

根据我国法律的规定，本着自愿、平等、诚实信用的原则，甲乙双方就_____项目委托培训事宜协商一致，签订本合同。

一、培训对象、目标及内容

1. 培训对象及人数：_____。

2. 培训目标：_____。

3. 培训内容：_____。

二、培训时间及地点

1. 培训时间：___年_月_日至___年_月_日，共计____天。

2. 培训地点：_____。

三、培训方式及要求

1. 培训方式：_____。

2. 培训要求

（1）甲方委派×××作为培训工作的负责人，负责与乙方协调、沟通，并协助乙方管理培训人员。

（2）乙方委派×××作为培训工作的负责人，负责制定培训方案、落实培训计划，并完成培训评估工作。

（3）甲方在合同生效后____日内向乙方提供培训计划与培训人员概况。

（4）乙方在收到甲方培训计划后____日内，根据甲方的培训计划制定出培训方案，并交给甲方审核。

（5）乙方根据双方认可的培训方案，落实培训的时间、地点、讲师和其他相关培训设施。

（6）乙方负责为受训人员的生活和医疗提供便利。

（7）乙方负责受训人员的日常管理，发现受训人员无故缺勤时应及时通知甲方，对违反培训纪律的受训人员予以批评教育；对严重违反管理规定的受训人员，乙方有权向其提出警告，直至提议甲方终止其培训。

（续）

（8）培训期满后，乙方应按培训方案对受训人员进行考试（考核），并将考试（考核）成绩、培训评估和培训人员个人鉴定一并交给甲方。

（9）其他约定（略）。

四、培训费用及结算方式

1. 培训费用（含税价/不含税价）总价为：（人民币大写）：_____元，（人民币小写）：_____元。

2. 培训费用明细：_____。

3. 结算方式：选择下列第_____种方式。

（1）一次性支付

培训工作结束后，乙方将考试（考核）成绩、培训人员个人鉴定，以及相关培训记录交给甲方后____日内，甲方向乙方一次性支付全部培训费用。

（2）分期支付

①本合同生效后____日内，甲方向乙方支付培训费用总额的____%。

②（按照进度支付）：_____。

③培训工作结束后，乙方将考试（考核）成绩和培训人员个人鉴定与相关培训记录交给甲方后____日内，甲方向乙方支付培训费用总额的____%。

（3）其他交付方式（略）。

4. 乙方应对其指定的下列账户信息的真实性、安全性及准确性负责。

收款人：_____。

开户行：_____。

账　号：_____。

五、甲方权利和义务

1. 审查乙方的培训方案，可对培训方案提出修改建议。

2. 审查乙方的师资配备，可对不称职的培训讲师提出更换要求。

3. 检查培训工作质量，可对培训质量达不到要求的提出改进要求。

4. 根据企业实际需要，向乙方提出培训内容、培训方式、考核事项等建议。

5. 要求受训人员遵守乙方培训、实习的相关规定。

6. 其他约定（略）。

六、乙方权利和义务

1. 制定培训方案，配备培训设施，安排符合培训目标和要求的培训讲师，确保培训质量。

2. 对受训人员进行安全教育和培训纪律管理。

3. 为受训人员办理进入培训、实习场所的相关手续。

4. 未经甲方书面同意，不得擅自将本协议内容转告第三方。

5. 其他约定（略）。

七、健康、安全及环境保护

乙方应保证受训人员在培训期间的健康与安全。若因乙方原因使受训人员受到人身伤害或财产损失，则乙方须承担相应的赔偿责任。

（续）

八、保密

在合同履行期间，乙方所获得的一切原始资料与相关数据归甲方所有，乙方负有保密义务。未经甲方书面同意，乙方不得以任何方式泄露或用于与本合同无关的其他任何事项。

九、违约责任

1. 甲方违约责任

（1）甲方如迟延支付培训费的，每迟延一日，甲方应当承担合同价款____%的违约金。

（2）若受训人员违反培训纪律和相关规定给乙方造成经济损失的，甲方须向乙方赔偿相关损失。

（3）甲方无正当理由提前终止培训，须向乙方赔偿相应的经济损失。

（4）其他约定（略）。

2. 乙方违约责任

（1）乙方未按约定提供培训服务，导致甲方无法实现培训目标，则乙方应当承担合同价款____%的违约金。

（2）乙方培训质量未达到合同约定，则乙方应承担合同价款____%的违约金。

（3）乙方擅自将本合同转委托的，乙方应承担合同价款____%的违约金。

（4）乙方因培训设施原因使受训人员人身受到伤害的，乙方应承担相应的赔偿责任。

（5）乙方未履行其合同义务或履行义务不符合约定的，须赔偿甲方全部的经济损失。

十、合同变更和解除

1. 本合同经甲乙双方协商一致，可以变更或解除，变更或解除协议应采用书面形式。

2. 出现下列情形之一的，任何一方可以解除合同，但应向对方发出书面解除通知，合同解除并不影响双方依法享有的权利和义务。

（1）乙方培训条件不具备，无法实现培训目的。

（2）乙方疏于管理，不能保证培训质量的。

（3）乙方给甲方受训人员造成人身伤害拒不赔偿的。

（4）受训人员给乙方造成经济损失拒不赔偿的。

（5）受训人员拒不接受乙方的管理，且甲方不予协调解决的。

（6）甲方未按约定支付培训费超过应付金额____%以上，经乙方书面通知____日内仍未支付的。

（7）因不可抗力致使本合同不能继续履行的。

3. 其他约定（略）。

十一、争议解决

在本合同履行过程中，发生纠纷时，甲乙双方应协商解决。协商不成的，按照以下第____种方式解决。

1. 提交____仲裁委员会仲裁。

2. 向____人民法院提起诉讼。

3. 因合同关联交易发生的争议，由甲乙双方协商解决。

十二、合同效力与其他约定

1. 本合同经甲乙双方法定代表人（负责人）或委托代理人签字并加盖单位印章之日起生效。

（续）

2. 本合同未尽事宜，由甲乙双方另行签订书面补充协议，补充协议与本合同内容不一致的，以补充协议为准。

3. 本合同一式＿＿份，甲方执＿＿份，乙方执＿＿份，具有同等法律效力。

4. 以下附件作为本合同附件。

_____。

5. 其他约定（略）。

甲方（盖章）：   乙方（盖章）：

法定代表人：（负责人）   法定代表人：（负责人）

电话/传真：   电话/传真：

日期：＿＿＿年＿月＿日   日期：＿＿＿年＿月＿日

编制人员		审核人员		批准人员	
编制日期		审核日期		批准日期	

2. 培训课程开发外包协议

文书名称	培训课程开发外包协议	受控状态	
		编　　号	

合同编号：

甲方（以下简称甲方）：＿＿＿＿＿＿＿＿＿＿＿＿＿＿＿＿＿＿＿＿。

乙方（以下简称乙方）：＿＿＿＿＿＿＿＿＿＿＿＿＿＿＿＿＿＿＿＿。

为满足培训需要，甲方委托乙方完成部分培训课程的开发与制作任务。为明确甲乙双方的责任、权力与义务，确保培训课程开发制作的质量，经甲乙双方协商一致，特签署本协议。

一、课程名称、类型及要求

1. 课程名称：＿＿＿＿＿＿＿＿＿＿＿＿＿＿＿＿＿＿。

2. 负责人：＿＿＿＿＿＿＿＿＿＿＿＿＿＿＿＿＿＿。

3. 课程类型：□企业规划　　□市场营销　　□财务管理　　□人力资源管理　　□职业素养（在方框内打"√"表示）。

4. 课程开发要求

（1）应符合企业的实际需要，并具备科学性、先进性与适用性的特点。

（2）课程开发应以甲方《课程开发制作意见》和《课程制作技术规范》为依据进行课程的设计、开发与制作，并做到在课程体系的确定、内容的选取、多媒体形式的呈现等方面有所突破与创新。

（3）乙方须确保所开发的培训课程具有自主知识产权，不对他人构成侵权。

二、课程开发期限

1. 乙方应在本合同签订后＿＿＿日内向甲方提交"课程开发计划与实施进度表"并于＿＿＿日内完成课程基本框架结构的设计，正式进入课程开发阶段。

2. 乙方应按计划开展课题开发工作，并接受甲方的中期检查和效果评估的跟进与管理。

（续）

3. 乙方应在＿＿年＿月＿日之前完成培训课程的开发任务。

4. 培训课程完成验收后，乙方应在＿＿日内按验收专家意见进行修改与完善，并提交最后的课程开发成果。

三、课程开发成果归属

1. 课程开发的著作权归甲方所有。乙方不得对其开发完成的课程以任何方式提供给甲方以外的任何单位或个人占有或使用（经双方协商同意者除外）。

2. 乙方对开发完成的课程有署名权和获奖申报权。

3. 乙方对课程的延伸开发，具有优先参与权。

四、验收组织、标准及方式

1. 乙方应按本合同规定时间交付开发课程，甲方应按照《课程开发管理办法》组织有关专家进行验收。

2. 甲方验收将依据《课程开发验收实施意见》和《课程验收标准》进行。

3. 甲方采用会议评审的方式验收。

4. 对验收不合格的课程，甲方应给乙方必要的时间进行修改，另行组织验收。另行验收仍不合格，甲方按未完成课程开发工作处理，乙方应视具体情况向甲方全部或部分返还课程开发费用。

五、开发费用数额、使用及支付

1. 甲方委托乙方开发培训课程，开发费用总额为＿＿万元。

2. 乙方对开发费用拥有使用权。

3. 甲方向乙方分批支付开发费用。在确定课程开发基本框架后，甲方须向乙方支付开发费用总额的20%；中期检查合格后，甲方须向乙方支付开发费用总额的50%；验收合格后，甲方向乙方支付开发费用总额的30%。

4. 甲方应按时、按规定数额向乙方支付开发费用，如因甲方违约造成乙方不能按期交付开发课程，由甲方承担全部的责任。

六、违约责任

1. 本合同签署后，任何一方不得单方面变更或终止本合同，如有上述行为，违约方应向守约方承担违约责任。

2. 若乙方违反本合同规定，甲方视情况有权要求乙方继续履行或解除本合同，乙方须返还已收取的开发费用，并赔偿甲方相应的经济损失。

3. 若甲方违反本合同规定，乙方视情况有权要求甲方继续履行或解除本合同，甲方应向乙方赔偿相应的经济损失。

七、解决争议办法

在履行本合同过程中所产生的争议，由甲乙双方协商解决。协商不成的，采取仲裁办法解决。

八、其他约定

1. 《课程开发计划与实施进度表》《课程开发制作意见》《课程制作技术规范》《课程开发管理办法》《课程开发验收实施意见》与《课程验收标准》为本合同的重要组成部分，具有同等法律效力。

（续）

2. 本合同未尽事宜，由甲乙双方另行协商签订补充协议，补充协议与本协议具有同等法律效力。

九、合同有效期限

1. 本合同自合同签署之日起到课程验收合格，并交付甲方使用时止。

2. 本合同正本一式两份，甲乙双方各持一份。

3. 本合同经双方签字、盖章后生效。

甲方（盖章）：　　　　　　　　　　　　乙方（盖章）：

法定代表人：　　　　　　　　　　　　　法定代表人：

日期：＿＿年＿月＿日　　　　　　　　　日期：＿＿年＿月＿日

编制人员		审核人员		批准人员	
编制日期		审核日期		批准日期	

9.2.4　发布培训外包通知

确定培训外包项目后，培训部应及时向有关部门发布通知，方便受训人员提前安排好各自的工作。表9-2为培训外包通知范例，供读者参考。

表9-2　培训外包通知

　　　　　　　　　　：

　　培训部根据近期开展的培训需求调查，结合企业的实际培训资源状况，与企业管理层协商决定，将本企业的＿＿培训项目外包给＿＿培训机构进行培训，该培训机构在此类培训项目中具有丰富的培训经验。

　　该项目培训时间定为＿＿年＿＿月＿＿日，培训地点为＿＿，本企业受训对象为＿＿，培训负责人为＿＿，请相关部门和人员接到通知后，提前做好工作安排，准时参加。

　　参训期间，受训人员须遵守培训现场秩序，认真听讲，做好笔记，积极与培训讲师互动，力争实现最佳培训效果。

　　特此通知！

××企业培训部

＿＿＿年＿月＿日

9.2.5　培训外包的风险控制

培训外包的风险控制如图9-2所示。

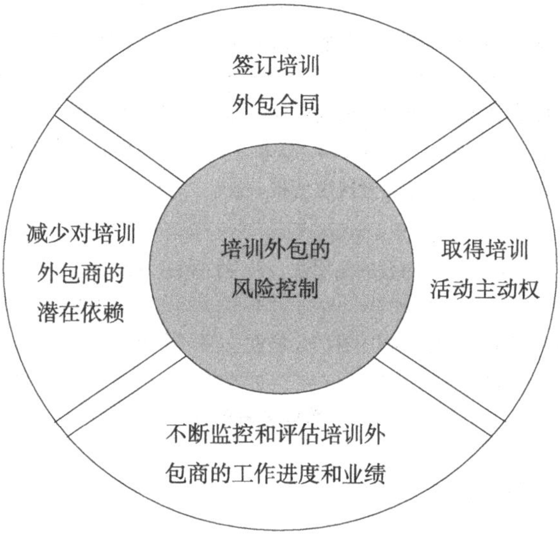

图 9-2　培训外包的风险控制

1. 签订培训外包合同

培训部需将企业培训要求明确写在外包合同中，避免双方发生争议。

2. 取得培训活动主动权

外包培训要求培训外包商所提供的培训内容、方式与方法符合企业实际需求。企业可向培训外包商提出自己的建议，并把培训业绩目标明确写在外包合同中。

3. 不断监控和评价培训外包商的培训进度和成绩

培训外包商的经营目标是获取利益，而企业的培训目标则是提高员工技能和业务能力，两者在实际运营过程中可能会发生冲突而影响培训效果。对此，企业培训部应不断监控和评估外包培训商的培训进度和成绩，以达到预期目的。

4. 减少对培训外包商的潜在依赖

企业需要与培训外包商共同合作开发培训课程、共同完成培训目标，从中积累经验，尽可能地减少对培训外包商的潜在依赖。

9.3　培训外包中的关键事项与工具

9.3.1　培训课程审核

1. 培训课程选择标准如图 9-3 所示。

1. 能否根据企业培训需求与课程目标设计出相应的培训课程内容

2. 设计的课程内容是否符合培训对象的需求、兴趣和能力水平

3. 培训课程是否与企业的发展规划相一致

4. 培训课程是否注意内容的实用性、针对性和有效性

5. 课程大纲能否体现课程内容的创新性、相关性与工具性

图9-3 培训课程选择标准

2. 培训课程大纲标准如表9-3所示。

表9-3 培训课程大纲标准详细介绍

课程大纲须体现的三要素	详细介绍
创新性	创新性是指课程大纲中有无新观点、新培训方式与新案例，这种"新"是相对的，是针对培训对象而言的，而非整个培训市场
相关性	相关性是指授课采用的案例或游戏与培训对象有无切身关联，尤其是采用的案例是否与本行业甚至本企业相关，若课程大纲中没有，则企业可向课程提供商提供相关的数据和案例
工具性	工具性是指任何理论和经验都可以转化为可操作的流程、制度和表单，通过此要素，可以判断该培训课程是否是拼凑而成，经过精心设计的培训课程能转化为完整的操作流程和实用表单

9.3.2 培训外包实施

1. 培训外包项目合作流程

企业培训外包项目合作流程如图9-4所示。

2. 项目组织与实施准备

培训部根据培训外包商制订的培训计划和方案，应做好培训前的准备工作，主要包括以下三项内容。

（1）准备培训场地与相关工具设备。

（2）编制受训人员名单与培训通知。

（3）制定培训预算并申请资金。

3. 培训实施监督

培训实施过程中，培训负责人应积极协助培训外包机构做好培训工作，维护培训现场纪律，并督促受训人员做好课堂笔记。

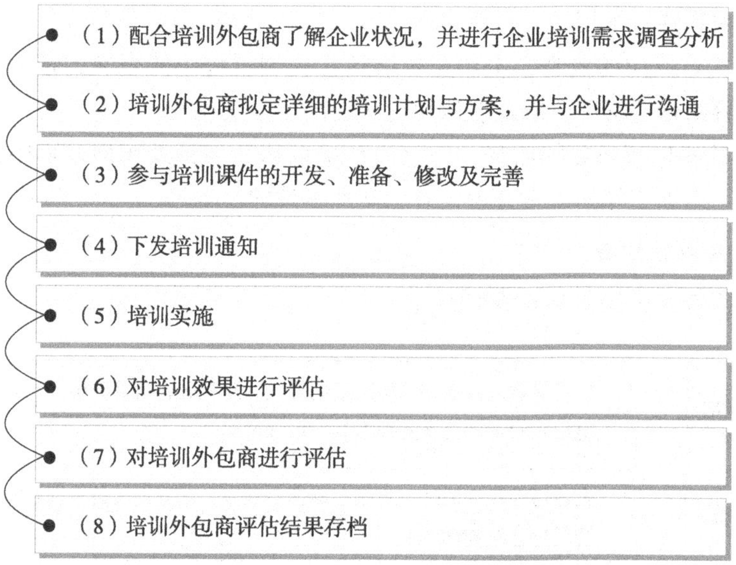
（1）配合培训外包商了解企业状况，并进行企业培训需求调查分析
（2）培训外包商拟定详细的培训计划与方案，并与企业进行沟通
（3）参与培训课件的开发、准备、修改及完善
（4）下发培训通知
（5）培训实施
（6）对培训效果进行评估
（7）对培训外包商进行评估
（8）培训外包商评估结果存档

图 9-4 企业培训外包项目合作流程

9.3.3 培训外包监督

1. 培训外包监督的内容

培训外包监督的内容如图 9-5 所示。

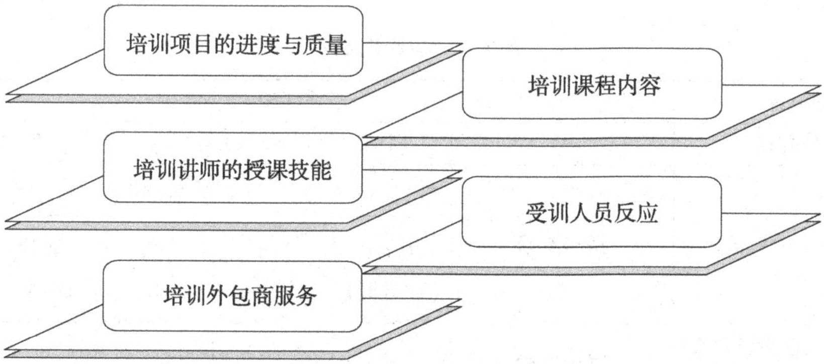
培训项目的进度与质量
培训课程内容
培训讲师的授课技能
受训人员反应
培训外包商服务

图 9-5 培训外包监督的内容

（1）监督培训项目的进度与质量是否按照预定的计划执行。

（2）培训课程内容的监督，包括对课程内容设计的实用性与适用性进行考察，具体是指对受训人员培训需求的满足程度，看能否为受训人员解决实际工作过程中遇到的困难，并提供可以使用的方法和工具。

（3）对培训讲师的授课技能的监督，包括教学质量、教学效果、工作态度、授课技巧，以及课程内容的熟练程度。

（4）受训人员反应的监督，主要监督学员在受训过程中的表现，是否与讲师配合互动、对受训内容的理解程度，以及对课时时间的满意程度。

（5）对培训外包商服务的监督，外包商在培训执行前后及培训过程中的服务跟进情况，是否保证了培训工作的正常开展，有无突发事件的发生等。

2. 培训外包监督方法

培训外包监督方法如图9-6所示。

培训课堂笔记	要求受训人员在培训期间定期提交课堂笔记，培训部根据员工的课堂笔记来检查和监督受训人员的培训情况
培训签到表	企业可委托培训外包商制定培训签到表，对受训人员培训期间的出勤情况进行检查和监督
监控录像	通过在培训现场为培训讲师录制影音的方式，对培训现场进行培训过程监督

图9-6　培训外包监督方法

9.3.4　对培训讲师的评价

对培训讲师的评价如表9-4所示。

表9-4　培训讲师评价

培训讲师			培训课程				
培训外包商			培训地点与培训日期		___年__月__日		
评估项目	项目细化	基本要素	评分标准				
			5分 （非常好）	4分 （很好）	3分 （好）	2分 （一般）	1分 （差）
课程内容开发	能够结合企业的实际需要，自主开发课程	课程结构					
		课程案例选取					

（续表）

评估项目	项目细化	基本要素	评分标准				
			5分 （非常好）	4分 （很好）	3分 （好）	2分 （一般）	1分 （差）
课程内容 开发	能够结合企业的实际需要，自主开发课程	故事、游戏的开发					
		课程互动环节					
		对学员工作的指导性					
		对学员的启发性					
		内容的深度和广度					
		内容的创新性					
评估得分							
课程讲授 方法	能够根据课程内容选取适当的教学方法，从而强化培训效果	讲授方法的效果					
		讨论法的效果					
		角色扮演法的效果					
		情景模拟法的效果					
评估得分							
课程讲授 效果	能够根据课程内容和学员情况，调节课堂气氛，以达到最佳的授课效果	课件PPT制作					
		培训师的仪表与素质					
		培训语言运用					
		课堂气氛调节					
		讲授时间掌控					
		肢体语言使用					
		提问或其他多种 技巧使用					
		互动效果					
评估得分							
合计得分							

9.4 培训外包后的关键事项与工具

9.4.1 培训外包项目总结

以下为某公司的培训外包项目总结报告书，供读者参考。

文书名称	培训外包项目总结报告书	受控状态	
		编 号	

本次培训外包项目为户外拓展训练，主要针对新员工（工作一年以内），培训时间定为___年__月__日至___年__月__日，共计___天。

一、培训目标

1. 增进员工之间的相互认识和深入了解，培养团队意识和协作精神。

2. 增强员工对企业的认同感和归属感，使员工明确自身发展方向。

3. 挖掘员工的自身潜能，培养员工积极向上的心态和良好的心理素质。

4. 培养员工的创造性思维，提高他们认识问题和解决问题的能力。

5. 改善企业的单向沟通模式，使员工在体验式学习中理解和认同组织目标和企业文化。

二、培训费用

培训费用支出明细如下表所示。

培训费用支出明细表

序号	支出项目	金额（元）	备注
1	拓展活动培训费		
2	餐饮费		
3	保险费		
4	交通费		
5	住宿费		
6	门票		
7	导游费		
8	文化衫		
9	小礼品		
10	食品饮料		
11	材料费		
12	优秀团队奖励		
	合计		

（续）

三、培训准备工作

（一）选择培训机构

培训部经过调研与考察，综合比较价格、知名度、培训场地设施等情况，最终选择了实力强、规模大、信誉度较高的××拓展培训公司作为本次活动的培训机构。

（二）活动地点

培训部综合考虑路途远近、费用支出、培训基地使用人数等因素，将本次拓展培训地点定为××基地及××景区。

（三）培训项目

为体现团队合作、执行力第一、态度第一的意识，培训部综合考虑了本次参加培训人员的年龄结构和性别比例，经与培训机构沟通交流，确定了本次拓展训练活动为破冰、高空单杠、徒步拉练和野餐。

四、培训实施内容

（一）破冰

1. 通过抽签将全体人员分为五个团队。

2. 各团队须在30分钟内完成起队名、拟队歌、编队训、设计队徽与制作队旗等任务。

3. 分队展示任务的完成情况，评委给各团队评分并点评。

（二）高空单杠

1. 两块木板架在八米高的空中，两者之间间隔为0.8~1.5米。

2. 每位学员穿戴好防护用具，依次爬上木板。

3. 每位参训员工从其中一块木板跃向另一块木板，而后返回。

（三）徒步拉练和野餐

1. 以团队为单位组织徒步前行，中途会经过三个关卡，在关卡处等待全队队员到齐后才能进行答题，答对的队伍方能继续前行。

2. 评委以队员到达情况、答题情况、整体精神风貌与队员协作精神为依据进行评分。

3. 徒步拉练结束后，各团队须到服务处领取野餐餐具、食物、作料、炊具等必备物品，并在40分钟内做好饭菜。

五、培训成果

1. 打破了员工之间的隔阂，加深了相互间的了解和信任，培养了员工的团队意识和协作精神。

2. 锻炼了员工的动手能力，加深了受训人员之间的分工合作意识。

3. 培养了员工吃苦耐劳的精神和战胜困难的毅力与信心。

4. 员工通过培训挑战自我，能够重新认识自我，锻炼了应变能力和压力释放能力。

六、培训效果评价

（一）成功之处

1. 在本次培训过程中，参训员工培训态度端正，执行力强，勇于挑战自我，重视个人荣誉与集体荣誉。

2. 培训准备工作充分，安全保护措施到位，保证了参训员工的人身安全和培训的顺利开展。

（二）不足之处

1. 对培训方案的制定、培训通知，以及对未参加培训的员工的处理方案需要更好的规划与完善。

（续）

2. 培训方案还需做进一步完善，对培训机构提供的方案应进行深入研讨，并及时提出具体的改进建议，优化方案。 3. 团队成员在遇到复杂问题时，在团队沟通与协作方面还需要进一步加强。				
编制人员		审核人员		批准人员	
编制日期		审核日期		批准日期	

9.4.2　培训外包项目评估

培训外包项目评估如表9-5所示。

表9-5　培训外包项目评估

培训外包商		培训项目			
培训方式		培训日期	___年__月__日		
评估项目	**评估要点**	**评估标准与分数**			
		5分 (很满意)	4分 (满意)	3分 (一般)	2分 (较差)	1分 (差)
需求分析	准确到位					
课程设计与安排	课程内容组织符合逻辑，易于学习					
	课程难易适中					
	所学知识在工作中能得到应用					
培训方式	适合					
培训内容	实用性强					
培训讲师水平	专业水平高、经验丰富					
培训时间安排	与工作时间协调合理					
培训场地	很适合学习					
培训设施	所需设施齐备，状态良好					
后勤相关服务	服务周到					
综合得分						
综合评价						

（续表）

改进的意见或建议	

9.4.3 培训外包效果调研

以下是某企业的培训外包效果调研方案，供读者参考。

方案名称	培训外包效果调研方案	版 本 号	
		编制日期	

鉴于企业培训资源有限，为实现更好的培训效果，企业选择了将部分培训项目外包的方式来满足自身发展需要。为及时了解外包培训是否达到了企业的预期目标，企业需要及时对培训外包项目展开培训效果调研。

一、责任部门

培训外包效果调查由培训部组织实施，其主要工作内容有以下五点。

1. 选择合适的调研方法，并编制调研资料。

2. 组织对受训人员进行调研。

3. 统计与分析调研结果，并编写调研报告。

4. 向相关人员反馈调研结果。

5. 调研结果资料存档。

二、调研内容

（一）培训课程设计

培训课程设计包括课程内容设计的实用性与适用性两方面内容。即对受训人员培训需求的满足程度，具体就是能否为受训人员解决实际工作过程中遇到的困难，并提供可以使用的方法和工具。

（二）受训人员的反应

是指受训人员对培训讲师的认可程度、对培训内容的认可程度、受训人员对培训内容的吸收程度，以及受训人员在培训过程中的互动情况。

（三）对培训讲师的调研

对培训讲师的评估依据主要从受训人员满意度和培训部评价两个方面进行，具体内容如下。

1. 受训人员满意度，即培训讲师授课结束后，通过对受训人员采取问卷调查的形式对培训讲师进行评价。

2. 培训部门评价，包括教学质量、教学效果、工作态度、授课技巧，以及课程内容的熟练程度等方面的评价。

（四）对培训结果的调研

对培训结果的调研是调研受训人员参加外包培训前后在行为、认识与业绩上发生了哪些改变。

三、培训外包效果调研方法

对培训外包效果调研采用问卷调查法、实地访谈法与文献查阅法相结合的方式进行，力求全面、系

(续)

统地分析企业外包培训效果。	

（一）问卷调查法

问卷调查法内容包括：企业从业人员对所接受的外包培训的频度、培训内容、培训方法、培训效果的意见和从业人员对培训现状的看法，以及其对未来的期望。

问卷调查须兼顾企业性质、企业规模、职位层级、教育背景、年龄结构与性别特征，考察、企业从业人员对企业培训的看法与期望。

（二）实地访谈法。

实地访谈法是指通过访谈的形式对从业人员的培训需求、培训内容、培训方法、培训方式，以及培训效果方面进行调研。实地访谈采用结构化访谈的方式，即以标准化的访谈提纲为基准，针对特别问题进行深入访谈。

（三）文献查阅法

文献查阅法是指通过查阅大量本行业培训现状的调查报告与企业外包培训的研究文献来了解企业培训外包效果的方法。

四、培训外包效果调研流程

1. 确定调研目标。

2. 确定调研需收集的信息与资料。

3. 确定调研信息与资料收集的途径与方法。

4. 组织实施调研。

5. 对调研结果检查验证。

6. 对调研结果进行统计与分析，并编写调研报告。

五、注意事项

1. 在实施培训外包效果调研时，培训部须注意资料、信息来源的准确性、可靠性与时效性。

2. 培训部须结合调研对象的实际情况，运用多种调研方法相结合的方式，充分收集培训外包效果信息。

3. 培训外包效果调研结束后，培训部要进行仔细分析，并将培训成果进行绩效转化。

修改说明		修 改 人	
		修改日期	

9.4.4 培训外包效果分析

文书名称	培训外包效果分析报告书	受控状态	
		编　　号	

一、责任部门

培训外包效果分析由企业培训部组织实施，其主要工作内容有以下四点。

1. 汇总调研结果，并对调研结果进行分析。

（续）

2. 根据调研分析结果，编制调研结果分析报告。

3. 向相关人员说明调研分析结果。

4. 培训外包效果分析相关资料存档。

二、分析内容

（一）培训内容分析

即分析培训内容是否符合受训人员的培训需求，针对受训人员设计的培训内容在培训后所产生的效果如何。

（二）培训方式与方法的分析

针对企业所属的行业特性和企业的实际情况来评价培训方式和方法。主要是指培训外包商是否采用了演讲法、案例研讨法、角色扮演法、情境模拟法、行动学习法等传统的培训方法和新兴的培训方法相结合的形式，以及对这些培训方法的使用效果进行分析。

（三）培训师资分析

培训讲师是否为本行业资深专家、专职培训讲师、实践经验丰富的培训讲师。同时，培训讲师是否具有丰富的专业知识，能否激发受训人员的学习热情，是否具有态度亲和、语言幽默、勤勉尽责等特质。

（四）培训效果评估

培训效果是企业组织培训活动最重要的动因。企业须采取多角度、广范围的形式开展培训效果的评估。

三、分析工具

（一）培训课程内容的分析工具

1. 课程内容的切合度分析借助于课程内容切合度分析表，具体内容如下表所示。

课程内容切合度分析表

分析项目	请根据本人意见选择	
课程内容的针对性	A. 符合工作需要	B. 基本符合工作需要
	C. 部分内容符合工作需要	D. 完全不符合工作需要
培训内容与培训目标的一致性	A. 完全一致	B. 比较一致
	C. 有些不一致	D. 完全不一致
培训场地与课程内容的符合度	A. 非常符合	B. 比较符合
	C. 不符合	D. 很不符合
培训器材、道具与课程内容的符合度	A. 非常符合	B. 比较符合
	C. 不符合	D. 很不符合
培训方法选择的适合性	A. 非常适合	B. 比较适合
	C. 不适合	D. 很不适合

（续）

（续表）

分析项目	请根据本人意见选择	
培训内容符合员工与企业双方制定的个人职业生涯规划	A. 非常符合	B. 比较符合
	C. 不符合	D. 很不符合
学完课程后，觉得自己的个人能力	A. 有非常大的提高	B. 有一些提高
	C. 只有一点提高	D. 没有提高

2. 课程内容的实用性分析借助于课程内容的实用性分析表，具体内容如下表所示。

课程内容的实用性分析表

分析项目	请根据本人意见选择
您对参加本次培训目标的明确程度	A. 很清楚　　B. 比较清楚　　C. 不够清楚　　D. 很不清楚
课程内容的适用性	A. 课程提供了许多可以使用的方法和工具 B. 课程提供了少量可以使用的方法和工具 C. 课程提供了方法和工具，但无法使用 D. 课程未提供方法和工具
课程内容的针对性	A. 课程内容完全包括了培训前我所遇到的问题和困惑 B. 课程内容基本包含了培训前我所遇到的问题和困惑 C. 课程内容很少包含培训前我所遇到的问题和困惑 D. 课程内容与我现在的工作内容无关
您认为本次培训是能解决在您工作过程中遇到的实际问题	A. 能够得到解决　　　　　　B. 能够得到部分解决 C. 没有得到任何解决　　　　D. 不清楚
培训内容是否符合您的实际情况	A. 非常符合　　　　　　　　B. 比较符合 C. 不够符合　　　　　　　　D. 很不符合
您对本次培训重点内容的把握和理解程度	A. 很清楚　　　　　　　　　B. 比较清楚 C. 不够清楚　　　　　　　　D. 很不清楚
通过参加本次培训，您觉得有哪些收获	A. 接触到了适用的新知识 B. 获得了工作过程中用得到的技巧与经验 C. 帮助我改变了工作态度 D. 明确了过去工作中的一些模糊认识 E. 其他
您认为本次培训最有用的内容是	

（续）

（二）培训讲师授课分析

包括培训讲师分析、讲师课程展示分析、课程讲授分析和课程授课气氛分析，分别借助于培训讲师分析表、讲师课程展示分析表、课程讲授分析表和课程授课气氛分析表，每种表单针对分析目标设计出相应的分析项目。

（三）外包商实施培训服务分析

即培训外包商选取的培训地点、培训场所、培训设施与后勤服务等是否按照之前签订的培训外包合同内容得到具体落实，是否达到了企业的预期目标。

四、外包培训效果分析

（一）外包培训取得的效果（略）

（二）外包培训存在的不足（略）

（三）外包培训的意见或建议（略）

五、注意事项

在实施培训外包效果分析时，培训部须注意资料、信息的真实性、全面性与准确性。

编制人员		审核人员		批准人员	
编制日期		审核日期		批准日期	

第10章

培训运营管理案例

10.1 《新员工培训》运营案例

下面是 FBK 公司新入职员工培训运营案例，供读者参考。

一、培训背景

FBK 公司是一家高科技企业，拥有员工共 800 余人。近年来，受员工就业观念与行业竞争加剧的影响，公司的人员流动率较高，这影响了公司规模的持续扩张和经济效益稳步提升等目标。

现有员工的综合素质和技能无法满足公司快速发展的需要，更重要的是，那些被认为具有发展潜力的员工的流失率远高于其他员工的流失率；公司大批量招聘而来的新员工，往往需要经过较长的时间才能融入公司，新员工对公司缺乏归属感，公司难以形成可持续的管理梯队。

因此，公司决定对新入职的 80 名应届毕业生进行为期一周的培训，使他们尽快完成角色转换，适应工作环境，快速胜任本职工作。

二、培训目标

FBK 公司培训部经理张明接到这项任务后，深知新员工培训的重要性，为保证培训效果，首先明确了本次培训的目标，主要包括以下四点。

(1) 使新员工全面了解公司，认同公司文化。

(2) 使新员工了解并接受公司的行为规范与行为准则。

(3) 提高新员工对各自岗位的认知，帮助其快速适应工作岗位。

(4) 加强新员工与老员工之间、新员工与新员工之间的了解与沟通。

三、培训安排

新员工培训时间定为七天，培训共设七个主题，培训地点为公司培训中心。新员工培训主题和内容如下表所示。

新员工培训主题和内容

序号	培训主题	培训日期	培训讲师	培训负责人
1	团队拓展训练活动	8 月 9 日~8 月 10 日	外聘培训讲师	培训部经理张明
2	公司发展主题——公司历史、现在和未来	8 月 11 日	公司总经理	培训部经理张明
3	公司规章制度解读——人事制度、行政制度、财务管理制度、行为准则与礼仪规范	8 月 12 日	培训部经理张明	培训部经理张明
4	经验传授——与公司各部门的优秀代表交流互动	8 月 13 日	各部门相关人员	培训部经理张明

（续表）

序号	培训主题	培训日期	培训讲师	培训负责人
5	培训总结——与培训部共同回顾培训经历	8月14日	未定	培训部经理张明
6	进行工作展望	8月15日上午	未定	培训部经理张明
7	新员工迎新晚会	8月15日下午	未定	培训部经理张明

四、培训总结

本次培训是公司规模最大的一次集中培训，80名新员工参加了本次培训，取得了良好的效果。新员工积极性高，培训氛围良好，对本次培训的组织情况较满意。本次培训使新员工快速了解了公司文化、历史和发展、制度规范等信息。

五、培训效果评估

对新员工培训，主要从培训满意度、培训时间控制、培训考核与培训费用等四个方面进行评估。培训效果评估如下表所示。

培训效果评估表

序号	评估内容	评估信息来源	评估结果
1	培训满意度	培训满意度调查表	培训满意度评分达到85分
2	培训时间控制	培训计划安排表	均在规定时间内按时进行，无延迟和耽误现象
3	培训费用控制	新员工培训费用预算表	新员工午餐费、培训资料费与活动费都控制在预算范围内
4	培训考核	新员工培训考核统计表和新员工培训出勤表	新员工培训考核通过率达到98%；新员工中三人有请假记录，无迟到和早退记录

（一）新员工培训满意度评估

新员工培训满意度评估如下表所示。

新员工培训满意度评估表

满意度评估内容	权重	具体说明	扣分及原因
培训组织满意度	10%	1. 培训地点满意度 2. 培训时间满意度 3. 培训组织满意度	

（续表）

满意度评估内容	权重	具体说明	扣分及原因
培训讲师满意度	40%	1. 培训讲师仪容仪表满意度 2. 培训讲师授课方式满意度 3. 培训讲师课堂表现满意度	
培训方式满意度	10%	培训方式及培训方法满意度	
培训内容满意度	40%	培训内容满意度	

通过对培训满意度调查统计，有5%的受训人员对培训组织不满意；2%的受训人员反对本次培训方式；6%的受训人员对本次培训内容有异议。

（二）培训时间控制评估

对新员工培训时间控制良好，每个培训主题都按计划进行。组织人员对培训阶段的把握能力较强，下次新员工培训时间安排可借鉴于此。

（三）培训费用控制评估

本次新员工培训费用共花费了11 900元，其中，新员工午餐费为8 000元；资料费为1 600元；活动费用为2 000元；其他费用为300元。新员工培训预算执行内容如下表所示。

新员工培训预算执行表

培训费用	预算值	实际值	二者对比
午餐费	8 000元	8 000元	预算水平
资料费	1 600元	1 600元	预算水平
活动费	2 200元	2 000元	节省了9%
其他费用	200元	300元	超过预算50%
合　计	12 000元	11 900元	低于预算0.83%

（四）培训考核评估

在培训结束后一周内，培训部通过闭卷测试的形式对受训人员进行了培训考核，考核通过率达到了98%，由此可以看出本次培训效果较好。新员工能够在培训期间遵守纪律性，只有三名受训人员有请病假的记录，其他受训人员无请假、迟到、早退、旷课等现象。通过本次新员工培训考核，我们可以看出新员工对公司的历史、规章制度、礼仪规范等培训内容都已基本掌握。

六、培训评估小结

（一）总结经验

本次培训工作整体而言较成功，达到了预期目标，培训内容设计合理、针对性强，新员工收获较大。总结本次培训，还需要加强的方面有以下六点。

1. 培训针对性

要及时宣传和贯彻培训目的，使受训人员的培训更加具有针对性。

2. 培训纪律管理

要强调培训纪律，加强培训纪律管理，不断建全培训纪律制度，并有专人负责。

3. 授课形式创新

要根据受训人员的特点，丰富授课形式。

4. 培训记录

加强对培训记录的管理，建立培训记录管理制度，培训记录须与档案同时管理。

5. 培训考核

新员工培训效果的考核不应只注重当前培训的考核，还应加强长期考核，制订出对新员工三个月的跟踪考核计划，主要考核新员工对培训知识的掌握和应用情况。

6. 培训调整

新员工的培训要根据企业的实际情况和新员工的反应情况进行适当调整，不要局限于形式和计划，培训要以达到培训目标为前提。

（二）改进建议

1. 明确培训过程中相关人员的责任和权利，确保职责清晰、权利明确，避免培训交叉管理和多头领导的现象。

2. 制订完善的培训体系和计划，制订切实可行的操作方案，确保培训能够顺利进行。

3. 应加强培训的规范化管理，制定培训管理规章制度，使培训更加规范化与标准化。

4. 要根据新员工的特点，创新培训的形式和方法。

10.2 《高效沟通》课程运营案例

下面是某企业《高效沟通》课程运营案例，供读者参考。

一、案例背景

某企业以汽车制造为主，自＿＿＿年进入汽车制造领域以来，凭借灵活的经营机制和持续的自主创新，取得了快速的发展。发展至今，该企业已在国内建成了三大汽车产业基地，拥有员工 2.3 万人，资产总值超过 30 亿元，成为中国最具创新力的汽车品牌之一。

张宇五年前大学毕业，刚到该企业时被分配到下属的零件厂工作，并担任培训专员。两年后，他被提拔为该厂的人力资源部副经理。又过了两年，他被调往企业总部，担任培训部经理，协助人力资源总监工作。

2016年年底，该企业在郑州开设了一家新的零件加工厂，雇用了2 000名新员工。新厂内部中层管理人员都是从集团内部招聘和选拔过来的。为更好地管理新厂，张宇组织对新厂管理人员进行了培训需求调查，了解到企业现任管理人员大多是从基层岗位或各部门的业务骨干中提拔上来的，他们的业务水平基本能够满足其工作需要，但沟通协调能力还须进一步提升。通过对中层管理人员的需求调查分析，培训部把提升沟通能力列为中层管理人员需要培训的重点内容。

企业内部虽已有针对管理人员的培训课程，但缺少针对管理人员沟通能力的培训课程。为解决这一问题，张宇让下属员工收集目前市场上已有的高效沟通系列课程的信息，如内容合适可进行外部采购。但是，经过对收集到的信息整理发现，市场上已有的这类课程侧重于理论讲述，与企业目前的实际需求不符。因此，张宇决定组织课程开发人员开发针对该企业中层管理人员的高效沟通课程。

二、课程内容需求调查

1. 调查对象：新厂内部中层管理人员（共计40人）。

2. 调查方式：通过访谈和问卷调查的方式进行调查。

（1）访谈对象除了对新厂各职能部门的负责人（40人）分别进行面谈，还需要与下属人员就以上40人平时的工作表现进行面谈。

（2）调查问卷共发出40份，回收有效问卷35份。《高效沟通》课程内容需求调查内容如表10-1所示。

表10-1 《高效沟通》课程内容需求调查表

尊敬的各位领导：
您好！为切实了解《高效沟通》课程的内容需求情况，使课程内容设计能够帮助员工真正解决工作过程中出现的问题，请您认真填写以下内容，并提出您的要求与想法，我们将作为设计课程的参考。谢谢您的合作！
请在所选内容前的"□"内打"√"，有特殊说明的除外。
①您的性别？
□ 男　　　　　　　　　　　□ 女
②您的学历？
□ 高中以下　　□ 高中（中专）　　□ 专科　　□ 本科　　□ 硕士及以上
③您的年龄？
□ 25岁以下　　□ 25~35岁　　□ 36~45岁　　□ 45岁以上
④您认为《高效沟通》课程培训应具备哪些内容？
□ 沟通方式　　□ 沟通技巧　　□ 沟通常识　　□ 沟通场合
□ 如何表达　　□ 其他____
⑤您认为高效沟通培训课程采用哪类人员授课效果更好，您更容易接受？
□ 企业专职讲师　　□ 沟通类专职讲师　　□ 企业管理层人员

（续表）

☐ 经验丰富的营销人员　☐ 外聘讲师授课　　☐ 其他

⑥您认为课程时间几小时较合理？

☐ 4个小时　　　☐ 8个小时　　　☐ 16个小时　　　☐ 16个小时以上

⑦您认为采用何种培训方法您更容易接受？

☐ 讲师课堂口述　　　☐ 角色扮演　　　☐ 游戏互动式

☐ 案例分析　　　　　☐ 实践模拟　　　☐ 提问互动式

☐ 封闭强化　　　　　☐ 分组演练　　　☐ 以赛代练

☐ 其他

⑧您希望在高效沟通培训课程中学到哪些知识，或解决哪些问题？

_____

_____

⑨您印象最深刻的沟通培训课程是哪一类，此课程设计有哪些特点？

_____

_____

⑩谈谈您对高效沟通课程的意见与建议。

_____

_____

_____

再次谢谢您的参与！

3. 学员情况分析。

（1）任职时间。新厂50%的中层管理人员到现任岗位的工作时间不足一年，其管理沟通技巧有待提高。

（2）学历情况。新厂中层管理人员的学历以本科和专科为主。课程内容设计须充分考虑他们的学历情况。

（3）学习意愿。新厂中层管理人员的学习意愿很强烈：在目前的管理工作中，对他们的沟通能力要求很高，他们现在很需要进行这项能力的培训。

4. 职务分析：通过查阅企业职务说明书及绩效考核资料，并通过与有经验的中层管理人员的谈话可以发现，高效沟通培训对中层管理人员的工作来说至关重要。

5. 解决方案：企业可利用目前现有的课程资料与课程开发人员，自主开发《高效沟通》培训课程。

三、编制课程大纲

多数中层管理人员具有专科以上学历，因此，在设计课程时，应针对受训人员的学历情况，设计出适合他们的授课方式及课程内容。《高效沟通》课程大纲如表10-2所示。

表10-2 《高效沟通》课程大纲

课程名称	高效沟通
课程对象	新厂所有中层管理人员
课程目标	◆ 能够消除人员之间沟通过程中存在的障碍 ◆ 熟练掌握沟通过程中必要的技巧
课程特点	◆ 讲师的角色是教练与促进者 ◆ 以现实生活和工作中存在的问题为主线进行讲授
课程内容	第一单元：**沟通**（两个小时） 　　　　错误沟通的影响 　　　　沟通能力的诊断 　　　　沟通是什么 　　　　听/说体验活动 　　　　阻碍沟通的因素 第二单元：**积极倾听技巧**（四个小时） 　　　　确认事实概念 　　　　换一种对话方式 　　　　产生共鸣的三个阶段 　　　　感情（感觉）确认实习 第三单元：**有效表达技巧**（六个小时） 　　　　有效的表达方法 　　　　我的信息/你的信息 　　　　有效的提问要领/实习 　　　　封闭型/开放型提问 　　　　封闭型/开放型提问的转换/活用
授课讲师	企业内部专职培训讲师
授课方式	讲解+故事+游戏+现场情景模拟
课程时间	培训时间为两天，2017年10月25~26日，课时为12个小时
授课地点	新厂二楼会议室

四、编制讲师手册

为能够顺利、有效地完成课程培训，并达到预期的培训效果，课程开发人员应对讲师的课程讲授过程进行预先设计。《高效沟通》讲师手册如表10-3所示。

表10-3　《高效沟通》讲师手册

第一部分：开场白和课程导入	
开场白	◆ 时间：15分钟。 ◆ 目的：明确本课程的主要内容及课堂纪律。 ◆ 所需资源：计算机、投影仪、写字笔、写字板及活页挂图。 ◆ 授课方式：讲解。 　今天的课程是：问题分析与解决，本课程包括三方面内容，即提升问题解决能力的基本种类、问题解决工具和如何发现工作中存在的问题。 ◆ 在上课之前，先说明一下课堂纪律： 　遵守上课时间，不迟到、早退。 　手机置于振动状态。 　课堂上不准接听电话。 　不要在课堂上来回走动。 　不得在课堂内吸烟和大声喧哗。
课程导入	◆ 破冰活动：为保证大家能够遵守纪律，对违反课堂纪律的人员进行如下处罚：男士做20个俯卧撑；女士表演一个节目，如唱歌、跳舞等。 ◆ 目的：促进学员之间相互熟悉，调动大家学习的积极性，活跃气氛。 ◆ 时间：25分钟。 ◆ 所用工具：写字板与写字笔。
第二部分：沟通	
总体说明	◆ 时间：120分钟。 ◆ 目的：了解错误沟通的影响、沟通是什么与影响沟通的要素。 ◆ 所需资源：计算机、投影仪、写字笔、写字板与活页挂图。 ◆ 授课方式：讲解+故事+游戏。
错误沟通的影响	◆ 时间：20分钟。 ◆ 授课方式：讲解。 　错误沟通是什么（略）。 　错误沟通对我们的影响（略）。
沟通能力的诊断	◆ 时间：20分钟。 ◆ 所需资料：沟通能力测评试卷。 ◆ 讲授方式：提问+讲解。 ◆ 本节采用自测的形式进行，给学员发放测评试卷。

（续表）

	沟通能力测评试卷		
沟通能 力的诊断	（1）当您的同事对您进行劝告或批评时，您的态度如何？		
	A. 很乐意接受	B. 能接受一部分	C. 比较抵触，难以接受
	（2）在您工作非常忙碌时，您的同事请你帮忙，您会怎么做？		
	A. 尽力而为	B. 有时会推辞	C. 拒绝的时候比较多
	（3）您与下属共同谈论工作时，您一般会怎样？		
	A. 以赞扬和鼓励为主	B. 赞扬多，批评少	C. 通过批评让其不断 进步
	（4）同事的性格、生活方式与您有很大出入时，您会如何处理？		
	A. 很快适应，能融洽相处	B. 通过沟通会慢慢适应	C. 很难适应
	（5）当您进入一个新环境或新单位时，您如何面对周围的人？		
	A. 很快就能熟悉	B. 能和部分人很快熟悉	C. 慢慢熟悉
	（6）当您的同事做了一件让您感到不舒服的事时，您会如何处理？		
	A. 沟通后能够原谅他	B. 能站在他的角度审视 问题	C. 敬而远之
	（7）当您在工作中遇到难题时，您会如何处理？		
	A. 喜欢向同事求助	B. 在无能为力时求助同事	C. 从不求助，自己解决
	（8）当同事取得重大成就时，您会如何表示？		
	A. 祝贺他并愿意倾听其 经验	B. 表示祝贺	C. 很羡慕，希望自己也 能够取得
	（9）公司里其他人在背后说闲话时，您会怎么处理？		
	A. 如果能制止，就制止	B. 绝不参与其中	C. 即使听到，也不扩散
	（10）在与客户进行沟通时，您能迅速发现客户的兴趣点吗？		
	A. 见面不久就能发现	B. 要经过一段时间的沟通	C. 要通过多次沟通才能 发现
	参考答案 选 A 得 3 分，选 B 得 2 分，选 C 得 1 分 24 分以上，说明您的沟通能力很强，请继续保持。 15~24 分，说明您的沟通能力一般，请努力提升。 15 分以下，说明您的沟通能力很差，急需提升。		

（续表）

沟通是什么	◆ 时间：30分钟。 ◆ 授课方式：讲解。 ◆ 讲解内容：（略）。		
听/说体 验活动	◆ 时间：30分钟。 ◆ 授课方式：活动。 ◆ 活动内容：（略）。		
阻碍沟通 的因素	◆ 时间：20分钟。 ◆ 授课方式：讲解+提问。 ◆ 讲解内容：（略）。		

第三部分：积极倾听技巧

总体说明	◆ 时间：240分钟。 ◆ 目的：关注、确认事实，并产生共鸣。 ◆ 所需资源：计算机、投影仪、写字笔、写字板与活页挂图。 ◆ 授课方式：讲解+故事+游戏+讨论。 ◆ 讲师讲解：倾听是沟通过程中最重要的环节，是有效反馈的前提。因此，提高倾听技巧能够帮助我们提高沟通能力。在进行本节开始讲解前，我们先做个游戏。游戏规则与步骤如下表所示。

游戏规则与步骤

游戏目的	◆ 有效提高游戏参与人员的倾听能力。 ◆ 提高游戏参与人员的信息处理能力。		
游戏时间	30分钟	游戏用具	白纸若干张
游戏步骤	◆ 首先，讲师向学员提出问题：小林和大林是兄弟俩，小林有5只羊，大林有15只羊，请问他们家有多少只羊？ ◆ 有人回答20只羊吗？还有其他答案吗？这时候讲师可以给出答案："不能仅看题目就推测小林家有几只羊。" ◆ 组织学员进行讨论。		
问题讨论	◆ 为何许多学员能够给出"精确"的答案。 ◆ 在沟通过程中倾听的重要性。 ◆ 倾听别人的谈话后，应怎样利用已有的信息进行判断。		
培训技巧	◆ 上述问题是没有答案的，因为不能从表面的信息得到他们家是否还有其他成员。 ◆ 还可以用其他问题引出讨论。		

◆ 讲师讲解：倾听时，需要进行独立判断，不能根据不充分的信息妄下结论。在沟通过程中要仔细倾听，不要答非所问。

（续表）

确认事实的概念	◆ 时间：60分钟。 ◆ 授课方式：讲解+案例分析。 ◆ 讲解内容：（略）。
换一种对话方式	◆ 时间：60分钟。 ◆ 授课方式：讲解+讨论。 ◆ 讲解内容：（略）。
产生共鸣的三个阶段	◆ 时间：60分钟。 ◆ 授课方式：讲解+讨论。 ◆ 讲解内容：（略）。
感情（感觉）确认实习	◆ 时间：30分钟。 ◆ 授课方式：现场情景模拟。 ◆ 讲解内容：（略）。
第四部分：有效表达技巧	
总体说明	◆ 时间：360分钟。 ◆ 目的：对有效表达方法、有效提问要领，以及开放型和封闭型提问的活用。 ◆ 所需资源：计算机、投影仪、写字笔、写字板与活页挂图。 ◆ 授课方式：讲解+故事+游戏+案例分析。 ◆ 讲师讲解：首先引入一个小故事，说明表达的技巧能够带来的益处（略）。
有效的表达方法	◆ 时间：60分钟。 ◆ 授课方式：讲解+案例分析。 ◆ 讲解内容（略）。
我的信息、你的信息	◆ 时间：60分钟。 ◆ 授课方式：讲解+讨论。 ◆ 讲解内容（略）。
有效的提问要领/实习	◆ 时间：60分钟。 ◆ 授课方式：讲解+讨论+练习。 ◆ 讲解内容（略）。
封闭型/开放型提问	◆ 时间：90分钟。 ◆ 授课方式：讲解+讨论+练习。 ◆ 讲解内容（略）。
封闭型/开放型提问转换/活用	◆ 时间：60分钟。 ◆ 授课方式：讲解+实际操作。 ◆ 讲解内容（略）。

（续表）

第五部分：课程回顾

时间：30分钟。

所需资源：写字板和写字笔。

授课方式：提问+游戏。

讲师讲解：

◆ 现在回顾本课程的所有内容（提问的方式）。

◆ 考查学员对所学知识的运用（做游戏，游戏规则如下表所示）。

游戏规则

游戏名称	谁来比画谁来猜
游戏步骤	◆ 每组选出两个人，选定一个队员进行比画，另一个队员猜。 ◆ 进行比画的队员每人发一张纸（完全一样），在纸上写下10个名词，再打乱顺序随机分发给其他队员。在此过程中，任何人不能开口说话。 ◆ 比赛开始，每组两名队员面对面站立，比画一方要让对方尽快猜出纸上所写的名词，比画人员不能说出该名词或谐音。 ◆ 用时最短的小组获胜。
问题讨论	◆ 获胜的原因是什么？ ◆ 在对名词进行描述时有何技巧？
讲师讲解	◆ 表达时话不在多，而在于精。表达要突出重点和关键。 ◆ 说什么话不是最重要的，让别人听懂才是目的。

五、准备培训物品

为保证培训工作的顺利实施，在培训实施前七天，培训部须详细列明培训物品清单，经张宇核实后，删掉了一些重复的物品，最终确认的培训物品清单如下表所示。

培训物品清单

物品名称	数量	物品名称	数量
计算机	1台	写字笔	2支
投影仪及投影屏幕	1套	写字板	1块
幻灯片	15张	签字笔	每人1支
幻灯片保护用纸	15张	白纸	每人1张
幻灯片书写笔	2盒	测试题资料	每人1份
学员名单	1份		

六、发放培训通知

培训实施前两天，培训部须以书面形式向新厂中层管理人员发放"培训通知书"，并提醒他们事先安排好各自的工作，确保培训工作的顺利实施。

培训通知书

---------：

新厂中层管理人员《高效沟通》培训将于 2017 年 10 月 25 日至 2017 年 10 月 26 日在新厂二楼会议室举行，请按时参加培训。

如遇特殊情况，请联系培训负责人：王××，联系电话：010-12345678。

某企业培训部
2017 年 10 月 23 日

七、培训效果评估

培训结束后，通过调查问卷的方式对《高效沟通》课程培训效果进行评估，具体内容如表10-4所示。

表 10-4　《高效沟通》课程培训效果评估调查问卷

一、关于培训课程

1. 您认为本次课程对您的工作是否有帮助？

□很大　　　□较大　　　□一般　　　□没有

2. 您觉得本次课程内容的安排逻辑与层次如何？

□很好　　　□好　　　　□一般　　　□差

3. 您认为本次课程是否符合您工作的实际需要？

□符合　　　□部分符合　　　□完全不符合

4. 您认为本课程的哪些内容需要增加或删减？

需要增加的内容：_____。

需要删减的内容：_____。

5. 列出您对本课程最感兴趣的内容（可列出三点）是：_____

_____

6. 本次课程对您的工作最有帮助的内容是：_____

_____

7. 对您来说，本次课程最不适用的内容是：_____

_____

二、关于培训讲师

8. 您认为本次培训讲师的专业水平如何？

□优　　　□良　　　□中　　　□差

9. 本次培训讲师对教学内容与培训目标的阐述是否具体、明确和完整？

□优　　　□良　　　□中　　　□差

10. 您对本次培训的教学方式是否满意？

□很满意　　　□满意　　　□一般　　　□不满意

11. 您对本次培训讲师在培训辅助设备的运用上是否满意？

□很满意　　　□满意　　　□一般　　　□不满意

12. 您认为本次培训应采用何种教学方式较为合适（可多选）？

□普通讲座　　　□小组讨论　　　□讲师演示+学员实际操作　　　□提问+回答

□多媒体教学　　　□角色扮演　　　□情景模拟训练　　　□游戏训练

三、关于培训组织人员

13. 您认为本次培训的后勤协助工作做得如何？

□很好　　　□好　　　□一般　　　□不好

14. 您认为本次培训的场地符合培训要求吗？

□符合　　　□不符合（请简单说明理由）＿＿＿＿＿。

15. 您认为本次培训的辅助设备与培训资料是否齐全？

□齐全　　　□不齐全

请列举出需要补充的设备或资料：＿＿＿＿＿＿＿。

16. 您认为本次培训时间的设定是否合理？

□合理　　　□不合理

请列举出您认为合理的培训时间：＿＿＿＿＿。

四、其他方面

17. 将来若有类似的培训，您是否愿意参加？

□愿意　　　□不愿意　　　□不确定

18. 您对本次培训课程的整体评价是＿＿＿＿＿＿＿＿＿＿＿＿＿＿＿

＿＿＿＿＿＿＿＿＿＿＿＿＿＿＿＿＿＿＿＿＿＿＿＿＿＿＿＿。

19. 您对本次培训的改善建议＿＿＿＿＿＿＿＿＿＿＿＿＿＿＿＿＿＿＿

＿＿＿＿＿＿＿＿＿＿＿＿＿＿＿＿＿＿＿＿＿＿＿＿＿＿＿＿。

20. 您认为企业还需要组织哪些方面的培训＿＿＿＿＿＿＿＿＿＿＿＿＿

＿＿＿＿＿＿＿＿＿＿＿＿＿＿＿＿＿＿＿＿＿＿＿＿＿＿＿＿。

10.3 《问题分析与解决》运营案例

下面是 DE 公司《E-learning 开发问题分析与解决》案例，供读者参考。

一、案例背景

DE 公司成立于 2007 年，是集 E-learning 产品、高校教学辅助产品、企业培训模拟产品、职业培训模拟产品、微电影产品、Flash 产品、3D 产品的开发和设计于一体的公司。通过十年的探索，DE 公司已经开发了 500 多个 E-learning 课件。

2017 年，企业制订了快速发展的五年计划，为解决公司在快速发展过程中 E-learning 开发面临的诸多问题，迅速占领 E-learning 市场，并适应云技术的发展和大数据应用的市场环境，DE 公司决定举办《E-learning 开发问题分析与解决》研讨会。

二、选择会议议题

为使会议内容更具有针对性，培训部采用调查问卷与网络问卷的形式，对 E-learning 课件开发人员、E-learning 课件从业人员进行调查，共收到有效调查问卷 210 份。

培训部根据回收的调查问卷来设计会议议题与时间，具体内容如下表所示。

会议议题及时间

会议议题	会议时间
什么样的 E-learning 课件才是好课件	2017 年 5 月 10 日 9：30~10：00
如何打造 E-learning 课件内容	2017 年 5 月 10 日 10：30~13：00
如何进行微课件开发	2017 年 5 月 10 日 14：00~15：00
大数据给 E-learning 课件开发带来的思考	2017 年 5 月 10 日 15：30~16：00

三、选择会议场地

本次研讨会需要邀请外部人员参加，且参加人数较多，因此，培训部须确定培训场地的选择标准，具体内容如下表所示。

会议场地选择标准

光线适度	空气较清新
环境温度可调节	培训场所通风较好
费用符合培训预算	距离符合限定的车程
设备齐全，经过调试未发现故障	环境噪音较小且可以控制
桌椅数量足够，使用舒服，且质量较好	培训教室的结构和空间符合培训要求
有专职服务人员配合服务	培训场地内有茶水供应
食宿地点在步行五分钟以内的距离	有专职的音响师配合服务
有开展户外拓展项目要求的场地	有足够的分组讨论空间
到达培训场地的交通较便利	符合公司商业机密的保密需要
培训场地装饰较淡雅	培训场地内的建筑质量合格，不会出现安全事故

培训部根据会议场地选择标准首先分析了公司的内部场地，经确认无法满足会议要求，与公司总经理沟通后，决定在公司外部寻找会议场地。

培训部对外部机构的信誉、经营实力、人员规模等方面的信息进行了解与分析，在比较备选场地优劣与会议实际需求后，最终选择在××酒店二楼第一会议室举办本次研讨会。

经总经理同意，培训部同外部机构签订了《会场租用协议》。

四、邀请会议嘉宾

确定培训地点后，培训部须向业内相关人员发送邀请函，邀请将来自以下人员，经过回函确认，初步确定共有150人参加本次研讨会。

（1）企业大学校长、企业商学院长、企业培训部门总监及HR总监。

（2）企业学习与发展部门经理、HR经理，E-learning培训负责人、经理或主管。

（3）政府、学院、行业协会在线培训负责人，以及社会网络培训机构采购人员。

（4）国内外E-learning行业服务商。

（5）视频、录播、移动终端等产品供应商与企业学习相关培训机构、服务机构的相关人员。

五、准备培训资料与物品

培训部须组织印刷160份会议宣传册，并在会议召开前向每位参会人员发放。除宣传册外，培训部还需准备以下物品，具体内容如下表所示。

会议所需物品

物品名称	数量	物品名称	数量
座位/姓名标识牌	150个	文件夹（内有10张同色、不同规格的纸）	1个
姓名卡片	150张	便笺本	每人1本
幻灯片	80张	投影仪与投影屏幕	1套
幻灯片保护用纸	80张	笔记本电脑（内带影音教材）	1台
幻灯片书写笔	2盒	黑/白板	1块
易干易擦的记号笔	4支	学员名单	1份
挂图标识物	6个	培训实施计划书	1份
黑色永久记号笔	6支	课前调查表	每人1份
铅笔和钢笔	每人1支	讨论资料	每人1份
荧光记号笔	15支	培训现场布置所需要材料（如横幅幕布）	若干
封口胶带	2卷	便条贴	3本

六、发放会议通知（略）

七、会议导入与进程控制

会议导入与进程控制内容如下表所示。

会议导入与进程控制

欢迎词	女士们、先生们： 大家好！ 由 DE 公司主办《E-learning 开发问题分析与解决》研讨会今天在这里正式开幕了。本人谨代表 DE 公司向大会表示热烈的祝贺！向在座的各位来宾表示热烈的欢迎！ 本次大会将集中讨论新形势下 E-learning 开发面临的问题与解决办法，为 E-learning 开发同仁们提供一次学习和交流的良机。 现在，我们有请 DE 公司总经理孙××为大会致辞，大家欢迎。
DE 公司总经理致辞	女士们、先生们： 大家上午好！ 目前，随着云服务、移动学习、社区化学习与大数据应用的不断发展，我国的 E-learning 行业正在经历一场新的变革，在这场变革的浪潮中，如何面对变革，并将其转化为新发展机遇成为摆在各位同仁面前的问题。为此，本公司组织召开了本次研讨会，希望通过本次会议，解决 E-learning 开发过程中存在的问题，找到最有效的内容开发渠道，带领我国 E-learning 行业走出困境，实现飞跃。 同时，真诚地欢迎大家到本公司进行考察，寻求合作机会，实现双赢。 最后，预祝《E-learning 开发问题分析与解决》研讨会取得圆满成功！ 谢谢大家！
什么样的 E-learning 课件才是好课件	（略）
如何打造 E-learning 课件内容	（略）
如何进行微课件开发	（略）
大数据给 E-learning 课件开发带来的思考	（略）

八、实施会议效果评估

1. 向公司外部参会人员发放调查表

会议结束后，培训部须向公司外部的参会人员发放"会议组织管理情况调查表"，评估会议的组织实施情况，具体内容如下表所示。

会议组织管理情况调查表

会议名称		会议人数	
会议地点		会议召开日期	____年__月__日
评定实施			
评定项目	评定得分（在相应的方框内打"√"）		
场地位置	□5分 □4分 □3分 □2分 □1分		
交通状况	□5分 □4分 □3分 □2分 □1分		
周边环境	□5分 □4分 □3分 □2分 □1分		
噪声和采光	□5分 □4分 □3分 □2分 □1分		
会场布置（座位安排）	□5分 □4分 □3分 □2分 □1分		
场地配套（休息室、卫生间）	□5分 □4分 □3分 □2分 □1分		
合计			
是否符合培训要求	□是　　□否		
备注	得分越高，说明越符合培训课程要求		

2. 向公司内部参会人员发放调查问卷

会议结束后，培训部须向公司内部参会人员发放调查问卷，了解会议效果，具体内容如下表所示。

《E-learning 问题分析及解决》研讨会调查问卷

（1）请在您选择的答案前打"√"。

（2）希望您给予真实的回答与批评，这有利于我们工作的改进。

一、关于会议内容

1. 您认为本次会议内容对您的工作是否有帮助？　　□很大帮助　□较大帮助　□没有帮助

2. 您觉得本次会议议程的安排逻辑与层次如何？　　□很好　　　□好　　　□一般　　□差

3. 您认为本次会议是否解决了您工作上的实际需要？□解决很多 □部分得到解决　□没有解决

4. 通过参加本次研讨会，您觉得有哪些收获（可多选）？

□接触到一些适用的新知识　　□获得可用在工作上的技巧与技术　　□帮助我印证了某些观点

□帮助我改变了工作态度　　□给了我一个客观认识自己与所从事工作的机会

5. 请列出您对本次会议最感兴趣的内容_____

_____。

6. 请写出您对本次会议的改进建议_____

_____。

（续）

二、关于会议组织管理

1. 您认为本次会议的后勤协助工作做得如何？ □很好 □好 □一般 □不好

2. 您认为本次会议选择的场地符合培训要求吗？ □符合 □不符合（请简单说明理由）_____。

3. 您认为本次会议的辅助设备、培训资料是否齐全？ □齐全 □不齐全

请列举出您认为需要补充的设备与资料_____。

4. 您认为本次会议的餐饮与交通安排如何？ □很满意 □满意 □一般 □不满意

三、其他方面

1. 将来若有类似会议，您是否愿意参加？ □愿意 □不愿意 □不确定

2. 您对本次会议的整体评价是_____。

10.4 《领导力提升培训》运营案例

下面是 A 公司《领导力提升培训》运营案例，供读者参考。

一、培训背景

A 公司是一家大型的家电制造企业，公司成立于 1997 年，现有员工人数达到了 2 000 多人，年产值五亿多元。随着市场竞争的不断加剧，公司的整体经济效益出现下滑趋势，为了扭转这一局面，公司决定对中高层管理人员进行培训，以适应新时代的发展要求。

公司通过对中高层管理人员的需求进行了调查分析，决定把提升领导力列为中高层管理人员需要培训的重点内容。

公司对现有培训资料与培训讲师的资质进行调研后，决定委托专业的培训机构进行此次培训。

二、选择培训机构

A 公司培训部经过调查筛选，最终选定性价比最合适的弗诺培训公司。弗诺培训公司在提升领导力培训方面十分出色，且具有良好的客户口碑。

培训部与弗诺培训公司就相关内容达成一致，并签订了《领导力培训外包合同》，明确了双方的权利与义务。

三、进行培训需求分析

培训部与弗诺培训公司对中高层管理人员进行了培训需求调查，方便确定培训内容。

（一）调查对象

公司各职能部门的主要负责人与部分高层管理人员（共计 40 人）。

（二）调查方式

采用访谈和调查问卷的方式进行。

1. 访谈

访谈对象除了对公司各职能部门的负责人与高层管理人员（40人）分别进行面谈外，还需与下属人员就这40人平时的工作表现进行面谈。

2. 调查问卷

培训部共发出调查问卷40份，回收有效问卷35份。

（三）学员分析

1. 任职时间

从下表可以看出，50%的中高层管理人员到现任岗位的工作不满一年，这说明其领导经验不足，尚待提高。

任职时间调查表

任职时间	1~6个月以内	6个月~1年	1~2年	2年以上
中高层管理人员数量	4人	16人	8人	12人
所占比例	10%	40%	20%	30%

2. 学历情况

从下表可以看出，本科和专科学历人员是中高层管理人员的主力军。因此，在培训课程内容设计过程中应考虑他们的学历情况。

中层管理人员学历调查表

学历	博士	硕士	本科	专科	职高
中高层管理人员数量	2人	5人	18人	10人	5人
所占比例	5%	12.5%	45%	25%	12.5%

3. 学习态度

通过对调查问卷的分析，公司发现中层管理人员的学习动机很明确：在目前的管理工作中，对他们的领导能力要求很高，他们现在很需要进行这项能力的培训。

（四）职务分析

通过查阅公司的职务说明书与绩效考核资料，并通过与有经验的中层管理人员的谈话，公司发现提升领导力对中层管理人员的工作来说至关重要。

四、制定领导力提升培训课程体系

弗诺培训公司根据A公司培训需求调查结果，制定出了一套提升领导力培训课程体系，具体内容如下表所示。

中高层管理人员领导力培训课程体系

课程模块	课程编号	课程名称
角色认知	ZG-LS-001	《中高层管理人员的角色与挑战》
	ZG-LS-002	《中高层管理人员的职责》
选人	ZG-LS-003	《面试选人的五大技巧》
	ZG-LS-004	《招聘中结构化面试的应用》
授权	ZG-LS-005	《认识授权》
	ZG-LS-006	《高效授权》
培训下属	ZG-LS-007	《如何制订部门年度培训计划》
	ZG-LS-008	《如何制定有效的部门培训方案》
变革管理	ZG-LS-009	《了解变革》
	ZG-LS-010	《适应变革》
	ZG-LS-011	《风险预防与控制》
员工激励	ZG-LS-012	《理解激励的内涵》
	ZG-LS-013	《创造激励环境的八大法宝》
员工绩效管理	ZG-LS-014	《管理人员在员工绩效管理中担当的角色》
	ZG-LS-015	《员工绩效管理操作实务》
员工管理关系	ZG-LS-016	《如何领导问题员工》
个人修养与魅力提升	ZG-LS-017	《提升自信力的八种途径》
	ZG-LS-018	《领导人员的素质提升》
	ZG-LS-019	《如何塑造个人魅力》

五、审核与制订培训计划

培训部与弗诺培训公司经过多次沟通,确定了培训计划,具体内容如下表所示。

中高层管理人员提升领导力培训计划

培训课程名称	培训讲师	培训时间	培训地点
《中高层管理人员的角色与挑战》	卢××	2017年3月	××酒店
《中高层管理人员的职责》	卢××	2017年3月	××酒店
《面试选人的五大技巧》	韩××	2017年4月	××酒店
《招聘中结构化面试的应用》	韩××	2017年4月	××酒店

（续表）

培训课程名称	培训讲师	培训时间	培训地点
《认识授权》	韩××	2017 年 5 月	××酒店
《高效授权》	韩××	2017 年 5 月	××酒店
《如何制订部门年度培训计划》	韩××	2017 年 5 月	××酒店
《如何制定有效的部门培训方案》	韩××	2017 年 5 月	××酒店
《了解变革》	王××	2017 年 8 月	××酒店
《适应变革》	王××	2017 年 8 月	××酒店
《风险预防与控制》	王××	2017 年 8 月	××酒店
《理解激励的内涵》	王××	2017 年 9 月	××酒店
《创造激励环境的八大法宝》	王××	2017 年 9 月	××酒店
《管理人员在员工绩效管理中担当的角色》	孙××	2017 年 9 月	××酒店
《员工绩效管理操作实务》	孙××	2017 年 9 月	××酒店
《如何领导问题员工》	余××	2017 年 10 月	××酒店
《提升自信力的八种途径》	余××	2017 年 10 月	××酒店
《领导人员的素质提升》	曾××	2017 年 10 月	××酒店
《如何塑造个人魅力》	曾××	2017 年 10 月	××酒店

六、发布培训通知

培训部与弗诺培训公司沟通后，确定培训计划与时间安排，并及时发布培训通知，方便让受训人员提前安排好各自的工作。

《中高层管理人员的角色与挑战》培训课程通知

尊敬的各位领导：

《中高层管理人员的角色与挑战》培训日期定为 2017 年 3 月 7 日，课时为六个小时，培训地点为××酒店，培训讲师为卢××，本公司培训负责人为××，请相关部门和人员接到通知后，提前做好工作安排，按时参加。

参训期间，受训人员要遵守培训现场秩序、认真听讲、做好笔记，积极与培训讲师互动，取得最佳培训效果。

特此通知！

A 公司培训部

2017 年 2 月 15 日

七、培训效果评估

(一) 课后及时评估

在每期培训授课结束后，培训部通过向受训人员发放调查问卷，了解受训人员对课程开展的满意度和需要改进的地方，并及时向弗诺培训公司进行沟通，不断调整培训内容与方式，以提升培训效果。课后调查问卷内容如下表所示。

课后调查问卷

调查说明：

1. 需要受训人员亲自填写——反映课程、教材、讲师及培训情况的调查问卷。

2. 请详细填写，并按时交给培训部李丽。

3. 请在您选择的答案前打"√"表示。

4. 希望您给予真实的回答与批评，这有利于我们工作的改进。

培训课程名称		培训讲师		培训日期	____年__月__日

一、关于培训课程、教材

1. 您认为本次课程对您的工作是否有帮助？

□ 很大帮助　　□ 较大帮助　　□ 一般　　□ 没有帮助

2. 您觉得本次课程内容的安排逻辑与层次如何？

□ 很好　　　□ 好　　　□ 一般　　□ 差

3. 您认为本次课程是否解决了您工作上的实际需要？

□ 解决很多　　　□ 部分得到解决　　　□ 没有得到解决

4. 通过参加本次培训，您觉得有哪些受益（可多选）？

□ 接触到一些适用的新知识

□ 获得可用在工作上的技巧与技术

□ 帮助我印证了某些观点

□ 帮助我改变了工作态度

□ 给了我一个客观认识自己与所从事工作的机会

5. 您认为本课程的哪些内容需要增加或删减？

需要增加的内容：_____。

需要删减的内容：_____。

6. 请列出您对本课程最感兴趣的内容（可列三点）_____。

7. 请写出您认为本次培训课程的重点内容 _____。

二、关于培训讲师

1. 您认为本次培训讲师的专业水平如何？

□ 优　　□ 良　　□ 中　　□ 差

2. 培训讲师对教学内容与培训目标的阐述是否具体、明确和完整？

□ 优　　□ 良　　□ 中　　□差

（续）

3. 您对本次培训的教学方式是否满意？

☐ 很满意　　☐ 满意　　☐ 一般　　☐ 不满意

4. 您对培训讲师在培训辅助设备的使用上是否满意？

☐很满意　　☐ 满意　　☐ 一般　　☐不满意

5. 您认为本次培训应采用何种教学方式（可多选）？

☐普通讲座　　☐小组讨论　　☐讲师演示+学员实际操作　　☐提问+回答

☐多媒体教学　　☐角色扮演　　☐情景模拟训练　　☐游戏训练

三、关于培训组织人员

1. 您认为本次培训的后勤协助工作做得如何？

☐ 很好　　☐ 好　　☐ 一般　　☐ 不好

2. 您认为本次培训的场地符合培训要求吗？

☐ 符合　　☐ 不符合　　（请简单说明理由）_____。

3. 您认为本次培训的辅助设备与培训资料是否齐全？

☐ 齐全　　☐ 不齐全

请列举出您认为需要补充的设备与资料：_____。

4. 您认为本次培训的餐饮与交通安排如何？

☐ 很满意　　☐ 满意　　☐ 一般　　☐ 不满意

四、其他方面

1. 将来若有类似培训，您是否愿意参加？

☐ 愿意　　☐ 不愿意　　☐ 不确定

2. 您对本次培训课程的整体评价如何？

3. 您对本次培训是否还有其他的改进建议？

4. 您认为公司还需要组织哪些方面的培训？

（二）课后定期跟踪

在培训课程结束后，培训部还应制订培训后行动计划，以检查培训的有效性与对工作产生的影响。培训后行动计划内容如下表所示。

《中高层管理人员的角色与挑战》课程培训后行动计划

姓名：	职称：	所在部门：
请列出在本次课程中所学到的你认为可以在工作岗位上运用的内容和工具		
1.		
2.		
3.		

（续表）

你准备用于实践的项目或事件			运用的内容或工具		
计划采取行动	预期完成时间	预期达到结果	实际采取行动	实际完成时间	实际达到结果
	___年__月__日			___年__月__日	
学员签字：	日期：___年__月__日		上级领导签字：	日期：___年__月__日	

备注：

（1）培训结束后一周内，由受训学员与上级领导共同讨论确定表中实践项目与计划的行动步骤的内容。

（2）上级领导在培训结束后三个月内需要与受训学员进行交谈，检查实践项目的执行与受训学员行为的改进情况。

（三）撰写培训效果评估报告

培训部应及时对培训效果进行评估，撰写培训效果评估报告，并报公司领导审阅。根据培训评估结果，与弗诺培训公司进行沟通，方便在今后的培训项目中进行改进。培训效果评估报告如下表所示。

培训效果评估报告

课程培训概况					
培训基本信息	培训满意度	培训费用			
课程目的 课程内容（单元标题） 培训对象（特征描述） 培训地点 培训时间 培训人数（实际与计划人员） 培训讲师 培训专员	总体满意度（5分）：__分 讲师满意度（5分）：__分 内容满意度（5分）：__分 运营满意度（5分）：__分	实际费用		预算费用	
		项目	金额（元）	备注	
		讲师费			
		开发费			
		物品费			
		住宿费			
		餐饮费			
		交通费			
		合计			
课程培训反馈					
定量反馈					
定性反馈					
改善要点					